索羅斯談索羅斯

走在趨勢之前的

傳奇投資大師

GEORGE SOROS

SOROS ON SOROS

Staying Ahead of the Curve

喬治．索羅斯——著 李立心——譯

獻給每位在我們的基金會網絡內外，

努力打造開放社會的人。

目次

第三部　哲學　與拜倫．維恩對談

附錄　索羅斯文選

一本了解索羅斯的最佳入門書

《散戶的50道難題》、《高手的養成》系列暢銷書作者　安納金

坊間有不少關於索羅斯的著作，而此書以對談的方式呈現，我個人相當喜歡！儘管索羅斯對於全球的金融、社會、政治、哲學等不同領域都具有相當程度的影響力，在此以我專長為投資分析師的角度，聚焦於對投資人的啟發為推薦之重點。

若要了解索羅斯在投資領域的思考邏輯，最有效的是從以下兩個面向入門：在理論架構上以「反射理論」與「盛衰循環理論」為基礎；在實務投資架構上則是以全球總體（global-macro）為導向，跨資產類別的投資架構，以及風險控管系統。

在理論架構方面，可以在索羅斯於一九八七年問世的第一本著作《金融煉金術》中找到相關闡述。然而，在本書一九九五年出版時，他多次提到前作有許多地方「顯然講解得不是很好」，於是在此再加以補充說明。對於多年前已經拜讀過《金融煉金術》的我，在本書中吸取多項重要的補充見解，確實對於理解他的思維邏輯臻於完備。

至於實務投資操作方面，量子基金的結構非比尋常，不僅僅是採用了期貨、選擇

權這些衍生性金融商品，更重要的是「立體的思維」。索羅斯舉例說：「一般的投資組合恰如其名，是一個扁平的公事包，而量子基金的投資組合則是立體、三維的建築物，有它的結構，也就是槓桿。我們將權益資本（equity capital）作為基底，建構出一個以手中證券擔保價值（collateral value）為支撐的三維結構。」這便是此書最具可看性的其中一個重點所在。

實際上，量子基金雖然確實有運用期貨等衍生性金融商品，但並非許多人印象中的高槓桿操作，殊不知有時只為了對沖風險，有時是要增加多頭或空頭部位的投資比率來進行微調操作而使用。不少投資人對於索羅斯「一九九二年做空英鎊，獲利超過十億美元」、「一九九七年狙擊港幣」這些史詩級戰役的印象深刻，然而一定要理解，量子基金整體規模相當龐大，那些部位並不會讓整體投資組合呈現高槓桿狀態；其次，在立體的架構下，有些部位彼此間會構成風險對沖的狀態，而使得整體投資組合的風險並沒有想像中來得大。

索羅斯說明：「我們希望將資本沿著三個軸來做投資，也就是股票曝險、利率曝險與貨幣曝險。每個軸的曝險值範圍都落在正負一〇〇%之間。但這些風險中，有的會相互強化，因此我們極少讓自己的權益資金對任何一個軸的曝險達到百分之百。有

時候會出現第四個軸，因為我們偶爾也會把資金配置在大宗商品上。近期我們又新增了第五個維度，進行產業投資。」

他所描述的架構，與我過去投資操作的實際做法是高度相似的，我們並不會單獨押注在某一個方向（例如認為未來股市會上漲），然後買好部位期待它上漲；而是我們的投資組合當中永遠至少會跨三種以上不同類別，例如股票、債券、商品及原物料，外匯等等，再者每一種資產對於利率風險、通膨風險、匯率風險、政策風險，或其他可能影響到資產價格變動的重大風險，反應不會都是同一方向；有些是正相關，有些是負相關，而且相關係數以及變動率的敏感度也有所不同。因此，真正的投資組合管理精髓在於風險管理、部位控管，而非侷限在賭誰的看法對或錯。市場上不會有人永遠看對，然而，贏到最後且累積最多資產的人，往往是風險管理方面的高手。

我相當認同索羅斯所說，他所掌管的量子基金大部分是靠「總體資產配置」來賺錢，而且是至少三維的資產配置。書中列舉相當多量子基金過去投資操作上的實例，有助於我們具體了解如何做、以及為什麼這樣做，有了思考過程與邏輯判斷的闡述，對於理解索羅斯如何將其思維實際運用在投資操作上，有莫大的幫助，這與一般散戶投資人「看漲或看跌」朝著單方向下注的習慣截然不同。

除了理論架構以及實務投資操作外，我認為此書還有一個很重要的貢獻，就是針對索羅斯的「批判性思考」能力以及特質，採用問答的方式呈現出來，有助於我們輕鬆抓住重點，尤其對於投資經驗尚未超過十年的新手來說，此書將是了解索羅斯的極佳入門。

儘管我們無法複製索羅斯過去的操作績效，歷史也不會重演，然而根據這些思維來擴充、強化我們的決策判斷系統，價值不斐。我誠摯推薦此書給對於跨國總體面投資有興趣的讀者！

願善良、紀律、智慧與你我同在！

認識最真實的索羅斯

財經作家　Mr.Market市場先生

喬治索羅斯是與股神巴菲特齊名的投資者、投機者，同時也是一名哲學家、慈善家，人們稱呼他為「讓英格蘭銀行破產的男人」，而形象上則是常以「金融巨鱷」來做比喻。

索羅斯參與管理的量子基金，早年稱為索羅斯基金，從一九六九年開始，在二十六年間創造了三十五%年化報酬率，這還是已經扣除費用後的報酬。

他描述自己採用的是建立動態的資產配置組合，將資金主觀投入在各種資產間，運用不同資產類別一定程度降低風險。並且會主觀的從總體經濟角度，依據市場狀況判斷要加強或減少不同資產類別的比重，甚至也允許動用槓桿，讓判斷正確時的成果進一步放大。在二十世紀末，當時這樣的投資理念有別於大多數的基金管理方式。

人們往往認為索羅斯是量子基金的決策者及操盤手，但從書中可以知道，早年索羅斯的確是主要的決策者，不過在接近二十世紀末期以後，甚至於往後聞名世界的英

鎊狙擊戰役，他都已經是退居幕後的角色，主要操作與研究工作由他旗下的管理團隊進行，他則是透過自身經驗提供協助決策的角色。

對於索羅斯，我們最好奇的是他奇特的投資理念與思想。

市場是錯誤的

當時主流投資理論及經濟理論相信市場永遠是對的。

但問題在於如果你只相信市場正確，那就不存在任何超額報酬。

做個比較白話的比喻：很多人會覺得，投資長期成長的好公司就能有好報酬，但真的是這樣嗎？

一家好公司，市場預期它成長率不錯，因此也根據預期它未來成長率對當下做出相對合理的定價。如果你相信市場的判斷正確，那意味著你買進的價格通常也相對昂貴，未來即使公司真的如計畫成長，那麼你所能得到的報酬也很有限，因為當初買的價格本身早就已經反映完它未來的成長。

想得到更好的報酬就只有等待市場犯錯。例如市場並沒有發現公司的成長性，導致價格低估，或者市場對公司成長性過於高估了，導致過高的定價，這時就存在超額

報酬的機會，前提是你對、市場錯。

索羅斯的假設相反，它假定市場是錯的。並不是說市場永遠錯，而是市場必定會犯錯，而利潤就存在於市場犯錯的時候，他的工作就是找到這些錯誤運用它。

當然，這不意味著自己每次都會判斷正確，例如市場目前仍是正確，但你卻認為它錯誤時，就會遭到懲罰。

反射性理論

索羅斯最知名的投資觀點，就是他在一九七八年提出的反射性理論。那個年代是效率市場理論當道的時代，經濟學假設人們有充足的資訊，會做出足夠理性的判斷，但索羅斯否定這種觀點。

反射性理論最重要的概念是，他認為投資市場的現象和自然科學的現象不同。在自然中我們觀察到一個現象產生一系列變化，這些變化都與觀察者的觀點想法無關、彼此獨立，因此同樣的原因最終可以導出同樣的結果。

但在投資領域中，參與者在其中的觀點，本身就會影響市場的結果，這些影響回過頭來又會影響觀察者的觀點，在這情況下即使理性也沒有用，因為同樣的原因並不

會導向固定的結論。

市場中存在許多不同觀點，因此許多時候是處於均衡狀態。不過一旦有事件打破這個均衡，即使最初只是微小的改變，但接下來則會形成有力的趨勢，而最終則必然會是趨勢反轉與毀滅。

索羅斯為這特性做了一個總結：最初會互相強化，最終卻會相互毀滅。反射性理論不只是簡單的在說投資人看到趨勢向上，判斷會上漲進而買進，而買進又促使趨勢進一步上漲，這樣單純的關聯性。

書中提供了一些例子，例如當年企業併購盛行，企業透過自身高估的股價，透過股票換股來完成併購、提升EPS，而提升後的EPS讓企業看起來似乎保持了成長，又更進一步推升了企業股票的溢價，進而促使它去完成更多併購。而最終只要利率、企業債務、投資人信心等等其中之一的環節出問題，趨勢就必然會反轉。

在這個立論基礎下，索羅斯認為，人們覺得任何合理的理論，在這一系列程序下都可能變質，讓理論最終不會呈現它應有的因果關係，促成市場必然充滿不確定性，而非充滿理性。

巴菲特同樣也不認為市場正確，不過巴菲特認為市場大多時候正確、有時則會犯

錯，長期而言錯誤會得到修正，價值投資就是藉由市場犯錯的時候進場，並且等待市場修正的過程。

索羅斯則是從本質上認為市場是錯誤的，人們對市場的理解都是有誤的，所謂的合理與正確也都只是暫時的均衡現象。索羅斯的投資方式則是參與過程中互相強化的趨勢，並且在趨勢反轉時轉身離開；這樣的機會非常稀少，一生中也許只有幾次，但只要抓住這個必然的趨勢，就足以得到充足的利潤。

帶你更加深入認識索羅斯

索羅斯的投資哲學並不容易理解，要實現他的投資哲學以及做出操作，難度也非常的高，需要對政治、經濟、社會、民族、歷史等等都有充足的理解，才可能做出相對有意義的推論。但即使這很困難，並不妨礙我們多向他學習，填補自己投資思考中的缺口。

多數人對索羅斯的理解只存在於一些流言以及報導，而不是真實的狀況。這本書是透過記錄在一九九五年與索羅斯訪談一字一句的對話，真實還原索羅斯的投資哲學、人生歷程，以及包含他對慈善、社會現象、哲學思想的看法。

比起過往索羅斯的成名著作《金融煉金術》，本書更能讓我們了解索羅斯的思想，期待你也能從中有所收穫。

前言 Foreword

本書雛型是服務於《法蘭克福匯報》（*Frankfurter Allgemeine Zeitung*）的記者克莉絲緹娜・可南（Krisztina Koenen），以德文發表的深度採訪稿。約翰威利出版社（John Wiley & Sons）原本想把稿件譯成英文出版，但我決定直接推出全新的版本。我發覺採訪的形式正合我意，於是這項小計畫長成了大計畫。

最終寫就這本彙總我人生經驗的著作，第一部分探討我的個人背景與基金經理人職涯歷程，負責提問的是拜倫・維恩（Byron Wien）。維恩是摩根史坦利（Morgan Stanley）的投資策略家，也是我的老朋友。第二部分透過可南對我的幾段採訪內容，呈現我的政治觀點與慈善家生涯。最後一個部分再次由維恩提問，談論我賺錢與花錢時所信奉的哲學思想。我重新編纂採訪內容，賦予它蘇格拉底式對談的味道。我試著解釋自己是誰、支持哪些理念。

我的哲學無關金錢，而是人生百態。這些年，我把金融市場當成實驗室，測試自

己的理論。也有幸抓到機會，在蘇聯解體之際，以此事件測試我的想法。我相信自己有重要的話要說，而且同等重要的是我推廣這套理念的能力，因為我對「開放社會」（open society）的信仰必須普遍為眾人所接受才有意義。在寫完這本書後，我覺得自己成功做到這件事了。我的編輯邁爾斯・湯普森（Myles Thompson）希望我把目標讀者設定為對金融市場有興趣的人。我並沒有強烈反對，因為我自己也對金融市場很有興趣，特別是在現今這個動態不均衡（dynamic disequilibrium）比比皆是的時刻。但我的目標讀者群更大，我衷心期盼對金融市場沒興趣的人也會發覺這本書值得一讀。

我曾向下列人士分享初稿：肯・安德森（Ken Anderson）、史丹利・朱肯米勒（Stan Druckemiller）、丹・悠爾（Dan Eule）、阿爾米尼歐・芙拉格（Arminio Fraga）、蘇・福倫奇（Sue Frunzi）、蓋瑞・格萊德斯坦（Gary Gladstein）、凱倫・格林伯格（Karen Greenberg）、伯丹・哈里來辛（Bohdan Hawrylyshyn）、朱莉亞・朱莉絲（Julia Jurys）、阿里・克皮瓦拉（Ari Korpivaara）、阿妮特・萊伯瑞（Annette Laborey）、亞葉・奈爾（Aryeh Neier）、比爾・牛頓・史密斯（Bill Newton Smith）、伊斯特凡・拉維（Istvan Rev）、尼特・羅德提（Nick Roditi）、蘇珊・韋伯・索羅斯（Susan Weber Soros）、保羅・索羅斯（Paul Soros）、強納森・索羅斯（Jonathan Soros）、米克羅斯・華沙赫伊（Miklos

Vasarhelyi）、比爾・札貝爾（Bill Zabel）、強恩・史旺斯札（John Zwaanstra）。

感謝他們給我意見，而我本人為書中內容負完全的責任。我也要謝謝艾蜜莉・盧思（Emily Loose）幫忙編輯，還有法蘭西斯・阿布札德（Frances Abouzeid）、席拉・阿特納（Sheila Otner）、尚恩・帕提森（Shawn Pattison）的協助。

喬治・索羅斯
一九九五年七月

第一部 投資與全球金融

與拜倫・維恩對談

INVESTING AND GLOBAL FINANCE

第一章　投資者
The Investor

華爾街近來盛傳一個說法，就是拉什莫爾山（Mount Rushmore）[1]的對面還有一座山，紀念世上最偉大的基金經理人。那座山上刻著的兩張臉，屬於華倫·巴菲特和您本人。

你找不到比我們更天差地遠的兩個人了。

您覺得自己稱得上是世界上最偉大的基金經理人嗎？

這是個好問題。我得承認自己確實是佼佼者，但這樣的地位可以維持多久則是另一個問題了。

1〔譯註〕拉什莫爾山（Mount Rushmore）也被稱為總統山，山上由左而右刻有華盛頓、傑佛遜、羅斯福、林肯四位總統的頭像，他們被公認是美國最偉大的總統。

現在您不像過去那麼積極地管理基金了。

這就是為什麼我有機會繼續維持那個崇高的地位。

量子基金（Quantum Fund）是有史以來最成功的投資實體（investment entity）之一，如果在一九六九年[2]投資一千美元到量子基金，而且配息全數再投入，現在這筆投資的價值已經超過兩百萬美元了。量子基金有什麼獨特之處？除了投資技巧之外，還有其他祕訣嗎？結構上是否有什麼特色讓它如此成功？

是的，量子基金的結構非比尋常，因為我們使用了槓桿（leverage）。我們的結構設計讓基金可以乘著大趨勢而起，也就是我們所謂的總體投資術（macro-investing）。此外，在那些大趨勢之下，我們也會挑選股票與類股，也就是說操作包含了多個層次。我覺得最容易想像的方法是這樣：一般的投資組合恰如其名，是一個扁平的公事包[3]，而量子基金的投資組合則是立體、三維的建築物，有它的結構，也就是槓桿。我們將權益資本（equity capital）作為基底，建構出一個以手中證券擔保價值（collateral value）為支撐的三維結構。這麼說好了，我們用自己的錢去買股票，五成付現、五成靠貸款支付。如果是買債券，可以借到的金額又會高出許多。我們出一千美元，至少

可以買到價值五萬美元的長期債券。我們也可以放空股票或債券：我們預期之後可望用較低的價格買回，因此借券來賣，並沒有那些證券的所有權。我們也會建立貨幣或指數期貨（index futures）的多／空部位，各個部位相互加持，創造一個由風險與獲利機會組成的三維結構。通常只要兩天（一天上漲與一天下跌）就足以讓我們了解目前的基金配置是否恰當。

也就是說您的基金與一般投資組合之間有許多差異。第一個是您會用槓桿，第二是您投資許多不同的資產類別。不只投資貨幣，也投資其他金融資產。第三，您會放空也會做多那些不同的資產類別。這樣說對嗎？

是的。

您認為多樣化的部位，讓您的投資組合具備所謂「總體」（macro）觀點的風險圖

2〔譯註〕量子基金成立於一九六九年。

3〔譯註〕投資組合的英文是portfolio，也有公事包的意思。

像（risk profile）。

沒錯。

衍生性金融商品（derivatives）也包含在內，是吧？

用得比大家想像的少。我們確實會運用指數期貨，有時候是為了對沖（hedging），有時候是要增加多頭或空頭部位的投資比率。我們不常操作選擇權（options），原因是不知道要怎麼把選擇權融入我們可以接受的曝險策略中。購買選擇權，您得支付高額權利金（premium）才能換取槓桿，但如果以我們手中的證券作為擔保品來貸款，就可以用比較低的價格自己創造相同的槓桿效果。實際持有某檔股票並進行質押貸款，風險無可否認地會比購買選擇權來得大，但在設定對沖策略的時候，實際曝險比操作選擇權好處理。當您賣出選擇權，會因為承擔風險而獲得支付，這可以是一門賺錢的生意，但沒有辦法跟槓桿化投資組合（leveraged portfolio）的固有風險（inherent risk）完好結合，因此我們幾乎不賣選擇權。這種做法就是不適合我們的三維結構，如果套用在我們的投資組合中，它會有點像是穿出窗戶的棍子，可能使整棟建築物傾倒。這就是為什麼我們相對少用選擇權。

相較於基金規模較小的時候，您現在承擔的風險有變高嗎？

沒有。我會說我們承擔的風險顯著降低，早年我們只要有機會就操作槓桿。

那是什麼意思？每一億美元平均有多少是借來的？

這個數據沒有意義，因為投資在國庫券（treasury bills）的一億美元，與投資在三十年期債券的一億美元風險因子天差地遠。我們盡可能化繁為簡，沒有一個實際或科學的方法來測量風險。那些操作衍生性金融商品的人會使用超級精密的風險計算方法，但我們是業餘人士。我們活在石器時代，而且刻意如此。

過去二十年，衡量投資組合風險的方法有了長足的進步。為什麼您沒有採用那些科學的量化測量法呢？

我們不相信那些方法。那些算法大抵都是建立在效率市場理論（efficient market theory）成立的假設之上，但是效率市場理論與我提出的不完美理解（imperfect understanding）與反射性理論（reflexivity）相衝突。我認為那些量化測量法有九成九的時候是對的，但有百分之一的時間會失效。我比較在意那百分之一。那些假設通

常預設市場是連續的（continuous）[4]，但我看到有一種系統性風險沒辦法融入這樣的假設。我對不連續（discontinuities）的情況特別感興趣，並且發現那些測量方法對我來說沒什麼用處。不過我們還是會試著簡化操作。舉例而言，處理利率曝險時，我們把所有部位都以三十年期債券為當量（equivalence）來做換算，就連國庫券都會換算成等值的三十年期債券。此外，我們希望將資本沿著三個軸來做投資，也就是股票曝險、利率曝險與貨幣曝險。每個軸的曝險值範圍都落在正負一〇〇%之間。但這些風險中，有的會相互強化，因此極少讓我們的權益資金對任何一個軸的曝險達到百分之百。有時候會出現第四個軸，因為我們偶爾也會把資金配置在大宗商品（commodities）上。近期我們又新增了第五個維度。我成立了一個叫做「量子產業控股」（Quantum Industrial Holdings）的基金，進行產業投資，讓我們真正擁有或部分擁有某些企業。這個基金有二〇%的資產會保留給總體投資，也就是量子基金採用的操作模式。實際上，量子產業控股基金整體的總體投資結構，只要仰賴那二〇%的資金所提供的擔保或購買力就足夠了，其餘資金專門用來做產業投資。至於那些保留給產業投資但還沒有實際支出的閒置資金，則會暫時停泊在量子基金的股票中。這是個新概念，最終可能會使這個控股基金的資金應用效率勝過量子基金本身。

您能走到今天這一步，槓桿顯然扮演了關鍵角色。如果沒有運用槓桿，當年的一千美元現在會值多少？換言之，過去這些年來，量子基金創造的獲利中，有多少要歸功於槓桿操作？

這又是個我沒辦法回答的問題。量子基金會變成一個完全不同的生物。因為我們的部位配置，很多都只有在運用槓桿的情況下才合理。如果不能操作槓桿，有些特定投資就不會做了。相較於二維的投資組合，槓桿讓我們擁有更大的彈性。債券基金的經理人如果看好利率走勢，就會拉長投資組合的天期，但最高也只能拉到十五年期而已。如果看壞利率走勢，可以將平均天期壓得非常短。相形之下，我們的操作更自由。如果覺得前景堪慮，可以賣空，相信前景可期的時候，也不需要買進長天期債券，只要大幅利用槓桿操作買進短天期債券就可以了。

這樣做的成效有比較好嗎？

4〔譯註〕連續市場（continuous market）是指市場上活動量夠大，因此一般規模的交易可以在任何時間點執行，也不影響目前的市場價格。或競爭的觀點遭到排擠。

有可能。我可以舉個比較近期的例子：一九九五年，也就是今年年初，如果您和我們一樣相信利率走勢有利於推升債券價格，也就是相信美國聯準會（Fed）可能已經停止採取緊縮政策，那持有短天期債券可以大賺一筆，但持有長天期債券賺得就相對少，因為短天期債券的表現遠比長天期債券來得好。

因為殖利率曲線（yield curve）出現了變化。

沒錯。確實我們偶爾也會進行所謂的殖利率曲線交易（yield curve trade），也就是將長短天期的債券相互配對，很多想控制風險的專業投資人都會這樣操作。不過我們不常進行這種交易。我們通常只會研判利率的大走勢，至於要選購短天期還長天期公債，只是在判讀走勢之後的細部操作而已。也有不少專業投資人跟我們相反，純粹靠操作長短天期公債獲利。

有很多對成功的基金經理人所做的分析指出，投資組合的表現有八成取決於資產配置（asset allocation），選股和其他因素只占兩成。您對資產配置有什麼看法？

沒有。不過我想您說得對，因為我們大部分都是靠「總體」來賺錢，而總體就是

三維的資產配置。三維的資產配置比較有效率，因為在二維的投資組合中，針對任何一個投資理念，您最多都只能配置一部分的權益資金；相形之下，我們在依據總體觀點投資的時候，可以配置超過一〇〇%的資金。

量子基金還有哪些特色讓它如此獨特又得以締造亮眼成績？

嗯，我們跟基金投資人之間有一個默契。跟其他基金經理人有些不同，我們是一個以績效掛帥的基金，也就是說我們獲得的報酬主要來自獲利分紅，而不是看管理的資產總額。大部分的基金經理人目標都是要盡可能吸引資金，然後在管理資金上做出一定的表現，以免投資人因為幻滅而離開。換言之，那些經理人會試圖讓基金規模極大化，因為他們的報酬是依據管理的資金總額而定。相形之下，我們領取的報酬是以獲利百分比計算的，所以會想盡辦法提高基金獲利。而且這裡的獲利是看絕對值，不是與其他指數表現的相對值。

還有另一個主要差異是，我們自己也有投錢到基金裡。我也是基金的重要股東。我們會把賺來的績效獎金再投資到基金中，因此基金存續的時間愈長、績效表現愈好，管理層的持股比例就愈高。這意味著我們與其他投資人共享好處，也共同承擔風險，

股東與管理層之間存在共同利益關係。因此，我們和投資人之間有一種默契，大家在同一台車上，我們是駕駛、他們是乘客，要前往同一個目的地。這種隱形契約本質上是夥伴關係，而不是信託關係。當然，我們也會履行自己的信託責任。

量子基金有哪些特徵讓它與其他基金不同？現在有很多基金仿效您們的做法，但您依然是先驅。

沒有任何一檔基金和我們一模一樣。現在有種稱為對沖基金（hedge fund）的基金類別，但「對沖基金」這個名字其實涵蓋了很多不同的操作模式。我認為把所有對沖基金都歸在同一類別並不正確。首先，有很多對沖基金並未採用總體投資技巧，或是應用的方法和我們不一樣。也有許多對沖基金只使用總體投資工具，而不投資個股。我們則是運用三維法做出不同層級的決策。我們會設定總體決策，也就是基金採納的特定立場，在這個框架下再決定要買或賣哪些股票，以及運用哪些投資工具。整體而言，若我們可以用總體工具執行總體決策，就會選擇這麼做，而不進行特定投資。

這是什麼意思？

讓我舉個例子。假設某個股票基金看好債券走勢，那他們可能就會買入公用事業類股，但我們絕對不會這麼做。我們也可能會布局公用事業，但前提是我們對那幾支特定的公用事業股有興趣。不然我們就會買債券，因為那可以讓我們更直接得利。

您提到有一類對沖基金是總體對沖基金。量子基金有哪些特徵讓它和其他總體基金有所差異？

都是些比較個人的特徵，這就是特定態度和風格帶來影響的地方。

您會如何形容自己的特定投資風格？

我的特點就是沒有特定的投資風格，或更準確地說，是我試著依據情勢改變風格。回顧我們基金的歷史，就會發現它的調性經歷多次改變。一開始的十年，基金完全沒有使用任何總體投資工具。後來總體投資變成主軸，但近期我們又開始投資產業資產。我會這麼說：我不依循一組既定規則做事，而是去尋找遊戲規則出現的變化。

您曾說自己能投資成功，直覺（intuition）扮演重要角色，就讓我們來談談直覺

吧！當您說自己把直覺當成投資工具的時候，是什麼意思？

我靠假說（hypotheses）做投資。我會先針對預期的事件發生順序提出理論，再拿理論和事件實際發展的狀況做比較。這種做法讓我具備可以用來衡量假說的標準。

這個過程包含一些直覺的成分，但我不是很確定直覺是否真的扮演那麼重要的角色，因為我也有自己的理論架構。投資的時候，我通常會選擇符合那個架構的情境。我會去找創造不均衡的條件（conditions of disequilibrium），那些情況通常都會散發出某些信號，看到那些信號我就會展開行動。因此，我做決定其實是結合了理論與本能（instinct）。您如果覺得這叫做直覺，那也沒問題。

大家通常會覺得基金經理人兼具想像力與分析能力，如果您只以這兩個分類來歸類所有技巧，您認為自己哪一方面比較強，想像力還是分析能力？

我覺得自己的分析能力不足，但我的團隊具備非常強的分析能力。我不是專業的證券分析師，我比較想自稱是「不安」分析師（insecurity analyst）[5]。

這個說法挺聳動的，您想表達什麼意思呢？

我認清自己可能出錯，這讓我感到不安。這種不安的感受讓我時時保持警覺，隨時準備好要修正錯誤。我會在兩個層面上做到這件事。一個是抽象層面，我把相信自己會犯錯的想法化為一套哲學思想的基礎。另一個是個人層面，我是個具強烈批判性的人，會去挑出自己與他人的缺陷。不過在強烈批判的同時，我也十分寬容。如果不能原諒自己，就沒辦法認清自己的錯誤。對其他人而言，犯錯是丟臉的事，但我會為認清自己的錯誤感到驕傲。一旦我們意識到人類對事物的理解必然存在缺陷，就不會因犯錯而覺得丟臉，只有錯誤未修正才令人感到羞恥。

您曾說您比其他人更快認清自己的錯誤，那聽起來是投資的必要特質。您在看自己有沒有犯錯的時候，會從哪裡去糾錯？

就像剛剛提到的，我運用投資假說來工作。我會去看事件發展是否和自己預期的相同，如果有出入，那我就知道自己走錯路了。

5〔譯註〕證券分析師的英文是security analyst，而security除了證券的意思，也有安全的意思，因此索羅斯刻意用雙關語，說自己是insecurity analyst，不是證券分析師，而是不安分析師。

但有時候事情只是暫時偏離軌道，之後又會回到正軌，您要怎麼知道現在是哪一種情況？這就要靠天分了。

當我對事件發展的預期與實際情況出現落差，並不代表我會抛售手中持股。我會重新檢視自己的理論，試著去找問題出在哪裡。我可能會調整理論，或是會發現出現了某種外部影響因子。有可能最後我選擇加碼而非出清持股，但我絕對不會無所作為，也不會無視那些落差。我會開始用批判的角度檢視現況。通常我會盡力避免配合局勢變化調整自己的理論，但也不會完全排除這個選項。

您曾提過「反主流之道而行的樂趣」，您會看哪些指標來決定現在是不是逆勢行動的時機？

身為如此愛批判的人，我常被認為愛唱反調。但我其實對於反主流而行這件事非常小心，我很可能被踩得粉身碎骨。我認為趨勢起初都會自我強化（self-reinforcing），但最終都會自我打擊（self-defeating）。按照這個理論，趨勢大部分時候都是您的好朋友，隨波逐流的人只有在情勢反轉的反轉點（inflection point）出現時會受傷。多數時候我都跟著趨勢行動，但我時刻謹記自己是群眾的一員，並密切注意轉折點。

主流的觀點是市場永遠是對的，但我的立場相反，我假設市場永遠是錯的。我的假設有時候並不成立，但我還是把它拿來當成實用假說[6]。並不是說永遠要跟主流趨勢逆向而行，相反地，多數時候趨勢都能大行其道，只有少數時候會修正錯誤，也只有在那種時候才應該逆勢而行。受到這套邏輯的啟發，我在看所有投資理論時都會去找它的瑕疵，只要找到那個瑕疵，我心裡的那股不安全感就會平定下來。我並不會因此就放棄那套理論，相反地，我反而能夠更有信心地運用那套投資理論，因為我知道它錯在哪裡，而市場還沒察覺。我走在趨勢之前。我會注意趨勢可能走到盡頭的預兆，找到後，我就會脫離群眾，轉而尋找新的投資理論。如果我覺得某個趨勢已經走過頭了，我可能還會試著和它對賭。當我們逆勢而為，通常都會受到懲罰，只有在反轉點出現時，才會得到獎勵。

除了逆勢而行，您也說過自己會用一個技巧，就是置身流程之外。那確切是什麼

6〔譯註〕實用假說（working hypothesis）指的是在研究中為了得出一套站得住腳的理論，暫且不論該理論正確與否，先拿來做為研究依據的假說。

意思呢？您要怎麼置身事外？

我人就站在外面。我是個思維參與者（thinking participant），而思維的意思就是要把自己從正在思考的主題中抽離出來。這件事情對我來說可能比很多人容易，因為我有著一顆非常抽象的腦袋，而且我其實很享受從外側觀察事情，包括觀察自己。

外界都知道您有非常強大的自我控制（self-control）與抽離（detachment）能力。您覺得那些是必要條件嗎？

抽離，是；自我控制，不是。賠錢我會心痛，賺錢我會開心。否認自己的感受是世界上最容易毀滅一個人的事。一旦察覺自己的感受，您可能不覺得有需要表現出來，但有時候（特別是承受巨大壓力）隱藏情緒會讓那股壓力變得更難以忍受。我記得職涯剛起步時，我的個人帳戶一度幾乎歸零，但我還是得若無其事地繼續工作。那股壓力實在太過沉重，吃完午餐之後，我幾乎沒辦法把自己拖回辦公室。這就是為什麼我鼓勵員工說出他們遇到的問題，只要他們願意承認自己有問題，我就會大力協助。

我說喬治，以您現在的經營模式，不管是在提拔內部員工或挑選外部基金經理人，

選出好的人才都非常重要。可以談談您在考慮要把錢交給一位基金經理人或觀察員工的時候，會從哪些特質判斷誰比較有可能在投資產業中大放異彩嗎？

聽起來或許有點怪，但最重要的面向是人格特質。有些人我就是可以信任，這些人就是我想要招收成為夥伴的人。有些非常會賺錢的人無法獲得我的信任，我也不想和他們合作。麥可・米爾肯（Michael Milken）倒閉的時候，垃圾債券（junk bond）的產業空出一個大位，我深受吸引也很急著想遞補上那個空缺，因為絕對可以大發利市。我面試了幾個曾經在米爾肯建立的賺錢機器中工作的人，考慮讓他們擔任我的外部經理人或合作夥伴，但我發現他們都有一種不道德的態度，米爾肯公司的交易部門就是抱持這種態度（與他們的投資銀行部門不同）。他們很明顯都是非常積極、有能力、聰明、機智的人，但身上就是有種無視道德的態度，散發出一種「借錢給我請自己小心」（lender beware）的警訊，讓我不想當借錢給他們的人。我就是覺得不自在。

曾經有人請約翰・皮爾龐特・摩根（J.P. Morgan）的兒子形容他在借錢給別人之前，會看那個人的哪些特質。那時候他說，人格特質是到目前為止最重要的一點。他說，「如果我不相信某個人，就算他把全基督教世界的抵押品都拿來了，我還是一毛

也不會借給他。」

喔，我倒沒有像他那麼單純，不過畢竟我也不是在借貸產業打滾。

投資顯然需要冒很多風險，我們來聊一下這種不道德的投資手法與負責任、積極、高風險的投資手法之間有什麼不同。

這有什麼好說的？冒險是件痛苦的事，要不甘願自己承擔，要不就得把風險轉嫁到其他人身上。在一個有風險的產業中打滾卻不肯面對後果的都不是好人。

您覺得好的投資人需要哪些特質？需要聰明才智嗎？要成為厲害的投資人，智力有多重要？

智力相同的人個性可能不同，有些人會一路走到懸崖邊緣但不會超過那條線，有些人會走到邊緣且時不時越界。這種差異非常難看出來，但我不想要那種會越界的人來我這裡工作。

您會想要底下的人向懸崖走嗎？

我是偶爾會走到邊緣的人，但我是拿自己過去累積的財富來賭，我不想要其他人拿我的錢去賭。我手下曾經有一位天賦異稟的匯率交易員，他在我不知情的情況下承擔了很大的匯率風險，那筆交易非常賺錢，但我立刻中斷了和他的合作關係，因為我覺得自己已經收到警訊了，如果我們之後蒙受預期外的損失，那我只能怪自己。

有些人相信在這個產業中太聰明是個問題，那些最聰明的人幾乎都不是最成功的投資家。

我希望您是錯的。

講到這個就要談談您過去的著作中提過的，其實剛剛也有稍微講到，就是您對自己的看法。您之前說自己有一點彌賽亞情節（messianic complex），覺得來到這個世界，就是為了要達到現在的成就。那是您成功的原因嗎？您的成就除了歸功於人格特質與智力，是否還結合了一個我們還沒有談到的主題：一種跟您剛才提到的懸崖概念相關的無懼心理？

在投資方面，我完全沒有彌賽亞情節。我只有在已經賺到錢、要捐出去的時候才

有彌賽亞情節。在賺錢上，我不會讓這種幻想影響自己。我會試著壓抑自己的幻想，而且我也不認為賺錢這件事情跟救世主有任何關係。不過走向懸崖是另一回事，那麼做是有目的性的。危險最能讓人專注，我也需要冒險帶來的興奮感才能透徹地思考。這是我思考能力的關鍵一環。冒險對我來說是讓思路清晰不可或缺的成分。

您剛剛講的那種興奮感是來自於您對遊戲的熱衷，還是來自於遊戲的危險性？

危險。危險會帶給我刺激，不過請不要誤解我的話，我並不喜歡危險，我想避免危險。那才是讓我血脈賁張的事情。

您怎麼做到在這場比賽中保持領先？

就像之前說的，我會去尋找每個投資理論的瑕疵，找到以後就放心了。在我只能看到事物好的一面時，我就會憂心忡忡。但一樣，別誤解我的意思，我不會只是因為看不到投資理論壞的一面，就不接受那個理論，我只是會保持戒心。另一方面，我對於市場不願意接受的投資理論特別感興趣，那些理論通常是最強的。別忘了那句俗諺，「市場總是依著擔憂之牆向上爬。」（The market climbs on a wall of worry.）

好，所以批判性思考（critical thinking）是重要因子，還有哪些是您覺得重要的？

投資的精彩之處在於做一件事有非常多不同的方法。我們可以算是動能投資人（momentum investors），但有些價值投資人（value investors）也做出了非常、非常亮眼的績效。在我們公司，價值投資人的表現不會那麼好，因為他們找不到知音。普爾內度．查特吉（P.C. Chatterjee）是我的投資顧問，我們有一段有趣的經驗。他的觀念是把科技公司視為資產豐沛的公司，公司的顧客就是資產。如果一間公司擁有堅實的客群，就算管理得很差又沒推出什麼產品，依然價值連城。他覺得只要稍微推一把，就可以發揮那些價值。事實證明他的想法正確。舉例而言，他買了大量的Paradyne公司股份。我和他一起去參訪那間公司時發現，Paradyne問題重重，參訪結束後，我抱持著抑鬱的心情離開，不停想著到底為什麼要買進那家公司的股票，以及如何出場。但不出幾週，AT&T就買下了Paradyne，價格是我們支付價的兩倍。查特吉對於堅實客群的價值判斷正確，但他看公司的方法跟我的觀點就是合不來。

我再舉一個例子。有時候市場會陷入混亂的震盪期，那種時候我的投資方法用了還不如不用好。我堅持進場之前先建立一套理論，但觀察到某個市場趨勢之後，需要一段時間才能釐清背後原因，有時候就在我終於建立一套能夠說明趨勢成因的理

論時，市場就反轉了那個趨勢。如果這件事情反覆發生，破壞性就很大。我很擅長乘著大浪而起，但對游泳池的漣漪無能為力。一九八〇年代初期，有段時間感覺沒起什麼浪，只有漣漪。那時我找到一位大宗商品基金經理人維克多．尼德霍夫（Victor Niederhoffer），他有一套可以靠漣漪賺錢的系統。他非常熟悉隨機漫步理論（random walk theory）。尼德霍夫把市場視為賭場，市場裡每個人的行為都像賭徒，只要觀察賭徒就能了解投資人的行為。例如，賭徒星期一和星期五的表現不同，白天和下午也不同，諸如此類。他經常依循那套理論做一些小額投資，我拿錢給他管，他為我創造不錯的報酬。不過，他那套做法有個瑕疵，就是只有在市場趨勢不存在的時候才管用，如果市場上出現了歷史性的趨勢或一個大浪，那個趨勢就會蓋過賭徒性格掀起的小浪，這時候尼德霍夫就會受到重創，因為他沒有一套恰當的機制可以預防投資失利。我會提到這個人，是因為他的手法和我南轅北轍，有些時候用他的方法才適合。我已經學會用非常開放的心胸去看待何謂正確的投資手法，只要一個人的操守沒問題，我很樂於僱用採取不同投資手法的人。

尼德霍夫後來怎麼了？

市場漫無目的地亂竄的時候，他大賺了一筆，後來就開始賠錢，他也夠有骨氣，就把戶頭關了。我們整體還是有賺錢。極少大宗商品交易員會這麼做。

他近來如何？

他過得很好。

您現在還有讓他幫您操盤嗎？

沒有。

面試人的時候，您還會看哪些特質？

我其實很不會看人。我會看股票，對歷史也有一套還不錯的觀點，但我其實非常不會看人，所以也犯了許多錯誤。我花了整整五年的時間，也經歷了許多慘痛的經驗才找到對的管理團隊。我很高興自己終於找到了這個團隊，但在挑選成員這件事情上，我實在不能說自己做得和投資一樣好。

我想我是一個非常好的資深合夥人或老闆，因為我很能同理基金經理人面對的難

題。當他們遇到問題，我會給予強力支持，而我認為這麼做也在公司中營造出良好的氛圍。但我不太擅長選人。

您這麼會投資，有多少是仰賴選擇要布局的市場而非挑選特定投資標的？

看狀況。有時候我會鎖定特定個股，但也有時候是選擇市場或市場區塊。就像我說的，我不會依據一套特定規則來玩遊戲，而是去探究遊戲規則出現了哪些變化。

如果您不斷找尋遊戲規則的變化，在您的職業生涯中一定有某些日子格外重要。如果您工作強度非常高又從不間斷，就沒有辦法找出那些重大日子了。您和我其中一個不同的點，就是您好像總是可以察覺出那些日子。

我職涯剛剛起步的時候，在倫敦證交所對面的交易室當助理。我的老闆伯格斯上校（Colonel Pougatsch）是個一絲不苟的人，每天早上進公司後，都要把鉛筆削得非常尖。他跟我說，如果沒有要處理的，那你離開的時候，筆尖應該跟你進來的時候一樣尖銳。我一直把這番忠告銘記在心。

更廣泛地來說，管理投資組合和一般人所謂的工作不太一樣。它是另一種東西。管理投資組合是冒險，工作量和成就會呈現負向關係，也就是說，假設你現在做的是一般的工作，像是業務員或工匠，那麼工作量會直接影響成就。敲愈多次鐵鎚，就生產愈多產品；見愈多客戶，取得訂單的機率就愈高，兩者有直接的關聯性。但當你在冒險，只要你的判斷和洞察正確，那就不需要太辛勤地工作。相反地，當你失準了，你的假說與實際事件發展出現分歧，你就得非常認真做研究，找出問題出在哪裡。你愈常失敗，就需要花愈多心力修正現況。投資組合表現好時，你就要少做點事。兩者是反向關係。

但，真的是這樣嗎？您在騙自己吧！有時候一切都很順利，其實就快急轉直下了。當事情發展順利，難道您不需要為了預防哪天事情突然全盤出錯而做很多預測嗎？

當然要，本來就應該是這樣。但我不喜歡工作，我做決定的時候，一定只做必要的事情，能少做就少做。這世界上有很多人熱愛工作，他們會蒐集遠超過做決定所需的過量資訊，而且他們會因為對某些投資決策了解得非常透徹，而對那項決策產生感情。我不一樣，我只專注於必要事項。當我必須工作，就發狂似地去做，因為需要工

作這件事情讓我很抓狂。當我不需要工作，我就不做。一直以來這都是我做事方法中的關鍵元素，如果我知道有什麼地方要出問題了，就會設法避免問題爆發。但事情不是這樣運作的。我們得面對現實，每個投資組合經理人也有盛／衰時序，他們做對了，所以表現非常好，然後就變得太自負，最後就翻船了。我也不例外。很常發生的狀況是，一切進展得很順利，我鬆懈了，問題就開始蹦出來。情勢可以瞬息萬變，如果我無法掌握情勢，就是被情勢掌控。這就是為什麼我們永遠不能喪失不安全感。我的經驗告訴我，通常我可以把虧損控制在二〇％以內，如果回頭看我過去的績效表現，有時候某項投資在一年內讓我虧損高達二〇％，從最高點衰到谷底，然後修正，最後那一年以獲利作結。

您有採用一套正式的停損程序嗎？

完全沒有。事實上，如果出了狀況，而我知道問題出在哪裡，卻認為一開始的理論沒有錯，衝擊來自於無關的因素，那我加碼的機率會比出清部位的機率來得高。我得搞清楚自己為什麼在賠錢。

您怎麼知道有狀況發生？

我會感覺痛。我非常仰賴生物本能，我在積極經營量子基金的期間為背痛所苦，我把急遽的背痛當成投資組合出問題的訊號。背痛不會告訴我問題出在哪裡，你知道的，就是像說下背痛代表空頭部位有問題、左肩痛代表貨幣布局有狀況之類的，但背痛會刺激我去查看投資組合有什麼不對勁的地方，如果沒有背痛，我可能就不會這麼做了。這並非經營投資組合最科學的方式。

但您已經沒有參與基金的經營了。

如果還在做，我現在就不會在這裡跟您談話了。有很長一段時間，我真的是自己一個人管基金。我是船長，也是負責加煤生火的鍋爐工。當我在駕駛台上，我會響鈴並說「向左轉！」，再往下跑到輪機艙去執行任務。在下令與執行命令之間，我還得進行分析，看看要買哪些股票等。那樣的日子已經過去了，現在我有一整個組織，我甚至把船長的位置都交給別人了。我只擔任董事長，並處理策略問題。

您是在說自己是船上的乘客嗎？

嗯，我會說自己不只是乘客，比較像是船東。

您有沒有曾經晃進駕駛艙主導過？

我會去拜訪船長，但我絕對不會控制那艘船，因為這是一份十分講求負責任的工作，如果我干涉那份責任，會造成非常嚴重的傷害。

您從什麼時候開始淡出基金管理？

一九八九年。當時我對東歐的革命涉入太深，沒有辦法繼續每天經營基金，也無法繼續面對風險。所以我把主導權交給年輕人的團隊，由史丹利．朱肯米勒（Stanley Druckenmiller）領導。

一般而言，外界還是認為一九九二年的英鎊交易是由您操盤，大賺十億美元。那時候您已經把領導的位置交給史丹利了，那樁交易是否該歸功於他？

是的。我從來沒有說那是我的功勞。我參與了那個過程，以導師的身分告訴他，那是一生一次的機會，風險與報酬比率好得不得了，因此應該拉大交易規模，可以比

平常更大。他接受了我的建議。

所以是因為您，量子基金當時才會採用這麼高的槓桿，但最初想要放空英鎊的想法是史丹利提出來的？

沒錯，他有徵詢我的意見，但是是他下的決定。

我可不可以說，如果沒有您的鼓勵，他舉債的幅度就不會像量子基金最終舉債的幅度那麼高？他會走到那一步，您難道沒有推一把嗎？

我建議他一刀斃命。就算沒有我，他可能也會那麼做。其實我們最後採用的槓桿度並沒有那麼高，因為我們只有用權益資金來冒險，或是比權益資金稍微多一點而已。在當時的情況下，我們大可以拿比權益資金高好幾倍的籌碼去賭。

那是您偉大的成就之一。但過去這些年來，量子基金對匯率的判斷也有失準的時候。您在那些決策中扮演了什麼角色？

跟我在英鎊交易中扮演的角色一模一樣。一九九四年，我們對日圓的預測失準了，

但損失的程度被外界過度誇大。外傳我們損失了十億美元，那個數字並不正確，一九九四年二月，我們損失了六億美元，但在年底之前就全數回補。不過那一年，我們確實大部分的時間都狀況不佳。我也參與了構思流程，因此我負擔的責任就和我在英鎊交易中所負的責任完全相同。我們會出錯，我也參了一腳。我們把焦點放在美日之間逐漸演進的貿易衝突，但忽略了當時其他造成日圓走強的根本因素。

您現在待在紐約的時間比以前少，大部分都在東歐處理基金會的活動？

現在沒有了。我在東歐的時間沒有過去五年多了。

您不在紐約的時候，有多常和紐約辦公室聯絡、討論公事？

只要電話訊號夠好，我天天都會和辦公室聯絡。

您是和史丹利談？

對，也會跟一些其他人談話。

史丹利會問您意見嗎？您會把他引導到特定方向嗎？還是對話的時候，您多半都只是回答問題？

他負責操作量子基金，我不會強迫他做任何事情。史丹利現在四十歲，他在很多方面都比我和他一樣大的時候來得優秀。

這是為什麼量子基金可以維持不敗嗎？

那只是部分原因。史丹利是個公平待人、思想開明的人，所以他一直有辦法吸引優秀的人才加入公司。量子基金的名氣也變大了，在英鎊危機之後更是如此。我們能夠延攬到最優秀的年輕人才，因此現在的管理更為深入，這是過去不曾有過的。

第二章　大師的養成
The Guru in Training

每個人都是受人影響才成為現在的自己。現在就來聊一聊影響您的人吧！您的父親對您以及您的思想有深遠的影響，可以分享一下他的影響，還有他的人生中哪一個面向對您而言特別重要嗎？

我覺得父母對我的影響都很大，只是他們帶來的影響不盡相同。兩個人我都很愛，但他們是截然不同的兩個人，彼此之間也有許多衝突。由於我深愛著他們，所以我將兩個人都內化了，包括那些衝突。那樣的衝突一直是我人生中的驅動力。我身體內住著兩個不同的人，而我演繹著他們交織而成的一場戲。這讓我有辦法時時看到另一面的觀點。基本上我在各方面都認同我父親，唯一不認同的是他對待我母親的方式。我父親教我如何應對這個世界，母親則教會我內省。我承襲了父親的觀點，但天性與我母親相似得多。我父親外向、善群，真心對他人的境遇感興趣；他喜歡引導他人談論自己，卻不喜歡分享自己真實的心情，或許他一點都不喜歡處理自己的情緒，這就

是為什麼他對其他人如此好奇。我父親喜歡停留在表面，母親則偏好向深處探尋。母親對自我的批判程度，甚至近乎自我鞭笞，她有自己篤信宗教、迷信的一面，雖然我沒有遺傳到這一面，但我跟她一樣對存在（existence）的神祕性感興趣。母親十分崇拜父親，因此願意接受父親對所有事情的判斷，就算有些判斷與她的本性有所衝突也不例外，這導致她內心出現了矛盾。除此之外，她心裡還抱有其他矛盾。她因為匈牙利社會中普遍的排猶現象（anti-Semitism）深深受創，在二戰初期得了潰瘍。她也因為沒有建立自己的職涯而自卑。某種程度上，她就是自己最大的敵人。由於我內化了她的特質，因此我也得面對接連不斷的失敗。有時候我覺得自己之所以可以成為大贏家，是因為我必須不斷控制心中的那個大輸家。一九八二年，我有一段時間內心十分混亂，讓我想起父母間的衝突。那時候我才解決了承繼自母親的焦慮心理，透過將它們拉上檯面，化解那些焦慮。

您為什麼會跟父母親都如此親近？

我的母親很喜歡親密感，而我和她是同類。我父親是個特立獨行的人，我把他當成偶像。我知道自己有些偏頗，但就算現在我已年過花甲，仍然覺得他是不同凡響的

人。小時候，他花很多時間陪我，放學以後我們會一起去游泳，游完了，他就和我分享一則人生故事。那就像是一齣被我完全吸收的連續劇，他的人生經驗就此成為我的人生經驗的一部分。

可以分享一些那部連續劇的細節嗎？

他年輕的時候是個野心勃勃的青年，一戰爆發時自願從軍，並被提拔為中尉，後來他成為俄國戰俘，被送往西伯利亞。他的野心絲毫沒有削減。他編纂了名為《木板報》（*The Plank*）的報紙，內容都是手寫的，再釘到木板上。撰文者會躲在木板後面聽讀者的評論，我記得小時候曾經看過《木板報》的影本集，是他一路從西伯利亞扛回家的。當時，他被選為營區的戰俘代表，附近營區的代表因為戰俘逃跑而被槍決以示報復。他因此研判自己最好先逃跑，總比因為其他人逃跑而被槍斃來得好。因為他沒有任何實務技能，所以就依據技能挑選出三十位戰俘，包括木匠、廚師、醫生等，一行人一起逃離營區。

他原本計畫要打造一艘木筏再順著海洋而下，但他犯了一個天大的錯誤：由於地理知識不足，他沒注意到西伯利亞的河川全部都流向北極海。他們蓋好了木筏並順流

漂下，過了好幾個禮拜才發現自己正朝著北極海前進。最後他們意識到自己必須想辦法從野地回到文明世界，這條路花費了他們好幾個月，而且因為遇上十月革命，他們被捲入了俄國內部的混亂情勢。當時，一位捷克軍官從一個設有武器裝備的火車車廂上管控西伯利亞，紅軍與白軍相互廝殺，一般群眾也遭受波及。恐怖的經歷讓父親理解到活著的價值。

回到匈牙利以後，他變了一個人，不再像過去一樣野心勃勃，也不再追求飛黃騰達。他想享受人生並維持自己的獨立性，但不想掌握財富或影響力。事實上，他是我認識的人中，唯一真正仰賴資本生活的人。他和我母親結婚後，部分透過這段婚姻、部分透過發行世界語（Esperanto）雜誌的獲利，買下了一些房地產。父親雖然是律師，但若非必要，他不喜歡在做完份內工作後再做額外工作。印象中，我還是個孩子時，他會叫我去跟他的大客戶借點錢，然後我們就去度假滑雪。回來以後，他就得想辦法賺錢還債，連續好幾個禮拜心情都會很差。戰爭爆發以後，他開始賣房地產，德軍占領匈牙利時，我們手中的房地產已經差不多全賣光了。那次的判斷非常準確，因為我們無論如何都會失去那些財產。以出清投資來說，時機抓得非常好。但即使是這樣，我們依然是極少數有勇氣靠自有資本維生的人。父親過去常說，「我把資本（capital）

裝在我的腦袋（capital）裡帶著走。」拉丁語裡，資本這個詞就是「頭」的意思。我真的很欣賞他的態度，這跟我的職涯真是天差地遠！不過，從幽默一點的角度來看，其實我也算有模仿到他，因為我從來不是財富的囚犯。

您曾說，令尊對納粹入侵匈牙利的反應對您造成深遠的影響，可以說明一下嗎？

德軍在一九四四年三月占領匈牙利，那年我還不滿十四歲。那是我父親最輝煌而令人景仰的時刻，因為他知道該採取什麼行動。父親看清了局勢，知道一般的規則不再適用。守法變成危險的習慣，想生存就得操弄法律。父親經歷過俄國革命，所以知道該怎做，他幫一家人弄到假的身分證明，也找到可以居住或躲藏的地方。他不只幫助親近的家人，也幫助了許多身邊的人。我真的可以說他拯救了數十條人命，他的忙碌程度遠勝過當律師的時候。曾經有一度我們租來的住處必須穿過廁所才能進來，那時候就有很多人在廁所排隊找他諮詢。

1〔譯註〕世界語（Esperanto）為十九世紀末一名波蘭眼科醫師創造的語言，創立初衷是要建立一個簡單易學的語言，作為全世界人類溝通的輔助語，藉此促進世界和平。

那段時間充滿振奮人心的冒險故事，我可以淘淘不絕講下去，因為那些記憶深深刻劃在我腦海裡，但我很少提起。最關鍵且矛盾的一點是一九四四年是我人生中最快樂的一年。這樣說很奇怪，甚至可能冒犯人，因為一九四四是大屠殺發生的一年，但事實就是如此。當年我十四歲，有一位令我欽佩的父親，他掌握了大局，知道該怎麼做也幫助了他人。我們面臨生命危險，我卻深信自己可以幸免於難。十四歲的人不相信自己會受傷。對十四歲的孩子來說，那是一個人可能經歷的經驗中，最令人興奮的冒險歷程。那段經驗形塑了我的人生，因為我向一位大師學到了生存的藝術，那也一定程度影響了我的投資生涯。

我們都活下來了，然後俄國人就來了。那時還是有些有趣的歷險故事，但我的人生漸漸沒再那麼讓人悸動。共產政權把死亡之手伸向這個國度，我覺得自己被限制、縮小、關起來。而且我那時也感覺到，父親對我的影響太大了。我對他說：「一個十五歲的人思路像個五十歲的人，太不正常了。」

父親問我：「那你為什麼不自己去闖盪？你想去哪裡？」

我回答：「英國。」我們之前都聽英國廣播電視公司（BBC）的廣播，我對於英國人公正與客觀報導的觀念非常驚艷。「或是去蘇聯，因為之後我們就要在那樣的體制

下生活，我想探究這個新體制的本質。」

「喔！我去過蘇聯，我可以告訴你所有關於它的事情，」父親說。

那就是為什麼我決定去英國。好幾年之後我才意識到，那其實是他的決定而不是我的，我因此而更愛他了。他說有個親戚住在英國，可能可以幫我入學。我寫信給那個親戚，但石沉大海，所以我父親就說，「你何不每個禮拜寄一張明信片給他，提醒他你的存在？」我照著做，最後那名親戚終於幫我取得學校的入學許可。接著我去申請護照，但那時候護照非常難申請。每過一個禮拜，等待時間就再延長一個禮拜，所以感覺上那就是個沒有盡頭的過程。我父親說，「你應該去抱怨一下，要求見負責的官員。」我照著做，結果讓我成了護照辦公室的頭號公敵。我的哥哥大我四歲，當年他二十一歲，有位同校的朋友為政治警察單位工作，我哥拜託他拿著我的文件去各個單位跑流程，那位朋友遇到非常大的阻礙，因為單位負責人說，「我願意發護照給任何人，但就是不要給那個整天在抱怨的無禮小毛頭。」最後我還是拿到護照了。

我十七歲離開匈牙利，那之後我父親對我的人生就沒有什麼直接的影響了。

您離開匈牙利之前，歷經了一些悲慘的經驗，那些經驗對您有什麼影響？

那些經驗一點都不悲慘。我知道情況很危險，但自認沒有任何事情能傷害到我，我知道我們深陷苦難，但仍竭盡所能幫助他人。舉個簡單的例子，當時每個人可以分配到五支香菸，我們就會去排隊領取，轉送給無法離開猶太宅邸來排隊的猶太人。唯一一次我真的親身受到衝擊，應該是在布達佩斯圍城戰剛結束的時候，看到屍橫遍野的景況。有具屍體的頭蓋骨因重擊而凹陷，那一幕讓我爾後好幾天都感到噁心。

您的母親被帶到警局，然後成功地騙過警官的故事，可以分享一下嗎？她一定膽識過人。

她當時獨自住在一間度假小屋裡。鄰居起了疑心，就向警方舉報她。警察問話的時候，由於她表現得泰然自若，最後獲得釋放，警察還向她道歉。

被質詢的過程中，她把自己抽離了，抽離到她感覺自己正從屋頂上觀察自己，確保她給問話者留下正確的印象。那場磨難結束之後，她因為巨大的危險而深受衝擊，變得非常驚慌失措。她逃到布達佩斯，父親將她安置在一間旅館內。我還記得自己很不耐煩地叫她冷靜。

有哪些事情純粹是母親給您上的一課，與父親無關？

這很難說。我覺得自己分析事情的天分與自我批判的天性是遺傳自母親，但大部分的事情都是跟父親學的。整體而言，那段時間如果母親跟父親想法不同，通常是母親不對。不只我這麼想，我母親也這麼想。我想這樣您應該就了解情況了。

那時候您很常回匈牙利嗎？

沒有，我完全沒辦法回去。我們分隔兩地，而且感覺永遠都不會再見了。

我在一九四七年離開。我父親是世界語專家，所以我拿到護照以後，就去瑞士參加世界語大會。那時候除了護照，還需要拿到蘇聯的離境許可，但我沒有許可證。世界語大會的與會者拿的是團體許可證，我因為太晚拿到護照，沒跟上團體申請，所以我得在他們離開之後再自行前往瑞士。我直接上了火車，而且運氣很好，順利在不需要實際亮出許可證的情況下就過關了。我和父親在瑞士碰頭，但他在大會結束後就回到匈牙利，我則是留在伯恩市（Bern），等英國簽證寄到。我不知道要等多久，身上只有父親留給我的幾百瑞朗，所以每天都在想辦法省錢。我大概在兩週後拿到簽證並前往英國。父親對我的影響從那之後就斷了，不過他後來還是有設法寄錢到英國給我。

他在一九五六年跟我母親一起離開匈牙利，一家人一九五六年在美國團聚。

他什麼時候過世的？

一九六八年，他七十五歲。

令堂呢？

她在一九八九年才過世，比父親晚很多。父親死後，她大顯身手。她學習獨立，六十歲去念大學並繼續學習，直到八十六歲過世為止。

還有誰對您有影響嗎？哥哥對您有什麼影響？

他讓我初嘗不公平的滋味。他比我大四歲，常常打我、捉弄我，但父母並沒有保護我。我會抱怨，但沒得到滿意的回應。我二十四歲的時候和哥哥重逢，並成為好朋友。

他從來沒有參與投資業務對嗎？他有自己的事業？

他是我們家真正有才華的人。他三十歲時在家裡地下室創立工程公司，帶來散裝

物料裝卸技術的變革，並在十五年內就成為業內世界第一。他的創意工程獲獎無數，設計的設備處理了全球貿易中三分之一的散裝物料。一九六〇年代末期，我乘著企業集團繁盛發展的風潮，把哥哥的公司賣給奧格登公司（Ogden Corporation）。那是一次非常有趣的談判經驗，奧格登支付的價格是公司價值的兩倍，因為他們想要拿哥哥來宣傳，說他們有這個當家天才，讓他們的股票變得更值錢。我都說那是一筆《聖經》的交易，我幫哥哥換到了兩碗紅豆湯[2]。不幸的是，奧格登是用股票支付收購公司的金額，我要求要有股票下跌時相應的保障，至少要支付現價的一半才行，但奧格登的股票最後跌了七五％。最後我哥又把公司買回來，繼續獨立經營。最近他再度賣掉公司，我們在很多方面有合作。

還有誰對您造成影響嗎？

很多人，這點我很確定。但我認為他們帶給我的影響遠不及我的父母。

2〔譯註〕《聖經》中提到，弟弟雅各只用了一碗紅豆湯，就和哥哥換得長子地位並因此取得耶和華的祝福。這裡索羅斯應該是想強調自己幫哥哥換得的價格是原本可以取得的價格的兩倍。

那卡爾・波普（Karl Popper）呢？他是您的老師，也是二十世紀最偉大的哲學家之一。他對您有什麼影響？

他的文章與思想影響了我，但我們的私交相對淺。他並非我在倫敦政經學院（London School of Economics）的一般授課教授。必修課一般要三年才能修完，我只花了兩年，但還是要再當一年的學生才能取得學位，學校讓我選擇一位導師，我選擇了波普，因為我深受他的哲學理論吸引。我經歷過納粹的迫害與蘇聯占領，波普的著作《開放社會及其敵人》（*Open Society and Its Enemies*）給了我啟發，讓我看到法西斯主義與共產主義有許多相同之處，而且兩者都與另一套社會組織原則（開放社會原則）相反。波普對科學方法的思想對我影響更深。

我寫了幾篇文章請他過目。當我在他家與他見面的時候，他給了我很多鼓勵，但我跟他見面的次數不超過兩次。後來，大概在一九六二年，我完成了哲學論文——《意識的重擔》（*The Burden of Consciousness*），基本上可說是將他的思想反芻。我把論文寄給他，並收到他極為熱情的回應，讓我有信心和他相約見面。他開了一個日期，要我去倫敦政經學院找他。當場有很多人等著要見他，當他們得知我跟他有約都覺得很失望，因為他們都是波普的學生，而且需要他的關注。我覺得自己像個侵入者，所以

離開了教室到走廊上的電梯前等候。他一走出電梯，我就向他自我介紹，他看了我一眼以後說，「但你不是美國人！」我說，「不是。」他說，「這太讓人失望了，讓我來跟你說明為什麼。我拿到你的論文，覺得終於有美國人了解我對開放社會與封閉社會的教學內容了，那就代表我成功傳達了自己的想法。但你親身經歷過那一切，所以不算數，這就是為什麼我會失望。」儘管如此，他還是非常支持我，並鼓勵我繼續努力。那之後我們偶爾會見面，他年紀愈大，我們愈常聯絡。一直到他過世前十年，我們才真的建立起交情，只是那時候他的影響力已經不若以往。

一九九四年六月，波普過世前到中歐大學（Central European University）[3]演講，我們在布拉格見面，那次會面非常棒，也非常感人，他高興到打算九月再來布達佩斯，到開幕典禮上演講。不過他在那之前就過世了。我跟他的往來其實就是這個程度而已。所以其實真正影響我的不是他的人，而是他的思想。雖然我主要都是提到波普，但我還受到好幾位其他思想家的影響，像是弗里德里希・海耶克（Frederick Hayek）、阿佛列・懷海德（Alfred North Whitehead）等人。

3〔譯註〕中歐大學位在布達佩斯。

那些您現在見到的有權、有名的人呢？有篇文章形容您早餐見一位總統，晚餐見另一位總統。

過去五年左右，我見到許多歷史上的重要人物，和我早年的人生多麼不同！我過去完全與世隔絕，現在大部分的門都能為我開啟。我必須承認，我比較喜歡現在這樣，唯一惋惜的是現在時間跟精力都不夠把事情做好。我最近遇到了一些人，我其實希望可以花更多時間和某些人相處。我講的倒不是有權力的人，而是有影響力的人。

有哪個人讓您特別有印象嗎？

安德烈．沙卡洛夫（Andrei Sakharov），第一個就是這位物理學家。他是我遇過最誠實的人，真的誠實得要命，他就是沒辦法說謊。但不管他提出的意見多麼嚴厲刻薄，他仍是個非常溫和的人。他體現了科學家追求真相的理想，那正是為什麼他廣受推崇。他極度嚴肅地看待自己的責任。在第一次多少可以算是自由選舉的大選中，他被選為「最高蘇維埃」（Supreme Soviet）[4]的一員，並成為「人民陣線」（Popular Front）的領袖之一。他為此而喪命。沙卡洛夫在國會經過艱辛的一天後，心臟病發而死。我有種感覺，他是因為覺得自己沒辦法做得更多才悲憤而死。

我也很喜歡哈維爾（Havel）[5]，雖然他有他的問題。他剛登上總統大位的那段時光，演繹了一場輕快又鼓舞人心的戲碼。我記得自己在某個國定假日去拜訪他，那時候有一則神祕的公告，宣布城堡將對外開放[6]。來到城堡的群眾獲得和受邀賓客一樣的禮遇，當人潮多到容納不下時，庭院裡就架起了餐桌，提供賓客臘腸與啤酒。那是我參與過最歡愉的場合了。他跟我解釋，為了避免城堡被塞爆，他刻意把公告寫得含糊。

我和蓋萊梅克（Bronislaw Geremek）的關係也很不錯。他是華勒沙（Walesa）擔任團結工聯（Solidarity）領導人時期的政治顧問[7]，自從我們一九八八年初次見面起，就始終維持良好的關係。我們不常見面，但每次都讓我印象深刻，我也覺得自己和他十分親近。

政治性格上，我覺得自己最接近格里戈里・亞夫林斯基（Grigory Yavlinsky）。他

4 〔譯註〕「最高蘇維埃」指的是蘇聯最高層級的代表大會。

5 〔譯註〕哈維爾在一九九三年到二〇〇三年間擔任捷克總統。

6 〔譯註〕布拉格城堡是捷克總統辦公的地方。

7 〔譯註〕華勒沙在一九八〇年代帶領團結工聯擊垮長期施行一黨專政的共產主義政黨——波蘭統一工人黨，於一九八三年獲得諾貝爾和平獎，並在一九九〇年當選波蘭總統。

是沙塔林計畫（Shatalin Plan）[8]的主要策劃者，也是我在一九九〇年代參加世界銀行（World Bank）會議時，代表團的領導人。亞夫林斯基扮演的角色完全是靠他自己從零開始創造出來的。他的願景不管是過去或現在，都和我最為接近。我們有意見分歧的地方，但隨時間過去，我對他的尊敬與日俱增，最主要的原因是他真的是為了理想賭上性命的人。

我可以再繼續列舉更多人。我獲得的報酬之一，就是我確實可以和有趣的人見面，並參加有趣的活動。

在我看來您的投資哲學是從個人經驗演進而成的結果，我們來談一些背景故事吧！您第一次踏入這個行業是什麼時候？第一份工作是什麼？

我的第一份工作跟金融沾不上邊。我在英國的一間裝飾品製造廠實習，那間公司的產品包括新奇小物、紀念品、時裝珠寶等。大學畢業後工作不好找，因為我是個沒有人脈的外國人。後來，是一位在這家公司半工半讀的朋友介紹我這份工作的。

您那時候是當業務，對嗎？

名義上是儲備幹部，但他們其實沒有什麼培訓計畫，所以我最後就是當業務員了。後來我跳去一個批發商客戶那裡工作，變成到處旅行的業務員，負責向威爾斯地區海邊度假勝地的零售商推銷。那是我職業生涯的低潮期。那份工作完全違背了我對自己的期待，而且又是個超級困難的工作。它最大的好處是給了我一台車，那是一台福特安格利亞（Ford Anglia），也就是當時福特在英國的產品中最便宜的車款。那個批發商交給我的第一份工作，是想辦法拉到倫敦菸草商的生意，但那些菸草商早就各自集結成批發群體了，所以根本不可能拉到他們的生意。而且倫敦超級難停車，所以我覺得自己一點機會也沒有。我轉而負責威爾斯地區之後，那種感覺或多或少緩解了一些，至少我可以做出一些業績。但無論如何，我都意識到自己念書不是為了要做這種工作，也不符合父母的期待。我決定要澈底跳開。我親自寫信給倫敦每一家商業銀行的總裁，在那個年代，這種事情很少見。沒有人會寫信給不認識的人。

我這項舉動引出了一些非常妙的回應。有個叫做華特．沙洛文（Walter Salomon）

8〔譯註〕沙塔林計畫通常被稱為五百天計畫，是戈巴契夫一九九〇年推出的改革計畫，誓言要帶領蘇聯走向市場經濟，藉此解除經濟危機。

的人打給我做電話面試，只是為了要告訴我，我把他的名字拼錯了。還有一位雷薩德·佛雷羅斯（Lazard Freres）給我面試機會，那場面試內容有如醍醐灌頂，那位總裁完全出於好意地告訴我，在倫敦不是這樣找工作的。他說，「在倫敦城裡，我們採行一種稱為聰明裙帶關係（intelligent nepotism）的做法。簡單來說，每個總裁都有幾個姪子，其中一位可能相當聰明，那個人就會成為下一任總裁。如果您和那位姪子是同一個學院畢業的，就有機會到那間公司任職。如果是同一所大學，可能也還行。但你根本連國籍都不同！」他建議我不要去倫敦，因為那邊的人去商業銀行工作的主要目的是管理自己的財產，所以相較於一般產業界人士，商業銀行的職員通常不會要求那麼高的薪水。他們四十歲的時候領的薪水，其他人可能三十歲就領到了。

您剛剛提到在威爾斯的那段時間，是你人生的低潮期。

其中一個低潮。

好的，我們等等會談到其他低潮。先講其中一個就是您的人生走向不如他人預期，不過其實您當時對自己的期待也很高。

我對自己的期待一直都高得過分，顯然是被父母給灌輸的。當你崇拜的父親看重你，你就必須看重自己。一直到很近期，現實才追上了我的期待。

所以您就這麼去接受倫敦金融機構的面試了。有人對您釋出善意了嗎？

很有趣的是，我因為和佛雷羅斯面試而得到辛格芙蘭德商業銀行（Singer & Friedlander）的工作，那家銀行的總裁其實是匈牙利人。所以佛雷羅斯的話獲得證實：我和高層來自同個國家，他們因此給了我一個機會。那年是一九五三年。

您有覺得身為猶太人也是您雀屏中選的推力之一嗎？

有可能。但最主要還是因為我是匈牙利人，不管是在其他地方被拒絕或根本沒被納入考量，或是在被辛格芙蘭德錄取這件事上，都是出於這個原因。

您在那裡做的是什麼工作？

我是實習生，薪水我印象中是每週七英鎊。

那比您當業務員賺得多還是少？

稍微少一點。他們叫我做些非常單調乏味的工作，我做得很差。最糟糕的一件差事是，我得負責把內容謄進複式記帳系統裡，而且得用手寫，因為我們沒有記錄外匯的機器。有一個超大的鋁板讓我放上貸記和借記表，還有一張核算表。在一天結束的時候，核算表上的借貸餘額應該要是零，但從來沒有任何一天餘額是對的。我的主管必須把數字調整到一致，這顯然不會讓他多喜歡我。

後來我在套利部門接受一些訓練，在「箱子」（box）裡工作。那間小交易室就在倫敦證交所隔壁，經紀商都坐在證交所等人下單。我的老闆隨時在與約翰尼斯堡、布魯塞爾、巴黎、紐約連線，他主要是做黃金交易。這次我還是沒有嶄露頭角。那位上司非常一絲不苟，也極度重視精確性，但那不是我的強項。所以他又把我丟回總辦公室了。

那之後，我有一次去巴黎找我哥過週末，卻因為大霧而得等到星期二才回得去。我星期二回去上班的時候，其他人看我的神情好像我根本不存在，過沒多久我就被叫去見總裁，被他訓了一頓。他問我，「你星期一為什麼沒來？」我藉著這個機會問他，我在這間公司的未來發展機會到底怎麼樣，他說他有收到關於我的績效回報，可是都

不是什麼好事。他還說，如果我自己帶業務進來，那我就有無限可能，但如果我期待他們幫我找到專屬於我的位子，那我就得等上一輩子，因為他們對這件事情毫無想法。他們不介意讓我留在這裡，因為成本不高，但我不管到哪個部門，都會像是車上的第五顆輪子一樣多餘。

他們希望您帶進什麼樣的業務？

客戶或合約，或任何可以賺錢的業務。我問他會不會介意我去找別的工作，他說他會祝福我。我結束這場會談之後，就和另一位實習生一起去吃午餐，他是從紐約來的。他的名字叫羅伯特·梅爾（Robert Mayer），他父親是紐約一間小券商的老闆，我把事情的經過跟他說。他說他父親恰好在招人。他原本想要早一點問我的，但他覺得我是實習生，如果鼓勵我離職好像不太好。他問我願不願意去紐約，就因為這樣，我到華爾街來工作了。這整個過程花了一些時間。

您是什麼時候到紐約的？

一九五六年九月，那又是另一段有趣的故事。我申請簽證被主管單位拒絕了，他

們說我太年輕，才二十六歲，不可能提供什麼受眾迫切需要、當地人才又無法提供的服務，所以不符合他們對專業人士的認定。F. M. Mayer 公司就從《黑市年鑑》（*Black Market Yearbook*）的作者法蘭西・皮克（Franz Pick）[9] 那裡，取得宣示書（affidavit），提供證詞說套利交易員的年紀都不可能太大，因為他們都活不久。因為這樣我才拿到簽證。但我一直謹記那份宣示書的內容，一有機會離開套利交易的工作，我就跑了。剛到紐約，我從國際套利交易做起，也就是購買一國的證券再賣到另一個國家。

您當時做的是哪種股票交易？

那時候主要是操作原油類股。蘇伊士運河危機（Suez crisis）[10] 平息後，這一塊業務也跟著衰退。後來我開發出一種新型態的套利方法，我稱為「內部套利」（internal arbitrage）。當時有一些新產品問世，結合了普通股、認股權證和債券，且不能立即拆分，但我找到一個方法可以在正式分割產品之前，就把那幾種內容物分開交易。後來證實我的操作方法是門好生意，我們也在這塊專門的利基領域大賺了一筆。

這麼說來您幾乎從剛踏進職場開始，就已經是一名全球投資人了。

我那時候是交易員，那是很不一樣的工作。我絕對不是一名投資人，我要快速買賣，如果想持有部位，必須滿足非常嚴格的條件。接著我就遇到歐股大漲的時期，當時的背景是歐洲煤鋼共同體（Coal and Steel Community）成立，最終成為歐洲共同市場（Common Market）。美國銀行和機構投資人對歐洲證券非常感興趣，他們覺得自己參與了歐洲版美利堅合眾國的草創時期。威辛投資公司（Wertheim & Co.）來挖角我，我就跳槽到他們那邊當歐洲證券的證券分析師，同時兼任交易員。之後又變成服務機構型投資人的業務員。當時我們可以取得關於歐洲公司的資訊非常粗淺，您如果現在去看我當年寫的備忘錄（memo）會覺得慘不忍睹，因為實在太不專業了。

那些備忘錄很粗略嗎？

不，不是粗略，但都是臆測的。資訊不容易取得，導致很多結論都是靠著有限的

9〔譯註〕法蘭西．皮克是個傳奇人物，一九五〇年代出版數本《黑市年鑑》，分析自由市場如何決定黃金與貨幣價格。

10〔譯註〕也稱為第二次中東戰爭，是一九五六年在埃及爆發的武裝衝突。

數據推斷的。身為其中一個率先推論歐洲投資將一飛衝天的人，讓我成為一群盲人中的獨眼王。德萊佛斯基金（Dreyfus Fund）、摩根大通（J. P. Morgan）等機構為了取得資訊，對我真的是百依百順。他們投入巨額資金，而我就位居這一切的核心。那是我職業生涯中的第一個大突破。

那是哪一年的事情？

從一九五九到一九六一年。我研究了德國的銀行，並率先指出他們的股票投資組合價值遠超過總資本額。接著我把目光轉向安聯人壽（Allianz Insurance），隨後寫了一份對德國保險產業的分析，那份稿子可以稱得上是一本書了。我點名了阿席諾－蒙席諾（Aachner-Muenchner）集團，那個保險集團內的公司全部都相互持有彼此的股票，我把交叉持股的份額加總，發現只要把交叉持股的部分納入考量，就可以用遠低於實際價值的金額買到部分股票。

當時美國沒有人做類似的事情嗎？

沒有，這在當時是原創的做法。耶誕節前夕，我拜訪了摩根大通，把那五十間環

環相扣的公司列表秀給他們看，並跟他們說明我的結論。我說我會趁著耶誕假期把報告完成，他們直接要我立刻下單，不用等到寫完備忘錄，因為他們認為如果按照我的建議操作，那幾檔股票價格可能會成長至現在的兩到三倍。那是歐股的高點，也是我作為外國證券分析師的職涯高峰。沒過多久利息平衡稅（interest equalization tax）制度就上路了。為了確保國際收支不要失衡，甘迺迪總統（John F. Kennedy）推行新制，美國人進行外國投資會被課徵十五％的附加稅。我的事業就這樣一夕全毀。那之後我就離開了威辛公司。

那對您而言是個特別艱難的時刻嗎？

這類事件很多都令我備感痛苦。利息平衡稅對我個人造成衝擊，因為在那項新制上路之前，我對東京海上日動火災保險公司（Tokio Marine and Fire Insurance Company）做了非常大筆的投資，他們正準備要發行美國存託憑證（American Depository Receipts，簡稱「ADRs」）。我買進了東京公司的股票，並和一些機構型投資人說好，如果ADRs順利發行，發行時會賣ADRs給它們。那筆交易的利潤特別高，因為要冒一些風險。潛在的危險就是ADRs可能不會發行，而在利息平衡稅上路之後，

那個潛在危險就化為現實。連續好幾天，那筆交易就停在帳上。我在操作前已經取得負責的合夥人核准，但他被其他合夥人質問的時候，卻否認自己有批准我的行動。我就這樣被迫扛責。

那些證券留在公司的帳戶裡嗎？

是的。「如果」ADRs上市，在「上市的時候」我們就會賣出相同數量的ADRs，但如果ADRs沒有成功發行，公司就被迫將那些普通股停泊在帳上，那我們就只好再把股票賣回東京市場，蒙受鉅額虧損。幾天後，ADRs順利上市，我們成功獲利。我和公司其他合夥人會談，向他們解釋事情經過，但我覺得他們對我的質疑沒辦法完全消除，因為如果我說的是實話，就表示負責的合夥人說謊。只要我還留在這間公司，這種被懷疑的氛圍就會如影隨形，所以我等了一段時間，覺得差不多了就開始找下一份工作。我離開的時候，那位負責的合夥人說，只要我不說他壞話，他就不會說我壞話。之後我就加入了阿爾霍德－布雷希洛德公司（Arnhold & S. Bleichroeder）。

您怎麼會加入那間公司？

他們錄用我，我也接受了。他們開缺已經好一段時間了，但我到職之後，真的是完全沒事做，因為歐洲證券業務已經被利息平衡稅摧毀了。不過美國機構想出清手中的歐股，幫它們把股票賣回歐洲的過程也有許多非常賺錢的交易可以做。講到這個，又有一段小插曲了。我一開始注意到安聯並發表我對保險的研究文章時，安聯高層寫信給德萊佛斯基金，跟他們說買進是錯誤決策。安聯說我的分析錯誤又誤導人，那些股票其實被高估了。德萊佛斯基金無視那封信，繼續加碼，後來那些股票漲了兩倍、甚至三倍。開始課徵利息平衡稅之後，德萊佛斯基金想出清持股，摩根大通也是，所以我直接去找安聯說要把股票賣給他們，結果他們又寫了一封信給德萊佛斯基金，解釋現在不應該賣股票，因為安聯未來的盈餘數字會很漂亮，股利會增加，還列了幾項其他的正面訊息。但當時的股價比他們說股價被高估的時候高多了。最後他們把那些股票放入控股公司底下。

那您後來呢？

業務量越來越少，我就退回哲學的世界了。一九六三到一九六六年間，我花了點時間試著重寫哲學論文。

您真的就離職了？

沒有，我還是繼續工作，但我的心思都花在哲學而非事業上。

您在哲學小憩的期間做了些什麼呢？

我曾寫過一篇哲學長文，標題是《意識的負擔》，那篇文章的完稿時間落在一九六一或一九六二年。我之前有請威辛公司的影印部門幫我複印一份，那段期間我就是試圖重寫那篇文章，但沒什麼進展。有一天，我重讀了前一天寫的內容，結果居然看不懂，我才意識到自己在浪費時間。我在那時候決定重返業界。

您當時對那份哲學作品的期待是什麼？有特定的目標嗎？

我覺得自己有一些重大的新哲學思想，並且想把它們表達出來。現在我認知到自己大部分都只是在反芻波普的思想。不過，我依然抱持著那份癡想，覺得自己有重要、原創的想法要傳達。

那是什麼樣的思想呢？

就是我們對自己所處世界的了解本身就存在缺陷。參與者的觀點和預期以及事務的實際狀態之間永遠存在落差。有時候落差小到可以忽略，但其他時候這個落差都大到成為足以決定事件走向的關鍵因子。歷史是由參與者的錯誤、偏見與錯覺所建構的。

我們之後會再談到這一塊。現在，我很好奇您什麼時候、如何回歸商業世界的？

一九六六年，由於我對美國證券不是很熟悉，就想找個方法來培養這方面的知識。我設立了一個示範帳戶，那裡面有十萬美元，都是公司的錢，我把它分成十六份，找幾支我覺得特別值得投資的股票，投入一到兩份資金。每筆投資我都有寫簡短的備忘錄說明為什麼要買，之後每個月出報告，分析投資組合表現並探討投資組合的發展。我也會提供各個月的績效紀錄。我用這個示範帳戶作為跑業務的工具，去拉機構型投資人的生意。這種操作手法非常成功，因為可以讓我和投資圈拉上線。我在寫哲學論述的那幾年與世隔絕，現在我可以從投資人身上拿錢來試驗自己的投資構想。如果獲得正面回饋，我就知道自己的構想是好的，如果獲得負面回饋，就得認真思考自己是不是走在正確的道路上。我獲得了許多非常寶貴的意見回饋。

那聽起來很不像您。您通常不會讓其他人告訴您自己的構想好不好。

在金融市場做事情，測試自己的觀點至關重要。讓我給你一個例子：有間公司叫做美國密封蓋（American Seal-Cap），我拜訪他們的營運團隊時，他們講了非常棒的故事，我也被那則故事打動。其中一個我的潛在客戶打給我，並告訴我那個故事非常動人沒錯，但有個問題，就是那間公司的管理團隊是惡名昭彰的騙子，我聽到的故事是假的。那是非常有用的資訊。從這裡就可以看出來這樣的回饋多麼有價值。

我在初期投入最多心力的產業之一是陸運產業。我把示範帳戶十六份資金中的四份投入陸運產業，結果非常成功，讓我的示範帳戶交出亮眼成績。接著，依據那個示範投資組合，我們建立了一個小型投資基金，稱為「第一老鷹基金」（First Eagle Fund）。隔年的一九六九年，我們又拿了四百萬美元的資本設立另一個小基金，稱為「雙倍老鷹基金」（Double Eagle Fund），那是一個對沖基金：不只可以做多，也可以放空，還能進行槓桿操作。後來那兩個基金的規模愈來愈大，我們在推薦客戶股票的同時，也用自己的帳戶買進同檔股票，可能會造成利益衝突。雖然我們每次購買股票都會揭露資訊，但還是演變成我們不可能處理的狀況，特別是賣股的時候問題更大。我放棄了示範投資組合，並離開阿爾霍德－布雷希洛德公司，在一九七三年成立了自己

的對沖基金。

那就是量子基金的前身對嗎？

對。不過那時候叫做索羅斯基金（Soros Fund）。

您怎麼設立那個基金的？

雙倍老鷹基金的股東可以決定要跟我走，或是繼續留在阿爾霍德－布雷希洛德。我們是和平分家，阿爾霍德－布雷希洛德一直到現在還是繼續擔任量子基金的結算經紀券商與主要基金託管人。

第三章　量子基金的故事
The Story of Quantum Fund

量子基金有多少創始資金？

量子基金的前身，雙倍老鷹基金，在一九六九年以四百萬美元起家，一九七三年轉變成索羅斯基金時，大約有一千兩百萬美元的資金。

那一千兩百萬當中有多少是您自己的錢？

當時非常少。管理團隊可以獲得二十%的獲利分紅。我有一位較資淺的合夥人吉姆．羅傑斯（Jim Rogers），我們持續將分配到的獲利投入基金中。我們和其他股東的報酬率相同，加上每年又能取得兩成的分紅，因此我們在基金中的持股比例逐漸累加。

現在羅傑斯是家喻戶曉的人物，他是《投資騎士》（*Investment Biker*）[1]的作者也是CNBC的分析師。您是在哪裡認識他的？

他之前在華爾街某間小公司當分析師，後來他到阿爾霍德－布雷希洛德公司加入我的團隊，那時就只有我們兩個人一起對抗全世界。羅傑斯是優秀的分析師，而且非常非常努力，一個人做六個人的工作。與此同時，他了解也贊同我的知識架構與投資哲學，因此我們可以相輔相成。我們的合作關係締造了豐碩的成果，基金不斷成長，但也衍生出一些問題。羅傑斯不想再聘人。他很享受我們的合作關係，不想放任何外人進來。我當時要求擴編團隊，才能跟上與日俱增的基金規模，但羅傑斯不願意。不過我們最後還是招了幾名實習生。羅傑斯從零開始訓練他們，因為我們當時的信念是絕對不要跟華爾街扯上關係，而且認為曾經在華爾街券商工作過的人都已無可救藥了。

您們當時為什麼認為華爾街已經無可救藥了？

我們的出發點都是假設市場永遠是錯的。其實我倆最大的差別是他覺得主流觀點一定不對，而我覺得我們也可能是錯的。華爾街的思想本質就是傳統思想，但由於我們不只是想要和他人不一樣，而是確實與眾不同，所以帶著傳統思想而來的人無法融入我們的運作模式。羅傑斯對這件事情非常堅持。我比較沒這麼固執，如果是我，就會願意接受華爾街來的人。但那是他的想法，既然他才是做事的人，我就決定聽他的。

如果事情他都是他在做，那您做什麼呢？

所有決策都是我做的。

他只做分析嗎？不能做最後決定？

他從來不做最後決定，也沒有權力這麼做。

為什麼？他難道沒有能力做最後決定嗎？

沒錯。但他分析能力非常強，那就是我們的分工方式。

所以他會向您提意見，然後問「您想怎麼做？」

有時候是這樣。也有時候是我提構想，讓他去做研究。我也會做一點研究，特別是如果我們要跨足新的領域，或哪裡出錯了。一般而言，我們都是遵循先投資再調查的原則。我負責投資，他負責調查。

1〔譯註〕《投資騎士》是羅傑斯在一九九四年出版的著作，本書沒有繁體中文版，《投資騎士》為簡體版的書名。

有沒有哪次是您做投資、他做調查，結果他發現您的構想有問題，但您仍繼續持有那檔股票？

有。其實那樣的狀況是最好的，因為我們同時知道缺陷在哪裡，清楚哪裡可能會出問題、什麼時候要出場。我們站在趨勢之前，可以安心持有那檔股票。我們時時刻刻都在找缺陷，偶爾我們會意識到某個構想完全錯誤，那我們就會盡快脫手。

但喬治，我記得那時候我也參與研究了幾支您感興趣的股票，您也會像分析師一樣打給我、跟我討論。所以鐵定有些分析工作是您自己做的。

喔！當然。那些日子我挺認真工作的，也成為了某些產業的專家。通常我必須要當速成專家，因為當我有新的構想，就得在短短幾天之內熟悉一個產業。但印象中有幾次我鑽研得頗為深入。

我記得有一次是一間石油服務公司。

那家公司叫做湯姆布朗（Tom Brown）。投資石油服務業其實是羅傑斯的主意，我們靠著做多大賺一筆，後來又因為放空而慘賠。當油井商挖到石油的時候，你不可能

和他對做。那個油井商說他會把油井取名為「索羅斯一號」、「索羅斯二號」……來向我們的超大空頭部位致敬。他很幽默，但我們笑不出來。

可以給我們一些例子，談談您當時還分析了哪些標的嗎？

一個是貸款抵押保險公司（Mortgage Guaranty Insurance Company），我們稱為「MAGIC」。加州住宅市場崩盤時，市場認為MAGIC公司會倒閉，但它順利挺過試驗，讓我們賺了一筆。就是在那時候我立下規則，如果某支股票成功通過艱難的測試，我們就應該買進，但它如果正面臨測試，就要避開。但這項規則其實說比做容易。

另一個是不動產投資信託（Real Estate Investment Trusty，簡稱「REITs」），我讓這個產業聲名大噪。我們精準預測了REITs的起落。我發表了一份研究，形容REITs最初不斷自我強化、最終自我摧毀的流程，並研判會悲劇收場，多數REITs都會倒閉。不過距離這個結局至少還有三年的時間，因此現在應該進場布局。我們的多頭部位表現很好，賣出時距離REITs的頂峰還有很長一段時間。幾年後，REITs股開始下跌，我覺得要做空有點太晚了，但重讀自己當年寫的備忘錄之後，發現我過去的預測是REITs會完全崩盤，才意識到放空絕對不嫌晚。我隨著股價下跌，不斷增加空頭部位。

那是我拿自己的錢去放空的經驗中，唯一一次報酬率超過百分之百。我投了大概一百萬美元，以我的對沖基金當時的規模來說，已經是很大一筆錢了。

那麼羅傑斯提供了哪些好主意呢？

他最重要的提議應該是布局國防產業，當時國防完全沒有人關注。前一次的國防類股榮景破滅之後，大概只剩一到兩個分析師還在持續追蹤國防股。羅傑斯注意到E Systems[2]與桑德斯公司（Sanders Associates）等股票。

這段期間有哪一個研究計畫讓您特別引以為傲嗎？

我在一九七八、七九年左右成功預測科技趨勢，那是我人生中第一次也是唯一一次。羅傑斯認為世界會從類比訊號轉向數位訊號，因此他想要賣空一些類比訊號公司，但我對多頭部位比較有興趣。那時候，科技股備受冷落。分散式資料處理（distributed data processing）像野火一樣快速擴散，但相關類股的本益比卻很低。市場擴大的速度太快，導致既有供應商無法維持市占率，因此投資人擔心大公司會投入這個產業，並輾壓那些未成氣候的公司。這層擔憂讓相關企業沒辦法向外籌措資金，必須仰賴內部

創造的現金支應公司成長。這些公司無法滿足市場需求量，所以確實出現了缺口讓既存的電腦業龍頭跨足這塊市場，這就是自證預言（self-fulfilling prophecy）中最糟糕的一種。在這種情況下，只要投資人的心理出現反轉，就會創造絕佳的獲利機會。

我和羅傑斯一起去參加美國電子學協會（American Electronics Association，簡稱「AEA」）在蒙特利（Monterey）舉辦的會議，那時候組織名稱還是西部電子製造商協會（Western Electronic Manufacturers Association，簡稱「WEMA」），我們在那一週內，每天和八到十位公司主管見面。我們完全摸透困難的科技領域後，挑出五個未來最有可能成長的領域，再從各個領域挑選出一或多支股票。那是我們作為一個團隊最順利的時刻，接下來的一、兩年間，我們就靠著那次努力而收穫的果實過活。量子基金的表現比過去都好，但我們的關係也緊迫到令人難以忍受，因為基金高速成長，管理團隊卻沒有擴編。

但您在之前已經有雇用一些人了？

2〔譯註〕E Systems在一九九五年四月被雷神公司（Raytheon Company）收購。

沒錯，我們已經招到了一些才能極佳的人，他們要不是這個產業中的新人，要不就是沒什麼經驗的菜鳥。當他們開始學習知識並逐漸出現與羅傑斯意見不合的情況，羅傑斯沒辦法接受位階比較低的人批評他。如果是我批評他，他非常、非常樂於接受，從來不會有意見，但他不能忍受來自於弟子的批評或不認同，所以一旦羅傑斯手下的人工作順手以後，他就會立刻想盡辦法毀掉那個人，這就造成了公司內部極不舒服的氛圍，也導致我們旗下的人才剛能夠獨立作業，就選擇離開。因此，我們周遭漸漸形成了一個真空層，基金的規模愈來愈大，但我們卻得一肩扛起所有的事。我們的成功變成懲罰，要做的工作只會愈來愈多、責任愈來愈重大。到了某個程度，我們的夥伴關係就破裂了。

您有把剛剛那些說明講給羅傑斯聽嗎？

有。應該是在蒙特利時，我跟他詳細說明了三步策略。第一個步驟就是試著一起建立一個團隊。若失敗了，第二步就是建立一個沒有他的團隊。如果再不成功，第三步就是建立一個沒有我的團隊。後來的發展確實是如此。作為準備，我把基金名稱從索羅斯基金改成量子基金，改名的官方說法是為了慶祝基金規模量子式驟增，當然也

是量子力學中的不確定性原則很吸引我。不過真正的原因其實是要把我的名字拿掉。

後來怎麼了？

一九七八年，我們進入第一階段，並在一九八〇年年初發現策略失敗。我們拆夥，但從一九八〇年到一九八一年年初，基金依然高速成長。那時候完全靠我自己操作基金，只有少少幾個員工，後來這個壓力變得難以承受，那就是第二階段。第二階段最後在一九八一年引爆了一個危機。那一年九月，我就選擇退下來，不再主動參與管理，聘請其他經理人來管理量子基金，那是第三階段。

談談一九八一年的危機吧！

那場危機開始的時間其實更早，大概是在我提出三步策略的時候。我當時做得有聲有色，卻刻意否認自己的成功，每天像條狗一樣拚命工作。我覺得一旦拋棄了我的不安全感，就會危及我的成就。這麼做讓我得到什麼回報？更多錢、更多責任、更多工作——更多疼痛，因為我將疼痛當成是做決策的工具。量子基金達到一億美元的規模，我的個人財富應該也到達兩千五百萬美元左右，而我卻到了崩潰邊緣。這不合理。

我決定和自己的成功和解，和解方法是即使接受自己的成功意味著會失去這樣的成就，我也要接受自己是個成功的人的事實，因為我的成功仰賴的是自我否定、自我批判、自我虐待的態度。或許當時的我正準備殺掉那隻下金蛋的母雞，但如果我的人生只是愈活愈悲慘，下金蛋又有什麼意義呢？我要開始享受成功的果實，不然一切努力都沒有任何意義了。

您對成功的定義和您的生活型態完全無關嗎？

成功和我的工作有關，而非生活型態。整體而言，成功的好處是我有錢買自己想要的東西，但我沒有什麼奢侈的嗜好，我的生活模式一直都比財力來得平實一些。但那不是問題，問題在於我願意忍受多大的疼痛、緊張與不安全感。

那與成功「和解」又是什麼意思呢？

就和我說的一樣：我改變了自己的態度。我接受自己已經成功了的事實，放下不安全感，同時清楚知道這麼做的危險性。接著就迎來了頗為瘋狂的一段時間，我不只和羅傑斯分道揚鑣，也與第一任妻子離了婚。

為什麼您的婚姻走不下去了？

部分原因是我歷經了這段心理混亂。兩者沒有直接相關，因為我前妻一直非常支持我，也非常包容我對事業的投注。然而，我的態度轉變依舊動搖了我們的關係。我就這樣踏進那段瘋狂的時期，和事業夥伴拆夥、結束婚姻關係，剩我獨自一人管理資產規模一億美元的基金。在那之前，我設定了一些操作基金的限制，但那時候我刻意放寬了那些限制。諷刺的是，我因此換來了績效超好的一段期間。爾後兩年，真的是每一年資金都翻倍，基金規模從一億美元暴增至將近四億美元。

您剛剛說「放寬那些限制」是什麼意思？

我後來發現，過去我太過於自我批判、自我控制了。我在投資之前，堅持要摸透所有狀況，而且想了解的事情遠超過需要知道的。此外，我也經常因為覺得表現不如預期而太早出清部位。會發生這種事的其中一個原因是我有一大堆新的想法要擠進投資組合中，並把既有部位給擠出來。

出手太快？

沒錯。我的管理風格太嚴格而狹隘，所以我現在就放手去做。也不會像過去一樣堅持要對每個狀況都了解得那麼透徹了。

更仰賴直覺？

是。我不再做那麼多準備工作，也放任自己的資訊儲藏庫枯竭，從這個角度來看是更仰賴直覺沒錯。踏入這個狂野的時期，我已經具備許多知識，那些知識基本上可以套用到任何可能浮現的新機會。還記得我那時候看著自己，覺得很驚艷，居然可以這麼快做出反應、有這麼豐沛的資訊可以使用，又有那麼多相似經驗能拿來套用。我有辦法掌握所有情況，比其他人更早看出事物間的關聯，但與此同時，我也不禁覺得自己是個逐漸耗盡的資產，我是一部愈來愈殘破的機器。雖然基金規模從一億美元成長到四億美元，我卻感受到自己的掌控力量逐漸從手中流失。我對新踏入的情境比已經離開的情境還不熟悉，我發現自己很快就無法再維持現況了，因為相較於我剛開始這段狂野旅程的時刻，我需要更多的構想才能餵養這個四億美元大的基金。那股壓力大到我幾乎無法負荷。雖然我比過去放寬了許多，但我並非沒有責任感，就算不像以前那樣戰戰兢兢，我還是覺得自己有責任在。這最後就演變成內心的衝突，讓我覺得

量子基金是一個有機體、一隻寄生蟲，吸我的血並榨乾我的能量。我自問，是誰比較重要，基金還是我？這個基金是讓我成功的手段，或者我是基金的奴隸？正是因為這樣，我才決定執行策略計畫的第三步驟。那個計畫就是我一九七八年在蒙特利向羅傑斯大致提過的，我想要離開前線。

您就是在這時候試著將基金帶到新的階段卻遇到問題，對嗎？

我到處找人來分擔管理基金的責任，卻找不到適當人選，所以就開始找可以全權把基金交給他的人。很不幸的，這樣做的結果使我把內在的混亂公諸於世了，我和愈多人談，就有愈多人發覺我的心理狀態，然後我的心理狀態就又變得更差。

於是，外界開始出現傳聞說我遇到了危機。而且我犯了一個致命錯誤：我在找人來管基金的同時，並沒有停止經營基金。我真的應該要讓基金暫停運作，再來進行經營層重組，但我卻在面試人的同時繼續做投資決策。

這種種混亂情勢對基金造成什麼影響？

結果就是基金創立以來第一次虧錢。我告知股東我的問題，並讓他們選擇要不要

撤資。一九八一年九月，基金虧損約二十六％，同時面臨極高昂的贖回金額，基金規模從四億美元縮減到兩億美元。那就是我與我的基金之間出現內在衝突的結果，基金輸了，全年虧損二十二％，而我贏了，因為我讓自己勝過基金。

怎麼說？您怎麼定義「勝過」？

我拒絕繼續當事業的奴隸。我確立了自己才是主人而非奴隸。這從很多方面來看都是巨大的改變，因為我開始接受自己是個成功的人。我曾經害怕一旦承認自己的成功就會遭遇不幸，但那時候我克服了這樣的恐懼。

那算是種內疚感嗎？您過去是否覺得一旦承認自己成功，就會觸自己霉頭？

不是，比那個要再嚴重一點，而且我覺得那份畏懼是有道理的。當您認真地在操作風險，就必須遵守紀律，而我過去奉行的紀律就是滿滿的不安全感。那份不安讓我在問題失控之前就注意到它。如果我放棄了這種紀律，就只能仰賴盡職調查（due diligence）與其他常規做法，但那不是我的強項。我害怕承認自己的成功，因為那可能會破壞我的不安全感。當一個人把自己的成功視為理所當然，就會鬆懈。遇到問題

的時候，你還是很放鬆，你知道自己成功了，並且總是會找到方法解決問題。那時候，你就失去了解決問題的能力。

您害怕自滿。

沒錯，但我認為自己的個性在那段期間出現了顯著改變，我的情緒中有很大一部分是愧疚與羞愧，但我成功化解了那樣的情緒。我和一位精神分析師進行了幾次諮商，但都留在相對表面的層次，我並沒有真的坐到一張沙發上，頻率也才一週一、兩次。不過，那依然是非常重要的一個過程。我揭露了自己的偏見，並透過將偏見攤開來談，我接受了它們並不合理，因此可以不予理會。

有一次我的唾液腺結石了，非常痛。醫生動手術幫我拿出來，手術也很痛。結石是一顆圓形、堅硬的球體，我想要保存那顆結石來紀念它帶給我的所有疼痛。幾天後，我再去看那顆結石，它已經化成灰了。那顆球就是鈣而已，乾掉以後就變成粉末。我的焦慮也一樣，不知怎地在見了光以後，分解了。

那時候，整體而言您對人生的態度變得更正向了，對嗎？

對。我覺得自己達成了某件事。我鐵定成了相處起來更愉快的人，我很確定第一任和第二任妻子對我是誰的看法截然不同。我告訴現在的老婆蘇珊，過去的我是什麼樣的一個人，我覺得她有點難以置信。

後來基金怎麼了？

我在一九八一年九月之前解散了量子基金，改成旗下有多支子基金的管理基金。我的計畫是把那些子基金交給不同的基金經理人，然後我就當個監管者，不再主動管理。一九八二到一九八四年間，基金表現都很黯淡，我的安排並不成功。

當時把基金的管理拆分出去並不成功嗎？

我找來了幾名外部經理人，有些做得不錯，並且繼續幫我管了好幾年的資金，其他人表現就沒那麼好。我也聘請了一位內部的基金經理人吉姆．馬奎斯（Jim Marquez）[3]。整體表現平平，我又對自己的安排不滿意，所以決定回歸，繼續積極參與投資。馬奎斯不能接受，所以就離開了。

一九八四年，您決定不要把所有錢都交給其他基金經理人，而是再度回鍋投資事業並建立團隊。那問題就剩下找出優秀的選手。

那又是稍微後期一點的事了。一開始我沒有團隊，我得自己一個人做下去。

那就是您開始進行即時實驗（real-time experiment）的時間點。可以說明那是什麼嗎？

為了讓自己可以重拾敏捷的投資思維，我決定寫書來介紹自己的投資手法，啟動了我稱為「即時實驗」的行動，那個構想是要記錄我的決策演化過程。由於我將投資視為一種歷史進程，所以在我看來那是個正確的實驗類型。不是科學實驗，而是煉金實驗，因為我預期自己在做實驗的這件事情本身，就會影響實驗結果。我希望那個影響是正面的，而我的希望成真了。我們再度享受了一段爆炸性成長期，因此，雖然那項實驗從科學標準來看，沒辦法真正證明我的理論，但如果按照我的理論構築的標準來看，這項實驗證明了自身的合理性。我的論點之一就是理論與實驗可能影響它們指

3〔譯註〕馬奎斯的全名應該是詹姆士．馬奎斯（James Marquez），此處索羅斯是以他的小名吉姆稱呼。

涉的主體（subject matter）。因此，我從一九八五年起進行即時實驗。

您在《金融煉金術》一書中，描述了這項實驗。

對，那本書有說明。即時實驗後來證實是個非常好的主意，因為它會刺激我的思考。為了解釋決策背後的原因，我做決策時被迫要比過去更有一貫性，等同於強加了某種紀律在我身上，那非常有幫助。即時實驗的對象包含了一九八五年九月的廣場協議（Plaza Accord），那紙協議對我與基金而言都是很大的事件。我們在進行即時實驗的十五個月內，創造了大約一一四％的報酬率，那大概是作家出書賺過最優渥的報酬。

讓我們來談談廣場協議，並說明它怎麼和即時實驗做結合。九月二十二日星期天，五國代表[4]在廣場飯店舉行會議，判定一九八〇年代初期以來持續走強的美元已經太過強勁，並達成協議要讓美元貶值。可以告訴我您怎麼會意識到那紙協議的重要性，以及如何應對嗎？

如同我在《金融煉金術》提到的，廣場協議的簽署意味著自由浮動匯率體系已走到終點，且被所謂的「骯髒浮動匯率制度」（dirty float）取代。常規被打破，開啟嶄新

的局面。我當時覺得對那些國家而言，這是必要的一步，並意識到這項轉變的重要性。雖然我已經布局了日圓與德國馬克的多頭部位，但我決定進一步加碼，擴大那些部位。現在我已經想不起來那時有沒有立即採取行動，我想自己八成是立刻動起來，然後暫停一下，後來又再買。無論如何，那次行動都讓我覺得自己走在趨勢之前。我已經持有部位，而且有能力加碼，並放手一搏。我建立了非常大的部位，且因此大賺了一筆。

您的策略套用在廣場協議上非常成功，但那之後沒多久，您就經歷了截然不同的景況。可以分享一下黑色星期一（Black Monday）發生了什麼事情嗎？

我的書在一九八七年出版，之後我就到處分享內容。我去哈佛大學的甘迺迪學院（John F. Kennedy School of Government）分享我的盛／衰理論（boom／bust theory），才結束那場會談就發現股市已經一洩千里。我記得那天應該是黑色星期一之前的星期三，那天我應該要待在辦公室，趕快收拾東西逃離市場，卻錯過了時機。我感受到山雨欲來的氣息，但覺得會從日本開始，因為日本的財務泡沫正在發展中，因此我選擇

4〔譯註〕與會五國是美、日、英、法、西德。

放空日股、做多美股。但不管怎麼樣，衝擊在美國爆了開來。日本市場因為受到政府支持而沒有崩盤，我對日股的空頭部位實際上變成了一種負擔，迫使我必須賣掉多頭部位，避免被追繳保證金時付不出來。我得出場，這件事我做得很乾脆，因為我的原則就是先活下去，錢之後再賺。我們在幾天內就蒙受了鉅額虧損，不過那時候才在年初，到了一九八七年年底，我們全年還是有獲利，我記得獲利率是十四%。

一九八七年，您就已經大致建立了一個管理團隊？

對。團隊成員包括四名資深分析師／經理人。不知你還記不記得，當時你其實很懷疑我是否有辦法跟那些人合作並給他們足夠的空間，但我能把權力放出去，真的是開心得不得了，並開始遠離基金的日常營運。我沒有離開老闆的位置，但放手讓他們做更多事情。一九八七年，我的書吸引了朱肯米勒，那時他還是德萊佛斯基金旗下的經理人。他看過我的書後就來找我討論內容，因為他覺得深受啟發。我們慢慢了解彼此，後來我邀請他加入我的公司。他非常忠誠並拒絕離開德萊佛斯，因為他覺得在大局勢不好的這年大賺一筆的話，可以獲得很高的回報。他管理資金管得比我好多了。但到了年底，他並沒有看到公司犒賞他的跡象，於是覺得可以無拘無束地加入我的團

隊，最後在一九八八年九月跳槽。他負責我們口中的「總體投資」。我還是老闆，但愈來愈常缺席，因為當時我非常熱中參與中國、俄羅斯、東歐事務。朱肯米勒負責總體決策，我在一九八七年組成的團隊則負責選股。朱肯米勒加入的第一年，他的表現並沒有自己預期的好，他把這個結果歸咎於我帶給他的壓力，莫名讓他受限制、不自在，或者說妨礙了他的風格。他變得非常氣餒，我們之間並沒有衝突，但他對自己的表現不滿意。他也沒有要隱藏那份情緒的意思。所以後來我因為對東歐事務的參與愈來愈深入，經常不在公司，就讓他全權負責了。我們做了比較正式的交接，不過其實在那之前我本來就覺得已經交接了。不過正式交接對他還是有幫助，過去他可能覺得自己只有在表現好的時候才是負責人，只要表現得不好就會被換掉了。他真正接手後，我們的關係變得像是教練和球員，從那之後就合作得非常順利。我扮演教練的角色，朱肯米勒和其他球員可以來找我尋求建議，跟我討論他們的想法，而且不用覺得我會干涉他們的攻防判斷，或是把球搶過來自己向前衝。我認為那是非常有效的經營方式。我也負責他們的分紅。基金管理公司的獲利有一半保留給經營團隊，並由我來分配，這個做法也很有效，因為他們知道我會重視基金長期的整體績效表現。團隊成員同意我是公平公正的裁判，而這有助於營造良好的團隊精神。我也負責決定公司整體的策

略，像是要不要成立新基金、收掉既有的基金，或是跨足新的事業領域。

您什麼時候開始扮演這個新角色的？

一九八九年夏末，那時東歐革命情勢不斷升溫，就像前面提到的，我沒有辦法繼續每天經營基金，也沒有辦法隨時做決策。從結果看來那次轉變很成功，我們連續三年交出亮眼成績單，是基金史上另一次繁榮期。

是一九九一、一九九二和一九九三那三年嗎？

是的。

但一九九四的表現就不太好了。

那是量子基金史上表現第二差的一年，但我們還是成功創造了微薄的獲利，在經過三年大幅成長之後其實還算不錯。每次做出大動作，最後要把部分收益吐回去其實很正常，那次也是這種狀況，不過回吐的量比一九八二、一九八七年那兩次經驗少得多了。一九九五年注定比一九九四年更艱難，我們年初就虧損了十％，但我有信心最

後會峰迴路轉。團隊的方向正確，我們擁有基金史上最強的經營團隊。不可能有人在不經過高低起伏的情況下，就達成我們締造的佳績。

我這樣聽您談量子基金的歷史，覺得外人看來那不間斷的成功經驗其實是一串高潮迭起組成的歷史。您寫下了驚人的紀錄：二十六年來，股東年報酬率平均將近三十五%，而且那還是扣除了經營團隊分紅之後。一九六九年投資一千美元並將配息再投入基金中的話，現在已經漲到約二一五萬美元了。但更仔細觀察會發現，其實是有幾個不同的時期。前十年是你和羅傑斯一起對抗世界，然後一九七九到一九八一年間，經過一個盛／衰循環。接下來是一個短暫的空白期，您把基金拆分成幾個部分交給其他經理人；然後就開始做即時實驗，之後遇到一九八七年的重挫——又是一個盛／衰循環；再來就交給朱肯米勒領導了。

你說得完全正確。

基金的規模這麼大，沒有造成問題嗎？

有，是生態問題。對於我們所在的環境而言，基金規模太大了。我在一九八九年

發現這個問題，然後便決定要把盈餘分配給股東。我們也開始多角化投資，成立新興市場基金，並進軍房地產、產業投資。

這種做法不是超級危險嗎？像全錄（Xerox）原本也是成長得非常快，開始多角化投資就遇到問題。

我知道有危險，但我把它視為挑戰，幫助我專注。如果不隨著規模提升調整操作方法，我們會面臨更大的危險。

現在您成為名人，各界緊盯您的行動，不會讓您的行動變得不自由嗎？

會影響。但很多關於我們行動的傳聞是假的，那些假消息會掩蓋我們實際在做的事。我們的名聲也帶來了一些好處，在談產業投資案時特別有幫助。不過最大的好處還是讓我們可以吸引到優秀的管理團隊成員。我們還不打算消失，但也絕不能把標準設得太高。我們不可能重現前四分之一個世紀的表現，如果按那樣的成長率成長，最後全世界的股票都會被我們買下來。我們沒有辦法再擴大規模了，之後的二十五年，我們的績效能有前二十五年的一半，我就很滿意了。

第四章　投資理論
The Theory of Investing

我們來談談您在投資時採用的架構。您在《金融煉金術》書中首度披露了您的投資架構，先前也提到那本書是您在思想上的突破。為什麼那本書對您而言這麼重要？

那是我的畢生心血。在關鍵時刻，哲學是我人生中最重要的一部分。

但最令人不解的恰恰是您的哲學，為什麼？

我的核心思想是，我們對這個自己所處世界的理解本質上就不完美。在做某項決定時，我們需要了解的各種情況其實會被自身的決定影響。人在參與某些事件時所抱持的期待，與那些事件實際產生的結果，本來就會有落差。有時候差異小到可以忽略，但其他時候會大到成為決定事件走向的重要因子。這樣的想法其實不容易講清楚。我可以用少少幾個字總結這個核心思想，其實只要兩個英文單字就夠了：不完美理解（imperfect understanding）。但這兩個字其實並不足以傳達完整概念，因為不完美之處

不只與我們的理解有關，還關乎我們所處的情境（situation）與我們想了解的實際情況（reality）。那個實際情況會隨著我們的理解而改變，是個不斷移動的目標。一方面，實際情況會反映在一個人的思想上，也就是認知函數（cognitive function）。另一方面，那個人做出的決策又會影響實際情況。那些決策的基礎並非實際情況，而是決策者對實際情況的詮釋——我稱之為參與函數（participation function）。這兩個函數的作用是反向的，某些情況下還會相互干擾。兩者之間的互動形式是一個雙向反射的回饋機制（two-way reflexive feedback mechanism）[1]。

為什麼您說它是反射的（reflexive）？

您應該聽過反身動詞（reflexive verbs）吧？它的主詞和受詞是一樣的，那是法文的特色。反射性這個字也和反映（reflection）有關。不應該和本能反射混為一談。

這些您在《金融煉金術》中都提過了，是這樣吧？

《金融煉金術》對我而言是非常重要的突破，因為我成功論述了反射性（reflexivity）的概念，那個概念是我在分析市場行為的關鍵一環，但是當時的論述不夠完善。那本

書一開始不怎麼成功，因為很少人了解我想傳達的訊息，我也沒有獲得預期中的知識性回饋。但還是有些令人滿意的例外，像是史丹利・朱肯米勒就是看了這本書才來找我的，我們因此而結識，還有像是保羅・都鐸・瓊斯（Paul Tudor Jones）堅持每個想到他手下工作的人都得先讀通這本書。看起來有一小群人讀懂了。

現在我是公眾人物了，這本書也開始受到重視。我會接收到一些很有價值的回饋，點出我闡述的理論有哪些弱點。現在我意識到自己某些用詞一直不夠精準，包括「反射性」這個詞。我用反射性來形容具有思維參與者（thinking participants）的事件結構，也用它來形容雙向反饋機制同時干擾事件發展與參與者觀點，並進而導致市場出現不均衡狀況（disequilibrium）的特殊情形。

前者是看待事情的方式，是一般性的理論，放諸四海皆準。後者則是一種現象，只會間歇性發生，但只要發生就會寫下歷史。

1〔譯註〕此處索羅斯用數學函數解釋參與者的認知與現實相互影響的反射性概念。詳情可參考《金融煉金術》新版導讀。

先來談談您對反射性的一般性理論。

基本上，這個理論是在談思維參與者的角色，以及那位參與者的思維和他參與的事件之間的關聯性。我相信思維參與者的處境十分艱難，因為他正試圖了解一個自己也有參與行動的狀況。傳統上我們會把理解（understanding）視為被動角色，參與視為主動角色，但事實上這兩個角色會相互干擾，導致參與者不可能依據純粹或完美的知識（perfect knowledge）做出決定。

古典經濟學理論假設市場參與者在完全掌握資訊的基礎上採取行動，那項假設並不正確。參與者的觀點會影響他們所在的市場，而市場的行為也會影響參與者的觀點。參與者沒有辦法完全獲取市場資訊，因為他們的想法不斷在影響市場，市場也同時在影響他們的想法。這就讓市場行為分析變得更困難，如果完美知識的假設為真，分析起來會簡單得多。

我們必須從根本上重新思考經濟理論。過去我們一直忽略經濟流程中的不確定性（uncertainty）。只要是社會科學領域，你就不能期待它產生和自然科學一樣確定的結果，經濟學也不例外。在思考思維如何形塑事件時，我們必須要採取和過去截然不同的觀點。

我們習慣把事件想成一系列的事實（facts），事實一組接一組地串起無止境的事實鏈，但如果一個情境中存在思維參與者，那條鏈就不會直接從一個事實接到另一個。而是把事實接到參與者的思維之後，再把參與者的思維連結到下一組事實。

如果我們想了解思維參與者所扮演的角色，有什麼是我們必須理解的？

我們必須了解的第一件事情，就是事件參與者思考的範疇不會只限於事實為何。他們必須把所有思維參與者的思想納入考量，包括他們自己的想法。這就會創造一種不確定性，因為現在那些參與者的思想並不會直接對應到事實，卻會成為形塑事實的推手之一。不僅沒有對應到事實，參與者的觀點與實際情勢幾乎十之八九有落差，參與者的意圖與實際結果也會有所分歧。這種分歧的狀況就是了解整體歷史演進以及特定金融市場動態的關鍵。在我看來，誤解（misconceptions）與錯誤（mistakes）在人類事務中扮演的角色，就像突變之於生物學一樣。

那就是我的核心思想，當然還有非常多的衍生理論。對其他人而言，這套理論或許不重要，對我來說卻超級無敵重要，所有其他事情都是這套核心思想的延伸。我也有注意到自己對世界的想法很多地方都和主流思想相去甚遠。

現在的主流思想是金融市場正處在均衡點（equilibrium），當然，因為市場並不完美，所以也會出現分歧的情況，但這些分歧本質上都屬於隨機漫步事件，通常會被其他隨機事件修正。這個想法的依據是對牛頓物理理論的錯誤類比。

我的想法完全不一樣。在我看來，那些分歧本來就存在於我們不完美的理解當中。參與者的觀點和實際狀況間的落差，正是金融市場的特色。有時候可以忽略，其他時候則必須把那些落差納入考慮，才有辦法真正了解事件的發展進程。

可以舉幾個金融市場中的實例嗎？

這種歧異通常會以盛／衰時序（boom/bust sequence）的形式體現出來，但也有例外。盛／衰時序不具對稱性，會慢慢加速，最後的高潮是災難性反轉。

我在《金融煉金術》中討論了幾個案例，像是一九六〇年代的企業集團風潮、不動產投資信託（Real Estate Investment Trusts）的經典案例，還有一九七〇年代的超級國際借貸榮景，最終導致一九八二年的墨西哥危機。我針對自由浮動匯率提出了一套理論，就是自由浮動的匯率通常會走向極端，不過極端狀況一般而言會比較對稱。我也討論了幾個較為複雜的例子，例如：一九八〇年代的槓桿收購與併購潮。在上述所

有例子中，都存在主流偏見與主流趨勢之間的反射性互動。重點在於那些例子某些層面上來說都非常特別。在任何事件序列中，其實都會有相當長一段時間不會出現那麼明顯的反射性互動。

在《金融煉金術》中，我這一點講得不夠清楚。我用反射性這個詞，同時形容雙向互動與允許那類互動發生的事件結構。我現在還是採用相同的說法，但希望我已經充分說明了我的觀點，也就是反射性互動是偶發的，反射性結構則是永久的。

看似正常的情況中，思維與現實之間並沒有顯著差距，也存在一些將它們拉近的力量，部分原因是人類會從經驗中學習，也有一部分是因為人類其實可以按照自己的慾望來改變並形塑社會情況。我把這種狀況稱為「接近均衡的狀況」（near-equilibrium conditions）。

但也有一些其他的情況是眾人的思維與實際情況相去甚遠，而且毫無相互靠攏的傾向。我把那些情況稱為「遠不及均衡的狀況」（far-from-equilibrium conditions）。遠不及均衡的狀況可以分為兩類，第一類是動態不均衡（dynamic disequilibrium），也就是說主流偏見與主流趨勢相互加強彼此的力度，直到兩者間的差距大到引發災難性崩解。還有另一種類型是靜態不均衡（static disequilibrium），只是在金融市場上非常少

見。靜態不均衡的特色是思維模式極為僵化、遵從教條，社會也非常僵化，兩者都不動如山，於是教條與現實的距離始終非常遙遠。事實上，只要現實出現改變，不管變動速度有多緩慢，教條不跟隨那些變動調整的話，思維與現實的距離就會進一步拉遠。這種狀況可能會持續非常長的時間。舉個我們耳熟能詳的例子，就像是蘇聯（Soviet Union）。相反地，蘇維埃體系（Soviet system）的解體則可以被視為動態不均衡的例子。

我們或許可以把動態與靜態不均衡想成是兩個極端，接近均衡的狀況則介於兩者之間。我喜歡把這三種事態比擬為水在自然界中的三態：液態水、冰、水蒸氣。那三種狀態的特質非常不同，水在三種狀態下的反應方式也很不一樣。思維參與者也是一樣的狀況。在我們視為常態的情況下，被我稱為反射性的雙向回饋機制不是很重要，甚至可以忽略。但是當狀況開始接近或是已經達到遠不及均衡的狀況，反射性就變得非常重要，我們也會看到盛／衰時序出現。

接近均衡與遠不及均衡之間的那條線，您畫在哪裡？

這是個大哉問。那條界線很模糊。世上總是有各種力量在把我們帶進遠不及均衡的狀況。那些力量會面對與它們制衡的作用力，通常制衡力道都會勝出，但偶爾還是

會失敗，那就是我們經歷改朝換代或革命的時候。我對那些狀況特別感興趣，但我也不能說自己已經有一套完整的理論來解釋或預測它們，我現在也還在摸索階段。我對金融市場的解釋和預測，會比對一般歷史事件的來得好，因為金融市場的範疇有比較清楚的定義，數據可以量化又可以公開取得。

先聚焦在金融市場就好，您可以說明一下盛／衰理論嗎？

我在《金融煉金術》中有試著說明，但顯然講解得不是很好。大部分的人看完以後都認為重點是參與者的偏見會影響市場價格，如果就只是那麼一回事，根本顯而易見到無需討論。盛／衰流程只有在市場價格有辦法影響所謂基本面的時候才會發生，而市場價格理論上會反映基本面。

可以看看我在《金融煉金術》裡列舉的例子。在併購潮興起時，企業集團把它們被高估的股票當成貨幣，拿來購買盈餘，盈餘之後又成為高價值的佐證。在國際借貸潮中，銀行利用所謂的債務比率（debt ratios）來衡量債務國可以承擔多少債務，那些比率包括未清償債務對國民生產毛額（Gross National Product）的比率，或是償債金額對出口比率。銀行把那些債務比率視為客觀標準，最後卻發現那些比率會受到銀行自

身行為的影響。舉例而言，當銀行停止貸款，國民生產毛額的數字會下降，諸如此類。基本面和股市評價（valuation）之間出現的短路現象不常發生，但只要發生就會啟動一連串的流程（process）：起初或許會相互強化，最終卻相互毀滅。

通常這個流程都會涉及評價錯誤。最常見的錯誤就是未能認知到所謂的基本面價值並非獨立於評價行為之外。併購潮的狀況就是如此。公司可以透過併購來製造每股盈餘的成長；在國際借貸潮中也是，銀行的貸款活動會美化銀行用來決定貸款活動的債務比率。

不過，盛／衰流程不必然和評價錯誤有關。像是日本的土地價格高漲就不是錯誤，而是有遠見的政府刻意製造來鼓勵儲蓄並壓抑生活水平的結果，目的是要讓日本達成更高的榮耀。日本看來是把反射性當成一種政策工具，這很可能是因為他們知識傳統（intellectual tradition）跟我們很不一樣，對他們來說，操縱基本面似乎是很正常的事，而我們則是深信那一隻看不見的手。現在我們試圖要模仿日本人，但此刻他們卻被自己編織的網給困住了。

反射性會遵循既定的模式（pattern）嗎？

絕對不會。但如果要讓人注意到，反射性至少要在最開始的時候相互強化。如果相互強化的流程走得夠久，最終必然會走到撐不下去的時候，因為不是思維與現實之間的距離變得太大，就是參與者的偏見變得太過明顯。因此，那些歷史上非常顯著的反射性流程通常都會符合一開始自我強化、最終自我摧毀的模式。那就被我稱為盛／衰時序。有些反射的互動情況會在達到興盛期之前就自我修正，那就不會在歷史上記下一筆，但這種狀況發生的頻率可能遠比以衰退坐收的全盛榮景來得高。

盛／衰時序會遵循特定模式嗎？

我有提出一套模式，主要的依據是個人觀察，也有部分是依據邏輯，但我要強調一下，那個模式並不是確定或必然的規則。首先，這個流程在任何階段都可能中止。第二，這個模型是把各個流程獨立出來談。但實際上，許多盛／衰流程同時在進行，並且相互干擾。盛／衰時序也會被外部衝擊打斷。事件實際開展的過程極少符合獨立模型。不過，那套模型還是建立了某種時序並定義各個發展階段，如果那些關鍵階段沒有按順序開展，那我們也不會看到盛／衰流程發生。因此，如果發生盛／衰情況，這套流程開始運作的時候確實會遵循特定模式。

有哪些關鍵階段？

通常這個流程的起點都是某個未被發覺的趨勢。一旦被發覺，眾人對那個趨勢的認可往往會加強趨勢。那就是**初期階段**（initial phase），主流趨勢和主流偏見相互強化。在這個階段，我們還不能說那是遠不及均衡的狀況。只有當流程持續演進，才會發生遠不及均衡的狀況。那股趨勢變得越來越仰賴偏見，而偏見變得愈來愈誇張。在這段期間，偏見與趨勢都可能反覆受到外部衝擊的測試。如果順利挺過那些測試，它們就會變得更強大，直到看起來無可撼動。我們可以把這個階段稱為**加速階段**（period of acceleration）。到某個程度之後，信念與現實的差距大到參與者的偏見因此被發現，我們可以把這個時間點稱為**真相大白的時刻**（moment of truth），趨勢或許會因為慣性而持續下去，但不會再因為信仰而進一步增強，所以趨勢發展會持平。我們把這個階段稱為**黃昏期**（twilight period），或是**停滯期**（period of stagnation）。最後，信仰流失必定會引發趨勢反轉，因為那股趨勢變得必須仰賴日益增強的偏見才能維持。趨勢反轉點就是**交叉點**（crossover point）。相反的趨勢引起反向的偏見，使情勢災難性地加速（catastrophic acceleration），也就是**崩盤**（crash）。

一旁的圖表呈現了盛／衰時序的不對稱性。起初發展很慢，接下來會慢慢加速，

投資與全球金融

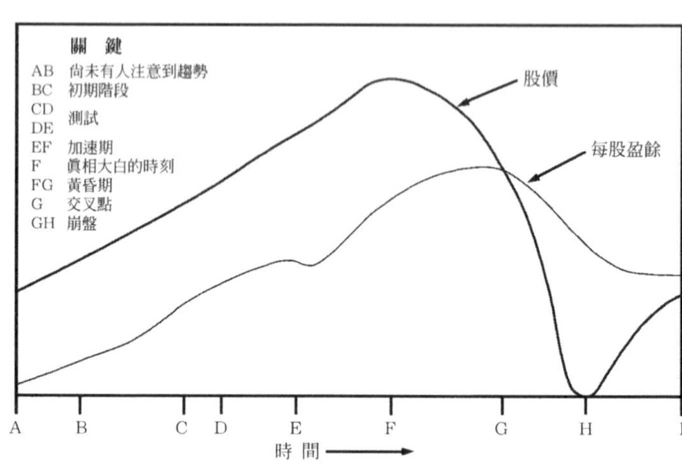

直到落差大得誇張，才會再進入黃昏期，最後是慘烈的崩盤。

完整走過這個流程後，趨勢和偏見都不會再相同。同個流程不會重新再來一次。體制已經更替。

您在歷史事件中，是否也有看到與金融市場中一樣的這種盛／衰模式呢？

有。不常發生，因為通常有太多流程同時在進行，並且相互干擾。但有時候，某個流程實在太重要了，以至於它能夠凌駕於其他流程之上。像蘇聯的興衰就是這樣的例子，歐洲的整合與分裂可能也會是一樣的狀況。

要怎麼把盛／衰模式套用到蘇聯上？

蘇維埃體制包羅萬象，是一種政府型態，是經濟體制、領土帝國（territorial empire），也是一種意識形態。蘇維埃體制幾乎完全與外界隔絕，那就是為什麼它會符合這個模式。但蘇聯是僵化的，主流偏見（馬克思教條）與主流體制都不動如山。因此到了加速期，偏見與趨勢幾乎都無法撼動的時候，事態顯露出極大的僵固性。這個流程在史達林（Stalin）在位期間達到加速期，特別是在整個體制順利挺過二戰的嚴峻考驗之後。史達林過世開啟了真相大白的時刻，也就是赫魯雪夫（Kruschchev）在蘇聯共產黨第二十次代表大會上的演說。不過最終這個政權又重新站穩腳跟，開啟了黃昏時期。雖然既有教條因仰賴行政手段而得以維持，但它的合理性（validity）已經不再因為群眾的信仰而進一步強化。有趣的是，體制反而比過去更僵化了。只要共產黨還是有個手握大權的獨裁主義者，共產黨的路線就可以隨他改變。然而，現在那樣的彈性不復存在，同時，恐懼逐漸減輕，體制悄悄邁向衰亡。各機構開始卯足了勁相互奪權，但因為沒有任何一方具有真正獨立運作的能力，故而彼此間必須進行某種形式的交易。

原本應該是由中央統籌規劃的體制，漸漸被單位間交易那種盤根錯節的體制給取

代。與此同時，非正式的經濟體系開始發展起來，補足了正式體制中的漏洞。那一段黃昏期就是現在大家所說的停滯時代（period of stagnation）。體制的缺陷愈來愈顯而易見，改革的壓力跟著與日俱增。戈巴契夫成為總書記迎來了交叉點。既有體制是因為缺少替代方案才得以生存，而戈巴契夫的改革創造了替代方案，或者說讓那些方案合法化，因此加速了蘇聯解體。經濟改革彰顯了政治改革的需求，改革（perestroika）與開放（glasnost）的出現，讓解體過程進入最後一個階段，開啟致命的加速期，直到最後整個體制全面崩解。

這個時序有個有趣的特色，就是它並不是從接近均衡的狀況走向遠不及均衡的狀況，而是從極度的僵化走向另一個極端——革命性的改變。

所以它與金融市場中的盛／衰流程是不同的。

倒也不能這麼說。我至少可以舉出一個金融市場上的相似實例。您可能很難想像，那就是美國的銀行體系。美國的銀行體系也是從極度僵化轉向極度彈性，過程相似只是走向相反。美國的例子是從衰敗開始，最終迎來榮景。美國銀行體系在一九三〇年代崩解，崩解後銀行受到高度監管，法規等同將產業結構凍結了。法規禁止跨州拓展，

某些州甚至禁止設立分行。管理層受到嚴重打擊。安全性變成最重要的考量點，凌駕於獲利與成長之上。了無生趣的事業只能吸引到無趣的人，整個產業幾乎沒有什麼改變或創新。投資人直接無視銀行股。

這樣的狀況一直持續到一九七〇年代初期。在那之前，靜謐的外表下，改變早已在醞釀中。新一代銀行家陸續探出頭來，他們從商學院畢業後，思考模式繞著底線獲利轉。這個新的思想學派以紐約第一國家城市銀行（First National City Bank of New York）[2]為精神中心，這裡訓練出來的人向外開枝散葉，進入其他銀行的高層。新類型的金融工具問世，有些銀行也開始更積極動用手中資金，並達成極受讚揚的盈餘佳績。

各州州內也出現了一些併購案，催生了較大型的銀行。銀行的槓桿度通常是權益價值的十四到十六倍，美國銀行（Bank of America）的槓桿度更高達二十倍。表現較好的銀行股東權益報酬率超過十三%，如果其他產業的公司締造這麼高的股東權益報酬率，每股盈餘成長率還超過十%，股價一定會比資產價格高出一大截，但銀行股的股價卻幾乎沒有出現溢價情況，就算有，幅度也不大。銀行股的分析師有注意到這種股價相對被低估的情況，但他們卻不期待狀況會修正，因為底層的改變太過緩慢，主流評價又過於穩定。然而，許多家銀行都已經開始挑戰外界對審慎槓桿設下的界線。如

果那些銀行想繼續成長，就必須再募到額外的權益資金。

在這樣的背景之下，第一國家城市銀行在一九七二年舉辦了一場晚宴，邀請證券分析師齊聚一堂，那是銀行業前所未有的活動。我並沒有受邀，但那場晚宴促使我發表一份報告，建議挑選幾家管理作風較激進的銀行股票買進。我在報告中提到，銀行股就快復活了，因為管理者有極具說服力的故事要講，而且也開始講了。我寫到，「成長」和「銀行」看起來似乎相互牴觸，但這樣的狀況即將隨著銀行股成長乘數（growth multiples）提升而解除。

一九七二年，銀行股真的起飛了，我靠著報告中提到的那幾檔股票創造約五十％的報酬率。有些警覺性比較高的銀行成功募得資金。如果銀行可以常態性地依據目前的股價對帳面價值溢價幅度順利募資，那麼銀行業就可以穩健地拓展事業，銀行體系的演進也將依循先前提到的路徑邁向接近均衡的狀況。這個過程剛開始沒多久，第一次石油危機碰巧就在一九七三年爆發了。通膨飆高、利率上升，十三％的股東權益報酬率不再足以讓銀行溢價賣出股票。第一次石油危機衝擊過後，大筆資金流向產油國，

2〔譯註〕花旗銀行的前身。

那是一九七〇年代，油元循環（petrodollar recycling）與國際借貸風潮正值開端，最後在一九八二年以墨西哥危機作結。如您所見，美國銀行體系因為錯過了一九七二年的機會，未能成功停泊在接近均衡的成長情勢之中，也是從一個極端走向另一個極端。美國銀行體系的起落與蘇聯的起落走勢相同。

這真是太有趣了！我絕對想不到要把蘇聯拿來與美國銀行體系相比。

確實很有意思，但不要因為這個類比就興奮過頭。實際上，真實世界中非常難找出單獨的盛／衰時序。蘇聯體制與美國銀行體系本身都夠有份量，獨立性也夠高，才有辦法彰顯出一套完整的盛／衰循環特質，他們的相似之處就在這裡。這兩個例子作為理論樣本很有趣，因為它們反映出盛／衰循環不只是從遠不及均衡的狀況走向動態不均衡，也有可能會涉及靜態不均衡。在那種情況下，加速期表現出的樣貌就是僵化性的提升。不過，不要期待現實世界中會頻繁出現完整的盛／衰時序，它們很稀少，久久才出現一次。各種體系不會獨立運作，每一個體系都有子體系，本身也會屬於另一個更大、名為「實際情況」的體系。各體系與子體系相互影響。

近來出現新的科學發展有很多不同的稱呼，有人說是複雜科學（science of

complexity），也有人稱為演化系統理論（evolutionary systems theory）或是混沌理論（chaos theory）。要了解歷史過程，這套新的論證方式比傳統的分析性做法更有用。不幸的是，我們的世界觀一直以來都是分析科學形塑而成的，分析科學對我們的影響已經過頭了。經濟學以成為分析科學為目標，但所有歷史演進的過程，包括金融市場的演變，都是龐雜而無法以分析科學為基礎來詮釋的。我們需要一套全新的理解方式，而我提出的反射性理論只是邁向那個新方法的第一步。我們不應該把盛／衰規律看得太重要，它的主要目的是示意說明，不應該被視為現實情境必須符合的框架。許多不同的流程同時在進行，有些是動態流程，有些是靜態，也有些是接近均衡的狀況，那些流程彼此間相互作用，又會引發其他演進流程，而那些流程也可以按上述的三種類別進行分類。

您的這些話實在抽象至極，可以給我們一些明確的例子嗎？

樂意之至，但首先我要提一個比較籠統的重點。在不均衡的情況下，經濟學家會談論衝擊與外生（exogenous）——或者說外部——影響。剛剛提出了幾個大致上能算是獨立的盛／衰時序，我希望藉由闡述它們的存在顯示不均衡的狀況未必是外部因子

造成的，而是內建在參與者的不完美理解之中。換言之，金融市場本身就不穩定，而那種「只要……，就會達到理論上的均衡點」的想法，本身就是我們不完美理解下的產物。

第五章 從理論到實作
Theory in Action

可以明確說明一下您是如何把盛／衰循環的理論套用到金融市場上的嗎？讓我們用您最著名的一次操作為例好了。您如何靠英鎊危機大賺一筆？

如你所悉，英鎊有參與歐洲匯率機制（Exchange Rate Mechanism，簡稱「ERM」），那套機制當時的運作已經很長一段時間維持在接近均衡的狀況。ERM的設計其實非常聰明而精巧，可以接受頻繁的調整，那些調整又不至於嚴重到讓像我這種投機份子可以從中撈一筆。總之那是一個接近均衡的系統，可以說是盡善盡美的匯率機制了。後來蘇聯解體、東西德合併，導致ERM陷入動態不均衡的狀況。我的理論是所有外匯體系都存在漏洞，ERM也有它潛在的問題，不過是因為兩德合併才讓那些問題浮上檯面。那個問題就是德國聯邦銀行[1]在體系中分飾兩角。它既是ERM的錨定貨幣

1〔譯註〕德國聯邦銀行就是德國的中央銀行。

（anchor），依據德國憲法，又是德國貨幣穩定性的守護者。在ERM接近均衡的那段時間裡，德國聯邦銀行可以順利扮演好那兩個角色，但東西德合併之後，東德貨幣兌換德國馬克的匯率高得過分，導致德國聯邦銀行由憲法賦予的角色與ERM定錨貨幣的角色出現衝突。

東德馬克對德國馬克的匯率主要是受政治目標影響，而非經濟實況嗎？

沒錯。而且西德的資金大量流入東德，使德國經濟面臨極大的通膨壓力。德國聯邦銀行受到的不只是一般法律的約束，而是憲法的約束。它必須履行義務，透過升息抵抗通膨壓力。聯邦銀行確實這麼做了，而且執行得非常澈底。當時，歐洲全面深陷經濟衰退，英國尤其嚴重。德國的高利率政策與英國整體局勢完全不合。德國聯邦銀行扮演的兩個角色之間出現衝突，礙於憲法約束，哪個角色會被放在優先位置再清楚不過了。當歐洲其他地方面臨經濟衰退，聯邦銀行卻祭出極為緊縮的貨幣政策，讓聯邦銀行作為ERM錨定貨幣的角色失格了。這也就使得原本一直處在接近均衡狀態的ERM陷入動態不均衡的狀況之中。

其他的衝突使情況惡化。時任德國總理柯爾（Chancellor Kohl）和德國聯邦銀行

對於東德馬克與德國馬克的匯率設定意見相左，對於如何獲得消弭政府赤字的資金也有不同想法。但實際的衝突比這些意見不合更為深入。

蘇聯解體的時候，柯爾去找了法國總統密特朗（President Mitterrand），表達他希望東西德的合併可以在配合歐洲局勢的情況下完成。雙方都認為應該要加強歐洲共同體（European Community）的架構，不過英國首相柴契爾夫人（Margaret Thatcher）當然反對這麼做。之後就是一連串艱難的協商過程，最後終於催生了《馬斯垂克條約》（Maastricht Treaty）。其中最重要的事情是，《馬斯垂克條約》建立了日後創造歐洲共同貨幣的機制，但後來證明了這個概念其實漏洞百出。

共同貨幣（歐洲貨幣聯盟，簡稱「EMU」）的提議敲響了德國聯邦銀行的喪鐘，因為它即將被歐洲央行（European Central Bank）取代。或許有人會說，歐洲央行承襲了德國聯邦銀行的精神，但對於一個權力極大也很享受那份權力的機構而言，那種說法根本稱不上是安慰。各個機構似乎都自然而然會有想要留存萬世的慾望，會想盡辦法進行物種傳承，比其他有機體都來得頑強。《馬斯垂克條約》危及了德國聯邦銀行的生存。

也就是說總共有三個衝突點：第一，德國和歐洲其他地方需要的貨幣政策不同；

第二，德國聯邦銀行支持的財政政策和總理柯爾實際採行的政策有所出入；第三，德國聯邦銀行為了自身機構的存亡而奮力抵抗。在我看來，這三個衝突當中的第三點最少人理解，卻又最為關鍵。這些衝突花了一點時間醞釀，想想東西德合併是一九九〇年的事情，但危機直到一九九二年才真的白熱化。不過，只要有注意到這齣戲的人都是看著劇情逐漸推展。

請形容一下一九九二年九月之前發生的事件，您是從什麼時候開始認為英鎊即將崩跌？

我第一個抓到的線索是德國聯邦銀行總裁施萊辛格（President Schlesinger）在一場高規格的聚會上發表的演說內容。他說，投資人認為歐洲貨幣單位（European Currency Unit，簡稱「ECU」）是固定的一籃子貨幣並不正確。他其實是在影射義大利里拉並不是個多可靠的貨幣。演講結束後，我問他喜不喜歡以ECU為貨幣的想法，他說他喜歡那個概念，但不喜歡它的名字。他比較希望共同貨幣的名字是馬克。

我抓到了他想傳達的意思。因為那些話，我們決定放空義大利里拉，結果沒過多久，義大利里拉就真的被迫退出匯率機制了。那是個非常清楚的預兆，可以看出英鎊

也一樣脆弱。而且我們靠著賣出里拉的空頭部位賺了一筆錢，讓我們有餘裕冒險放空英鎊。我不記得事件發生的確切順序。我很幸運，記憶力奇差無比，這讓我可以處理未來而不是過去。我還記得丹麥對《馬斯垂克條約》投下否決票，以及法國公投之前，有一段瘋狂的週末協商。當英鎊面臨的壓力愈來愈大，狀況變得非常刺激，當英國政府為了捍衛英鎊而升息二%，我們終於看到劇情高潮。升息其實反映了英國政府多麼絕望，讓我們看出英國的情況岌岌可危，鼓勵我們比之前更激進地拋售英鎊。事態就這樣走向結局：英國中午升息，還不到傍晚，英鎊就被迫退出ERM。

有人批評您，說英國升息二%的決定其實是正確的，而且如果您沒有帶頭猛攻英鎊，整個下午都在拋售英鎊，政府的操作就不會失敗。

嗯，首先，英國政府的做法站不住腳，如果它站得住腳，我們的「趁勢猛攻」就不會把英國推出ERM之外。再來，我們並不是唯一這麼做的人，就算我未曾出生在這個世界上，同樣的流程還是會以差不多的形式發生。或許我們在英國央行升息的時候給了臨門一腳，因為當時市場參與者或許還有些遲疑，我們果斷的反應可能刺激了群眾再次動起來。我們也許稍微加快了整個過程，但我很確定無論如何這個過程都還

是會發生。

現在可以請您再一次把這段經驗和您的理論連結起來嗎？

一個機構型的結構（ERM）在接近均衡的狀況下，運作了一段時間後，被推入動態不均衡的狀況。還有另一個讓情況惡化的因素，我剛剛還沒講到，那就是市場參與者的看法有誤。你或許還記得，當時機構型投資人預期歐洲的貨幣統一會是條單一的連續道路，因此認定匯率波動幅度甚至會比過去來得小。大家爭相搶購以較弱勢貨幣計價的高收益債，導致ERM變得更為僵化，邁向劇烈崩解的結果，而非逐步調整發展。

您當時發覺大家心裡想的都是溫和漸進式的改變，但您卻看見極大的落差漸漸成形，所以您認為整體局勢其實嚴重地不均衡，那正是為什麼您覺得那是少數幾個應該盡可能加大槓桿的時機之一。

沒錯。我準備好看整個體系發生改變，但其他人卻在既有的體系中採取行動。我覺得自己察覺革命性改變可能不遠的能力，在這種時候就很能派上用場。你回想一下，那時候英國政府一直到最後一刻都在向大眾保證ERM堅若磐石，他們或許影響了一

些投資人，但顯然沒有說服我們。

結果您是對的，英鎊真的崩盤了，您也大賺了一筆。但您為此招致前所未有的關注，而且這當中不乏反面的聲音。雖然您那一次操作非常賺錢卻也因此遭受攻擊。您對於批評的人有什麼回應？

我這一生為許多原則而戰，但倒沒有什麼強烈想為外匯投機操作辯解的慾望。我認為那是必要之惡，總比外匯管制來得好。只是統一貨幣又會是更好的結果。我的答辯就是我做的事都合乎規則。如果規則出了問題，那不是我這個守法的參與者的錯，而是那些設定規則的人做錯了。我認為那是非常合理也有根據的主張，我也不會因為被人貼了投機份子標籤而在道德上感到一絲愧疚。但就像我說的，我也沒有想要試圖大費周章地為投機行為辯解，有其他更值得我去奮鬥的事。我認為應該是主管單位要設計出一套不會獎勵投機份子的系統，如果投機者能賺到錢，那主管機關一定有某個地方做錯了。但它們不喜歡承認錯誤，而是寧願鼓動群眾把投機份子的頭掛上路燈[2]，

2〔譯註〕法國大革命的時候，群眾會把貴族吊死在路燈上，稱為「掛路燈」。

也不肯好好反省自己哪裡做錯了。

英鎊事件可以說是您把反射性理論拉到新層次的事件嗎？您的概念是參與者可以影響結果，但在英鎊的例子中，參與者其實促成了事件的結果。您的理論告訴您，「看，這裡有個脆弱的情勢，如果您帶著足夠多的籌碼參與其中，就可以預先決定結果。」

結果並不是預先決定的。回想起來，是預先決定，但在當下看來並不是那樣。相信我，投機絕對有風險，也不可能保證結果。無論如何，我們並非出於己見擅自行動，而是遵循我們的老闆，也就是德國聯邦銀行的指令。或許我們比其他人更清楚主子是誰，也比他人更為靈敏地嗅出各種信號，但當時我對於誰是領導這起狩獵行動的首腦深信不疑。我們相信德國聯邦銀行堅決想摧毀ERM來保障自己作為歐洲貨幣政策仲裁者的地位，但我們有可能是錯的，只是這個想法最終被證實是個想像力豐富的謬論。

話說，遊戲其實還沒結束。歐洲貨幣聯盟對於德國聯邦銀行的機構續存性依然是個威脅，在我們對話的同時，狩獵行動依然如火如荼進行著。美元走弱，部分是因為墨西哥危機，也有部分是因為美國經濟明顯顯露疲態。德國聯邦銀行態度強硬，最近剛發表了季度報告，內容完全忽略最新的全球局勢發展，並堅持進一步加強德國的緊

縮政策。結果就是德國馬克對其他歐洲貨幣的匯率持續走揚。法郎因為一系列醜聞案與總理巴拉杜（Balladur）支持率下降而走弱。墨西哥危機過後，資金逃出義大利。當這些國家試圖強化本國貨幣就會賣出美元，進一步壓低美元對馬克的匯率。這是一個自我強化的循環，被德國聯邦銀行進一步加強。我們已經進入下一波的外匯震盪期。我們持續關注德國聯邦銀行的行動，找尋我們何時該如何行動的提示，因為它目前為止仍是貨幣市場上最強而有力的力量。

這有違主流想法，大部分的人覺得投機者比主管機關更有力量。

德國聯邦銀行的這個案例中，確實如你所說。舞是我們來跳，但曲子是他們在選。

外界普遍認為您有辦法影響市場。

英鎊危機過後，我就以「摧毀英國央行的男人」聞名，因為這樣才會有可以影響市場的名聲。但是在英鎊危機爆發時，我就只是群眾中的一員而已，或許是比多數人規模更大、成就更高的一員，但依然只是群眾裡的一個人。即使現在，會說我有影響力也多半是種錯覺。市場的某一項變動或許會跟我的名字連在一起，就像之前黃金市

場的波動一樣。但如果我們試圖與市場逆勢而行，就會被蹂躪。這種事發生過不只一次，最近一次就是日圓事件。

不過事實還是沒變，市場總是會關注我們做了什麼和我說了什麼。我們的實際作為往往會被假的傳聞掩蓋，不過我的說法可能影響市場的這項事實，讓我占據了一個特別的位置。我發言時必須非常謹慎，這讓我的人生變得麻煩許多。

我不懂為什麼。

因為，既然我相信金融市場具有不穩定的本質，那我就必須小心避免引發市場不穩定。舉例來說，法郎受到狙擊的時候，我真心相信如果我加入戰局，就可能扳倒法郎。這使得我做出了挺愚蠢的事，我為了要能夠傳達心目中有建設性的建議，選擇不對法郎進行投機操作。這招致了兩個不幸的結果：我丟失了獲利機會，而且，比起我對法郎的投機操作，法國當局似乎對我的評論更為惱火。我從中學到一個教訓：投機份子就是該閉嘴，然後投機。

到最後，您說自己再也沒有刻意不買賣法郎，也確實靠著操做法郎交易賺了點錢。

不多。到那時候，獲利機會已經不怎麼樣了。

不過如果是現在，您看到另一個獲利機會，就不會猶豫，會立刻抓住。

沒錯。我從前一次經驗學到一課。但我會特別避免公開評論，或許我現在也不該在這邊接受訪談，不過等到這本書出版的時候，這些事件都已經有新的發展了，我現在講的事也不會對市場造成影響。

但您還是會公開評論。

只有在為了公眾利益的時候會這麼做。像是我公開支持統一的歐洲貨幣。按照我的理論，所有外匯機制都有問題，唯一保障單一市場的方法，就是使用單一貨幣。而且我的猜測是建立共同貨幣的過程可能不會是漸進式的整合，因為整體趨勢朝向分歧發展。建立共同貨幣需要一個政治決策、一個斷點，還要設定目標日期。

我們用英鎊危機為例，說明了歐洲不均衡的狀況。到了一九八〇年代末期，日本出現泡沫，那個泡沫顯然是遠東版本的不均衡現象。我在想您能不能為我們剖析日本

的事件，讓我們感受一下日本的故事如何帶入盛／衰時序之中。

喔，這個問題回答起來真是有些痛苦，因為我在一九八〇年代中期觀察到日本的金融泡沫逐漸發展了起來，並預測那個泡沫最終會破裂。我預期一九八七年的市場崩盤會從日本開始，所以做空了日本股市，但最後實際狀況是從美國開始崩盤。我發現自己一手做空日股，一手做多美股，當時我在市場上受到重擊。不過，盛／衰流程的本質非常清晰。

日本的儲蓄率極高、貨幣強勢，通膨率與利率都非常低，同時股價又非常高，這讓日本企業可以用極低的成本籌措資金，賦予它們競爭優勢。同時，日本的土地供給有限，又因為日影規制這種限制建築物高度的僵固法規而雪上加霜[3]。也就是說，房地產確實存在短缺問題，致使房價增長的速度比薪資來得快，使得民眾為了買房，得存更多錢。這套自我強化的流程開始運作，盡可能加大存款量、縮小生活水準增幅。這套機制的目的就是要讓日本成為世界上領先的經濟體，同時使日本人繼續為微薄的報酬認真工作。那是一套非常有效率的機制，事實上也真的讓日本幾乎在各方面都取得了競爭優勢。但就像任何其他的自我強化流程一樣，這套機制也有它的問題。它會拉大有房的人與沒有房產的人的差距，成為分裂社會的力量。民眾對體制的恨意不斷

累積，最終引發政治動盪，終結了自民黨掌權的時代，開啟政權更迭。在此之前，土地價格瘋漲的程度更勝股市，最後終於被戳破。房地產市場大崩盤，比股市跌得更重。

我對於那次崩盤的時間點預估有些失準，並在一九八七年受創。一九八七年之後，市場榮景因人為因素而延長。日本財務省靠著激勵股市避免了一九八七年的崩盤，之後就開始刻意運用政策向世界各國挹注流動性。還記得有位日本官員和我見面時，清楚地說明給我聽。他說，一九八七年崩盤的結果，不會和一九二九年一樣，因為日本已經準備好在有機可乘時見縫插針，提供全球流動性。他們希望自己在金融上的影響力可以和工業影響力一樣大。你應該有印象，一九八七年之後，日本銀行成為世界上的主要貸款方，三菱地所還買下了洛克菲勒中心。但那一次，日本的行為已經超過自身所能負荷了。日本的金融泡沫繼續膨脹，海外借貸與投資的盛況最終都以悲劇收場。當日本央行終於逐漸消除金融泡沫，日本銀行只剩下滿手的壞帳，那些不良債款讓它們到現在還飽受折磨。大部分的海外金融投資都失利，那也是近期資金大舉回流的重

3〔譯註〕日本積極推行「日照權」，依據建築法規，在建造有一定高度的房屋時，不可以影響周遭住戶的日照權，也就是不能擋到鄰居的陽光。

要原因。當熊市終於來臨，我們還待在市場上，所以抓住了那個機會。我印象中是一九九〇年發生的。不過我還是必須給日本當局一點掌聲，他們成功在沒有讓泡沫直接破裂的情況下消除泡沫。在歷史上所有透過循序漸進的方式消除而沒有引發災難性破裂的泡沫中，這或許是規模最大的一個。

日股的下行走勢結束了嗎？

我們原本是這麼想，直到很近期才有了轉變。一九九四年，多數時間我們對日股的布局都是在多頭部位。

您為什麼看好日本？

我們覺得日本已經經過極大的調整了。畢竟日本經濟也度過了三年左右的衰退期，土地價格下滑、銀行歷劫歸來，股市重挫幅度也遠超過五〇％。日本因應局勢調整，將仰賴廉價勞工的產能大量轉往廉價人力充沛的東亞國家。

我們提出一個理論，認為在一九九四年年初，日本股市就會開始向上走，因為日本經濟即將復甦。系統中流動性非常高，我們覺得有部分會流向股市。事實上，我們

確實透過布局日股多頭部位賺了一筆。

在您看來，這是新的盛／衰時序的開端嗎？

完全不是。有好幾個反向力道在運作中。一方面，循環性復甦應該要展開了，意味著股價會上升。另一方面，有幾個重要的結構性轉變正在進行，那些轉變對於股價評價的負面影響有可能已經反映，但也可能還沒。日圓走強壓縮了企業盈餘和經濟活動，使得復甦期縮短。沒有一個明確的趨勢，我們也不清楚最後結局會怎麼走。我們只是在摸索之後的道路。我們認為這個市場可以做交易、選股——也或許要閃避。

當您沒有明確的觀點，會傾向不進場。

沒錯。別忘了，一套完整發展的盛／衰時序很稀有，而且久久才出現一次。市場的動態通常是間歇或零散的，先依循一套理論再背棄它。如果可以，我們就會試著追上市場趨勢，但如果做不到，最好連試都不要試。

這要如何套用到您在日本進行的交易呢？

就像我跟你提過的，我們靠著循環性復甦的理論小賺了一筆。我們因為日圓走強而出清持股，後來再試一次又賠了一些錢。那次賠錢是一九九五年的事，盈虧相抵，差不多持平。這就顯示了搞不清楚狀況時最好什麼都不要做。你只是在隨機漫步，這種時候很容易被削一筆，因為你沒辦法堅持下去。沒有勇氣堅持自己的觀點，就很容易因為一些零星的波動被騙出場。如同我的朋友維特·倪德厚夫（Victor Niederhoffer）所言，市場總是會摧毀弱者，也就是那些觀點站不住腳的人。要有自己的觀點才能避免被局勢呼嚨而出場，但如果你的觀點是錯的，堅持的勇氣也可能讓你血本無歸。因此我比較偏好在掌握有憑有據的觀點時，才選定一個立場。

您通常會在市場一片茫然、但您有特定信念的時候選擇立場。

那就是現在日本的例子。

您預期之後會怎麼走？

我認為股市即將再次下跌。

為什麼這麼說？

主要是因為日圓走勢。日圓的交易區間一直在九十五到一〇五日圓對一美元之間，股市也維持在一定的交易區間內。但到很近期，日圓跌出了交易區間，而我們認為股市也會跟著動。日本各方協力試圖撐住股價，要避免日經指數在日本財務年度結束（即三月底）之前跌破一萬六千點，但我認為這樣的努力沒辦法永遠持續下去。畢竟為了維持日圓交易區間所做的努力也沒有結果。強勢日圓壓縮了盈餘與資產價格，這可能會使股價再次下跌，類似一九八九到一九九三年間的狀況。那就意味著雖然日本努力維持當今金融體系，但仍沒有成功。金融體制進一步、更深遠的改革已在醞釀。

您這個預測很驚人。

這不是預測，而是假說，而且只是暫時的，畢竟我們到今年年初以前，都在做多日股。不過我們現在願意支持這項假說，因為它的風險／報酬比率非常漂亮。

您剛剛說的當今金融體系指的是什麼？

這個體系由財務省主導，涵蓋銀行、經銷商、信託銀行、保險公司等機構，那些

機構是從財務省而不是市場獲取信號。當今金融體系是一個以支配（dominance）為基礎的整體系統的一環，而財務省在這個系統內的支配力量愈來愈強大。經濟產業省在日本締造工業奇蹟的前期階段擁有更大的影響力，但近幾年來，財務省變成權力結構中的領袖。它的表現簡直就是場災難。工業部門大量創造盈餘（surplus）並交給財務部門，財務部門卻浪費了這些盈餘。日本想要追隨十九世紀英國的腳步，踏上偉大的旅程、擔綱世界的融資主，卻失敗了。本土資產泡沫也消了下去。金融部門滿手隱藏資產，那都是工業奇蹟的果實，但他們把那些資產浪費掉了。這個過程拖得非常久，因為要揮霍的資產實在多到不行。我不認為財務省或金融機構完全了解自己遇到了什麼事，他們有點緊繃，但並沒有完全意識到自己的困境。不過金融部門表現這麼差其實也不意外，他們是依據帳面價值而不是市場價值行事，所以會跟隨錯誤的信號。金融部門習慣依法行事，而財務省又習慣頒布法規。他們是官僚，而官僚天生就不適合在市場環境中運作。順帶一提，法國的狀況也有所雷同——想想里昂信貸銀行（Credit Lyonnais）的故事[4]。

我總是不能理解日本的金融機構到底在做什麼，他們老是在回應一些法規，而不是應對現實世界。例子不勝枚舉，但都太技術性了，我也沒有辦法完全理解相關法

規。舉例而言，財務省立了一個規定是讓金融機構持有日本政府公債時以成本價認列，但如果持有外國債券就要按市值計價，而且如果匯損超過十五%，還得認列匯損。這是日本金融機構資金回流和日圓走強的重要原因。對比之下，私下募集（private placement）和場外交易（over-the-counter）債券不用以市價計算，所以它們會有溢酬——恰恰和一般人的預期相反。

故步自封的人不可能在市場上創造亮眼表現。再者，衍生性工具問世了，而衍生性金融商品的主要用途之一就是繞過法規，當外國經銷商將衍生性金融商品帶給日本金融機構，就像是白人把烈酒帶給印地安人一樣。我不知道日本金融機構的帳面上握有多少衍生性金融商品，但這讓本來就已經很複雜的記帳系統變得更複雜了。

那個體系為什麼會崩解呢？財務省沒有理由不出手維繫這個體系，而且至今為止他們每次出手都很成功。

4〔譯註〕里昂信貸銀行曾經是法國前三大銀行之一，後來國有化。因為風控不佳、政府干預等問題導致經營不善，一九九四年瀕臨破產，並進行重整。

因為日圓。主管機關已經用盡各種方法壓低匯率卻失敗了，強勢日圓會對企業盈餘與經濟活動帶來不利的影響，那個影響正是金融泡沫的相反，正式名稱是通貨緊縮（deflation）。國內物價下滑；利潤與銷量萎縮；勞工獎金被砍，消費者縮減開支。實質利率非常高，主管機關對此卻無能為力。他們心不甘情不願地開始考慮調降折現率，但這種做法會引發新的問題。日本人大多仰賴存款維生，因此調降郵局存款利率會吃到他們的收入。此外，保險公司售出了非常大量的保證年金產品，保證年金利率可能是個四又四分之三％之類的，以致於這些保險公司全都是在虧損下經營，開始消耗資本。這些公司需要籌措現金。股價的水位依然在盈餘的五十倍左右，收益率不到一％。那誰有能力吸收這些賣出的證券？說也奇怪，最近居然是外國人在買，日圓升值也部分抵銷了股票買賣的損失。按照日圓目前的匯率，那些外國人還會繼續進場嗎？

那是日本的情況，美股呢？

前景看好，而且在漸入佳境。

我想請教您，共同基金在美國扮演什麼角色。投資股票共同基金的資金達到史上

最高，一九五〇年代規模約五百億美元的共同基金產業，現在已經達到兩兆美元。從一九九〇年開始，散戶就對共同基金非常有興趣。

但那些散戶大多沒有經驗。

大部分都天真又沒經驗，但到目前為止，他們還沒有什麼負面經驗。每一個市場循環都會出現超額資金，現在這樣的超額資金量正在逐漸累積。要如何用您的理論來詮釋這樣的超額資金？

這是非常清楚的潛在盛／衰時序案例。你可能會進一步說，投資人可以在短時間內在不同基金間轉換，只要一通電話，就可以從股票基金換成貨幣基金。資金會大量流入基金是利率下滑造成的結果。利率降低會減少你可以從貨幣基金與定存獲取的收入。很多共同基金的申購者從來沒有投資過股票，也沒有完全認清投資股市的風險。現在利率重新往上走了，可能會有些人開始跳回貨幣基金。一方面，升息使得股市漲勢止步，另一方面，貨幣基金的收益率已經在提升了。股市毫無疑問歷經一段盛期（boom），所以有可能會走向衰期（bust）。但請記得，事件發生的順序從來不是固定的，因此盛期未必會迎來衰期。衰期需要有特定因素啟動，很有可能我們不會看到普

遍伴隨衰期的、加速下行的景況。在經濟持續成長的背景下，剛剛提到的超額資金或許可以透過逐漸轉換基金消化掉。

但你說那是現在的一個危機點，非常正確。你也可以看出富達基金（Fidelity Fund）——或更準確地說是麥哲倫基金（Magellan Fund）——就是風暴核心[5]。就像是摩根擔保（Morgan Guaranty）和花旗銀行（Citibank）在一九七二到一九七四年間、「漂亮五十」（nifty-fifty）盛／衰時序中扮演核心角色一樣[6]。

不過麥哲倫基金的風險已經登上各報頭條了，不太可能在市場毫無準備的情況下投下震撼彈。但這不代表崩解的過程不會發生。某些重大事態的發展儘管可以清楚預見，卻仍無法避免，就像第二次世界大戰，或是一九八二年的國際債務危機。現在新興市場就有一個像這樣的危機正在醞釀。一九九四年是共同基金盛期的尾端，當時流入股票基金的資金中，有一大部分，大概有高達四分之一，都流進了新興市場基金。新興市場按照定義就是比較狹小又缺乏歷練的市場，美國共同基金相對權重也會因此比較高。已經進入衰期，而且我覺得還有很長一段路要走。墨西哥危機引發了這個流程。如果是看美國國內的股票市場，我比較不確定衰期的狀況，因為我不確定觸發點會是什麼。事實上墨西哥危機已經延長了牛市的時間。

墨西哥的狀況看起來是個經典的盛／衰時序。其中一個切入點是，居然有這麼多大筆投資墨西哥的人，完全沒發現墨西哥披索被高估得那麼嚴重。請說明一下墨西哥的情況，特別是它對新興市場，甚至是比較成熟的市場的影響。

外國投資通常都會涉及盛／衰時序。我從投入這一行開始就持續接觸外國投資，也見證過多次循環。我很早便得出結論，就是外國投資人一窩蜂去做某件事的時候，每次都會被證實是錯的。像是一九五〇年代末期，美國人投資歐洲證券，到了一九六二年因為利息平衡稅而悲劇收場。美國機構購買日本證券，一九七二年卻發現是錯誤舉動，也是個實例。一九八〇年代末期到一九九〇年代初期，日本機構到海外投資，也是如此。那些資金回流日本，造就了一九九四年的強勢日圓。一九九四年達到高峰

5 〔譯註〕麥哲倫基金是富達公司旗下的基金，原為一九六三年所創立的富達國際基金（Fidelity International Fund），一九六五年更名。一九七七到一九九〇年間由彼得．林區（Peter Lynch）這位傳奇基金經理人操盤，締造了近三十％的年均報酬率。但林區離開之後，就未能再創佳績。

6 〔譯註〕「漂亮五十」指的是一九六〇到一九七〇年代，在紐約證交所掛牌的五十檔明星大型股，被認為是值得買入後就不斷持有的成長型股票，催生了一九七〇年代早期的牛市。但到了一九八〇年代初期，那些股票就重挫了，顯示投資人之前因為市場氛圍樂觀而忽略了那些股票的基本面評價。

的這波全球投資熱也百分百符合這套理論。它是我這輩子見過最大的一波外國投資熱潮，相應的衰期應該也會同樣重大。這也是我所經歷過最接近一九二九年股災的事件。

您的意思是說墨西哥會成為第一張倒下的骨牌，後面還有很多張嗎？

它必然會引發負面影響，特別是在拉丁美洲。破壞程度難以估算，但一定會很嚴重，不管是對真實世界或金融市場衝擊都會很大。在我看來，那股衝擊不只可能輕易瓦解國際金融體系，可能連國際交易體系都會跟著垮掉。

為何投資人會對墨西哥發生的事如此措手不及？問題一定已經醞釀好幾年了吧？

嗯，問題顯然從一九九四年開始就已經可以觀察到了。魯迪・多恩布希（Rudy Dornbush）是麻省理工學院（MIT）的教授，當時的技術官僚曾經是他的學生。他在一九九四年二月，就已經很明白地指出墨西哥貨幣必須貶值。

但沒有人聽進去。股價還是繼續漲，投資人對墨西哥股市依然信心滿滿，傲慢地堅持己見，就如同一九六〇年代末期投資人對新興成長股抱持著信心一般。

現在回頭看，其實很好解釋。墨西哥希望促成北美自由貿易協議（NAFTA），而維持高額貿易赤字是獲取美國內部對NAFTA支持的好辦法。接著墨西哥舉辦大選。墨西哥已經變得比過去更民主，所以選舉結果不再像以前一樣在選前已成定局。前任總統米格爾．德拉馬德里（Miguel De La Madrid）在把政權交給薩利納斯（Salinas）之前，還可以祭出各種讓選民不滿的措施，因為各界普遍認為薩利納斯是靠作弊當選的。但在薩利納斯任內，民主展露出了醜陋的一面[7]，薩利納斯因此不敢在選前讓披索貶值，深怕這樣會傷害接班人的選情。您應該還記得，一九九四年一月爆發了薩帕帝斯塔起義（Chiapas uprising），原本的總統候選人科洛西奧（Colosio）被暗殺。墨西哥政局極度動盪，外界認為貨幣貶值可能會對選情造成負面影響。在選後到正式交棒的這段期間，薩利納斯其實可以也應該讓墨西哥幣貶值，但他當時正在角逐世界貿易組織（World Trade Organization）領導人的位置，所以不想在名聲上留下汙點。最糟糕的是，技術官僚超級成功地撐住幣值，在外資的幫助下，讓墨西哥從第三世界躍升到第一世界之後，開始相信自己的魔術了。那是對魔術師而言最慘的一件事。他們以為就算表

7〔譯註〕薩利納斯任內，家族頻頻傳出貪汙、暗殺等多項醜聞。

象與現實的差距已經大到無法維持的地步，自己依然有辦法持續支持眼前的榮景。投資人開始避免持有以披索計價的債券，因此墨西哥政府改以美元借款，而不是披索。這使得墨西哥更無力應對披索貶值造成的衝擊。貶值最終來得太晚，那時墨西哥的外匯存底基本上已經歸零了。墨西哥政府滿手以美元計價的債務，那些債務的美元價值不變，但以披索計價的話，負擔大幅增加。結果就是政府的財務狀況與大部分私人企業的信用程度受到質疑。十五%的貶值幅度並沒有帶來調整，而是引發恐慌性資金外逃。後來，整個外匯體系在一天之內就崩解了。披索失去支撐，又跌了二十五%左右，就這樣引爆了危機。

聽您講述這些事的時候，我很詫異那些應該具有最佳金融管理能力的國家，最後居然陷入了最嚴峻的金融困境。墨西哥應該有一群優秀的團隊，您對日本財務省的說法也令我印象深刻。

還有就是你記得巴西前財長德爾分．倪托（Delfin Netto）嗎？他就是打造一九七〇年巴西市場超級盛世的建築師，那次盛期在一九八二年瓦解。他靠什麼崛起，也因此而墜落。過去，我曾經為了日本和墨西哥對反射性理論的了解感到驚艷，現在我已

經看出他們忘記了最重要的一點：承認自己的易謬性（fallibility）。

像這樣的事可能要花上好幾年才能解決，對吧？

應該是要問說，這件事到底有沒有可能解決？美國和國際貨幣相關當局認為，如果墨西哥違約或是再次調整還款時程，就像前一次一九八二年一樣，會引發全球市場震盪。我也同意這個看法。所以他們才會展開救援行動，但那場行動搞砸了。

出了什麼問題？

行動太緩慢而且欠缺協調，動用的資源也不足。如果行動能更早、更有決心地展開，就不會耗掉那麼多資源了，但是他們沒有抓住那次機會展現力量，以讓市場放心並穩住披索。救援方案花了太多時間籌備。美國財政部認為他們有義務尋求國會批准，但國會猶疑不定，所以他們只好動用外匯安定基金（Exchange Stabilization Fund）。其實早在一開始就可以動用這筆基金了。美國也未能取得歐洲和日本的支持。同時，情況持續惡化。披索貶值是個自我強化的過程，因為跌得愈凶，銀行體系的處境就愈危險，進一步刺激資金外逃。最後，就連國際貨幣機構都退縮了，對救援方案施加軟性

限制。原本應該有五二〇億美元的救援經費，最後加總可能遠低於這個數字。

您認為墨西哥內部會採取必要行動來化解現在的局勢嗎？

迫於外界的壓力，墨西哥已經開始吃下苦口的良藥。墨西哥人竭盡全力，利息已經調升到五十％或七十％，但那是個自我摧毀的補救措施。墨西哥即將陷入嚴重的經濟蕭條，造成無法估計的政治與社會影響。

大家應該要認知到，這次墨西哥危機帶來的問題，遠比一九八二年的危機更棘手，因為一九八二年時的債權人是銀行。貨幣主管機關可以對銀行施壓，銀行也會被說服而同意免除利息支付，或者更準確地說，是從他們的利息收入中，拿出足量經費再次借出，以確保借款方繳得出利息。我所謂的「集體借款體系」（collective system of lending）取代了自願性借款，也成功奏效，但你不能對市場投資人施加相同的壓力，他們一旦拿到好處了，就完全沒有任何誘因再次把錢投入令人擔憂的國家中。因此，市場債務遠比銀行債務來得難處理。

有哪些事是該做而沒做的嗎？或者我們一開始根本就不該插手呢？

理想的狀況是，我們當時應該要讓墨西哥轉換以美元計價的國庫券，也就是把俗稱的死亡債券（Tesobonos）換成較長期的債務，然後我們應該要提出援助方案，幫助墨西哥的銀行體系存活下來。老練的投資人靠著Tesobonos債券領取超高的風險溢酬，美國財政部何必為他們紓困？那些Tesobonos債券的持有人應該自己承擔後果。如此一來，墨西哥紓困所需的經費會少許多，國際組織也就有更多銀彈來援助其他國家。但這樣的計畫非常難協調籌劃。如果美國投資人的利益受到損害，美國財政部當時還會有辦法提供墨西哥協助嗎？墨西哥政府推遲償債期之後，墨西哥的銀行還有辦法繼續借錢嗎？其他金融市場上的恐慌情事有辦法避免嗎？但回想起來，面對那種種的不確定性，還是比採行以失敗告終的救援行動來得好。那些問題各個都讓人退縮，但主管單位會受到的抨擊並不會比現在更慘。

接下來會發生什麼事？

這是個我不應該回答的問題，因為不管我的答案是什麼，都會被實際發生的事件蓋過。現在這個時機點，金融危機正值高峰，援助方案太過空洞，沒有辦法讓市場安心，墨西哥政府還驚魂未定。阻擋資金外逃的只剩高利率，但是高利率卻對金融體系

與實體經濟造成極大危害，會進一步刺激資金外逃。如果金融危機解除，必然會出現政治與社會上的餘波，墨西哥勞工可以領三個月的遣散費，等到八月或九月這本書出版時，人民就會真正感受到經濟蕭條的影響，屆時餘波應該會差不多達到高點。如果那一波危機也落幕了，負面影響接著會在美國浮現，因為墨西哥的經濟要存活下去，就要有能力創造和美國之間的鉅額貿易順差。那對於美國的股市與債市有一些正面影響，可以幫助經濟降溫，平抑部分產品的價格，但政治人物很可能會把重點放在負面影響，也就是失業和不公平的勞動力競爭。這一點八成會在一九九六年的選舉中成為重要議題。如果美國盪向保護主義，一九三〇年代的情景可能重演。我們等著看。

如果墨西哥的狀況如您所說的嚴峻，其他地方會受到什麼樣的衝擊？

拉美已經受到重創。債權投資工具的收益率高得嚇人。巴西股價已經跌了七成。墨西哥之後，下一個會爆的是阿根廷。阿根廷採行的貨幣發行局制度（currency board system）是一套非常僵固的體制，讓人想起十九世紀的金本位制。要發行當地貨幣時，必須同時存放等值美元在貨幣局，銀行收到存款後，也必須在貨幣局維持一定數額的準備金。這套體制為匯率提供了自動防衛機制，因為如果阿根廷披索要換成美元或是

存款被從銀行提出，就會推升利率。理論上，所有當地貨幣都可以在不影響匯率的情況下換成美元，只是利率會提高到天文數字等級。那正是現在的狀況。阿根廷的經濟實際上已經美元化（dollarized），但就算以美元計算，利率還是高得難以維持，因為存款不斷被從銀行體系中提取出來。這裡的危險不在於貨幣貶值，而在於銀行危機，因為銀行將無法向顧客收取利息，更不用說本金了。隨著利率上升，股債市雙雙下挫，啟動保證金追繳。投資人被迫出清手中資產造成恐慌加劇，這就是現況。

阿根廷的危機反映了貨幣局體系的缺陷：沒有最終貸款人（lender of last resort）。那就是十九世紀金本位缺少的東西，也是為什麼後來會發展出中央銀行的系統，乃至於最終金本位完全被拋棄。歷史又重演了。阿根廷主管機關說服體質較佳的銀行把部分存在貨幣局的基本準備金轉給較脆弱的銀行，提供這些弱小的銀行救命錢。但這套手法有其危險性：幾顆爛蘋果就足以汙染整箱蘋果。當墨西哥危機到了不得不處理的時刻，阿根廷的情況也會達到高潮。

不過，相較於我還在觀望的墨西哥局勢，阿根廷不一樣。我相信阿根廷的狀況可以解決。那是典型的流動性危機，也存在典型的補救措施：最終貸款人。既然當地沒有終極借款人，那就得仰賴國際上的最終貸款人了。那正是國際金融機構存在的目的。

美洲開發銀行（Inter-American Development Bank）已經在籌劃提供十億美元的貸款給阿根廷，讓他們重整地方銀行。國際貨幣基金（IMF）應該要修正它平時的做法，動用它二十億美元的預備經費來承銷存款保險計畫。世界銀行（World Bank）也應該要出錢，國際清算銀行（Bank of International Settlements）則應該提供過渡性貸款（bridge loan）。最後，貨幣局的資產中，有一部分可以是以美元計價的債券。在關鍵時刻進場，貨幣局就可以反轉債券市場的趨勢，吸收被迫出售的債券、紓緩銀行的壓力，並拉低利率。這是一個可行的援助方案。

那巴西呢？

巴西的問題沒那麼嚴重。它的經濟有一點過熱、幣值有一點被高估，市場經歷了類似一九二九年的股市崩盤，由於恐慌性拋售而對外舉債不易。不過，貿易餘額可以修正。匯率已經開始逐漸下行，貿易順差應該會再次出現。巴西是個巨大且基本上能夠自給自足的經濟體，也就是說它可以獨立生存。如果阿根廷能活下來，巴西也可以。

風暴終究會過去。

如果墨西哥救起來了，就會。但是會留下許多斷垣殘壁，世界其他地方也會受到不良影響。新興市場的盛期結束了，不可能再回到崩盤之前的景況。

您還有預見到其他的金融危機嗎？

還有一些債務比率高的國家已經面臨到壓力，幾個明顯的例子包括義大利、瑞典、加拿大、匈牙利、希臘。壓力應該會愈來愈大，特別是如果墨西哥一敗塗地的話。

您沒有提到任何亞洲國家。

我漏了菲律賓。還有中國也讓我憂心。

中國呢？新興市場中，中國是變動最多的。您怎麼看？

我在天安門大屠殺之後不久就提出了一套假說，那就是中國的共產體制會被傳統的資本主義給摧毀。將近五年過去了，快要到驗證我的假說的時候了。

可以解釋一下您的假說嗎？

共產政權在天安門大屠殺中失去了合法性，也就是它在天安門大屠殺中的「天命」（mandate from heaven）。從那時起，人們之所以還願意容忍共產政權只是因為它承諾帶來實質的繁榮。如果沒辦法兌現承諾，可能就不會再為人所容忍，這就是為什麼中共沒有辦法拆解成效不彰的國營事業，也是為什麼它無法控制通貨膨脹。截至目前為止，中共一直是透過吸引外資來保障經濟發展，一旦資金流向反轉，所有問題都會浮上檯面。政治混亂可能會加強資本外逃，反之亦然。幸好中國還有一個優點是，幾乎所有的外國資金都是以直接投資的形式進入中國，而直接投資或許不會受到新興市場動盪的影響。只有香港比較容易受到投資組合的資金流動方向影響。香港是脆弱的，但對中國的直接投資會不會下滑，現在完全說不準。新的投資案逐漸減少，既有投資案的支出也差不多到頂了。新的投資案要回溫，中國才能通過考驗。

那崛起中的四小龍呢？

亞洲國家的處境大部分遠勝於拉美國家，因為亞洲的國內儲蓄率很高。好幾個亞洲國家最近剛升息，此舉應該會讓經濟降溫，並促使全球經濟成長趨緩。

您覺得全球經濟成長會趨緩嗎？

會。混亂情事比比皆是，怎麼可能避免？

貨幣市場一片混亂。

是的。現在有太多事正在發生，影響因子太多，導致很難把它們切割開來。美元走弱，日圓和德國馬克走強，背後原因很多，有些因素相互重疊，有些又八竿子打不著。讓我試著解釋並釐清那些因子。

日圓的升值壓力來自資金回流。恐慌氛圍下，國際投資通常會回流母國。國際投資組合中的資金有很多來自美國，而投資組合所投資的國家大部分屬於美元區（dollar zone），也就是說從匯率的角度來看，這些資金撤出基本上是中立行為。相對地，日本資金回流卻會直接影響日圓對美元的匯率，影響程度因為貨幣選擇而被放大許多。

如同之前提到的，日圓交易區間一直落在一〇五到九十五日圓對一美元之間。日本出口商非常確信這個區間會持續到一九九五年三月財政年度結束的時候，因此大量買入所謂的觸及失效選擇權（knock-out put options）。我所說的大量是百億美元的規模。觸及失效選擇權是很奇怪的生物，它會給你以某個執行價格（striking price）出售

某種貨幣的權利，但只要市價跌破某個點，那份權利立即失效。在這個例子中，一般的合約執行價格落在一〇五日圓對一美元，或是交易區間的上緣，而最低價格（upset price）則是九十五日圓，或是交易區間的下緣。只要美元價格維持在區間內，對出口商而言就是非常具吸引力的條件。對選擇權的賣方而言也很有吸引力，因為這份合約讓他們可以多賣一些一〇五日圓對一美元和九十五日圓對一美元的「價外」（out of the money）買權和賣權。當美元跌破九十五日圓，選擇權的賣方就得趕快遞補日圓契約保證，日本出口商則會發現自己沒有為美元進行避險。雙方同時拋售美元，幾天內就把美元壓到八十八日圓上下。那次貨幣市場的崩盤可以說與一九八七年的股市崩盤程度相當，理由也很類似：只要選擇權部位出現顯著不均的情況，就可能造成市場崩盤。

德國馬克走強的原因截然不同。德國經濟走向生產資本財，且全球各地的需求都相當強勁。德國的利率八成已經觸底，可能要開始反轉上升。這對於德國馬克相較於其他歐洲國家的匯率施加了壓力。義大利正為接連不斷的政治危機所苦；法國即將舉行總統大選；掌權的英國保守黨搖搖欲墜、經濟也開始走下坡；西班牙也有自己的問題。新興市場崩盤的情況，使資金逃向高品質標的的情況更為嚴重，同時，德國聯邦銀行倒也樂得看共同歐洲貨幣的願景落空。任何想要支持本國貨幣對德國馬克匯率的

國家都必須動用美元儲備，對美元造成壓力。

某些層面上來說，美元的弱勢是日圓與馬克走強的對立面。但還有其他原因造就了弱勢美元。最顯著的就是墨西哥危機，事實上，正是墨西哥危機啟動了貨幣市場的混亂局勢。墨西哥被視為美國的負累，當美國財政部被迫動用外匯安定基金，它實際上就是在向各界宣告美元沒有能力抵抗匯率走勢。美墨貿易餘額的擺盪會讓經濟成長放緩，而墨西哥出口帶來的競爭會緩和美國的通膨情況。同時，墨西哥的銀行危機會阻卻美國聯準會升息。各國之所以會有這些考量，是因為各界普遍預期全球經濟成長無論如何都會放緩。憲法平衡預算修正案（balanced budget amendment）未過關也影響了市場氛圍，促成美元的賣壓高潮（selling climax）。最讓人擔心的是央行，特別是亞洲央行，已經開始分散持有的幣別，這已經從根本動搖了國際貨幣體系。感覺就像是大陸板塊開始相互碰撞。

看來我們面對的並不是單一一個盛／衰流程，而是一籮筐的盛／衰流程。千真萬確！盛／衰時序非常少獨立發生，我在《金融煉金術》中成功分離出幾個流程，但通常都是有好幾個時序同時在進行，而且相互影響。通常它們會被視為外部

衝擊，但實際上，它們或許是彼此不可或缺的一部分。舉例來說，新興市場熱是墨西哥榮景的一部分，而墨西哥危機也是結束新興市場熱的關鍵元素。如果不是墨西哥，也會有其他事爆出來，但如果是那樣，事件的發展就會有所不同。同理，墨西哥危機可能也搶在其他原本可能衝擊麥格倫基金的事件之前發生。加拿大債務過高和義大利撐不下去也一樣是無論如何都會發生的，但如果墨西哥違約或是延後還款，就有可能加速那些國家的危機爆發。不過，現在的狀況還是非比尋常，因為同時間有太多動態不均衡在作用。

讓我們來看看，有新興市場的盛與衰、墨西哥的盛與衰、拉美國家各有故事、日圓與日本市場的故事、中共資本主義可能崩解、歐洲的緊張局勢……

在這一切的背後，其實是世界整體的解體（disintegration）流程，衍伸到政治與安全議題，也涵蓋了經濟與金融議題。貨幣機關的合作比《廣場協議》簽訂的時候弱得多。七大工業國（G7）的緊急會議少有人提起，但會議上要談論的議題可多了。各國都在追求自身利益，有時候連個別機構都在追求機構的利益，棄共同利益於不顧。然而，除非政府將維持市場穩定設為明確目標，否則金融市場必然不穩定又容易崩解。

幾乎沒有人會同意您的說法。

我有發現這件事，但它和我的動態不均衡理論一脈相承。保羅．沃克（Paul Volcker）說得很好，「每個人都同意過度波動（volatility）有害，但要處理那些過度的波動卻沒人支持。」政府只在乎自身利益，民間部門（商業銀行與投資銀行）其實會因為波動而受惠，不只因為交易量會變大，也因為它們可以販售對沖與選擇權。等於是來回賺。補充一下，對沖和選擇權通常都會加大市場的波動程度，因為它們會引起自動隨波逐流的行動。最近的經驗顯示所謂觸及失效選擇權從這點來看，是毒中之毒。它們之於普通選擇權，就像快克（cracker）之於一般的古柯鹼[8]。

您認為觸及失效選擇權應該被禁止買賣嗎？

是。幾個月前我到國會作證時，不會這麼說，但從那之後，貨幣市場出現不折不扣的崩盤情況。就像我先前說的，觸及失效選擇權在一九九五年日圓狂飆事件中扮演的角色，就如同一九八七年投資組合保險在股市崩盤中扮演的角色相同，原因也完全

8〔譯註〕快克是古柯鹼中效果最強的一種，用一次就可能上癮。

一樣。投資組合保險在危機爆發後，因為引進熔斷機制（circuit breakers）而變得無法操作。現在應該也要針對觸及失效選擇權推出類似的做法。

您會怎麼做？

銀行買賣的所有衍生性金融商品都必須透過各國的監理單位在位於巴塞爾（Basle）的國際清算銀行（B.I.S.）註冊，B.I.S.可以研究那些商品、蒐集數據，建立最低資本額，並且在必要時透過提高最低資本額來減少銀行交易，或直接全面禁止買賣。我認為觸及失效選擇權應該屬於後者。

我很驚訝您身為一個應該能靠波動獲利的市場參與者居然會支持如此強烈的行動。

我總希望金融市場能存活下來。

第二部　地緣政治、慈善與全球變化

與克莉絲緹娜・可南對談

GEOPOLITICS, PHILANTHROPY, AND GLOBAL CHANGE

第六章　慈善家
The Philanthropist

您在東歐捐了好幾億美元，為什麼會那麼做？是因為您內心愧疚、出於一種補償心理嗎？

完全不是。我這麼做是因為我很在乎開放社會（open society）的原則，而且我也出得起那個錢；很少人同時具備這兩個特質。

但是外界普遍認為您是個投機份子，靠著金融上的投機操作大賺黑心錢。像是您放空英鎊的作為，等於從每個英國納稅人身上抽錢。

賺錢，是；黑心錢，不是。你在金融市場上進行投機操作時，一般生意人會遇到的道德考量大多不需要您費心。只要市場正常運作，就不會有任何投資人能在匿名的情況下，激起讓外界有感的變化。就算沒有我，英鎊危機（sterling crisis）仍然會爆發。英鎊危機過後，我被奉為投資大師，地位因此改變，但那也是近期的事。在那之前，

我在金融市場從不需要為什麼道德考量花費心思。

洛克菲勒（Rockefeller）被指控透過壟斷牟利，在一片罵聲中成立基金會，希望藉此改善他的公眾形象。很多大公司設立基金會也是出於類似原因。但我不一樣；我在一九七九年成立第一個基金會時，並沒有公眾形象的問題。當時我在金融市場是個無名小卒，管理的基金規模才一億美元。現在我們的基金規模已經超過一百億美元了。

或許剛開始的時候，您確實不需要考慮公眾形象的問題，但現在您無疑是個公眾人物了。知名慈善家的身分對您的事業有幫助嗎？

或許有吧！我因此而具備了更強大的人脈。不過，說真的，我在事業這方面不需要人脈。我其實很害怕它反而會扭曲我的判斷。我沒有靠蹭著富豪權貴起家，現在我能夠和這些人蹭在一起了，但沒空跟他們蹭。我享受到的最大優勢就是人人都想跟我沾上關係，來提案的人和管理團隊成員都是如此。雖然我的慈善家身分不是唯一的原因，但它無疑為公司帶來了正向的氛圍。

那您做慈善的真正原因到底是什麼？

大概十五年前，基金的規模達到一億美元，我的個人財富也成長到大概兩千五百萬美元。經過一陣子反思以後，我覺得自己的錢已經夠了。我在深思熟慮後得出結論：對我來說，真正重要的事情就是開放社會的概念。

您對開放社會的定義是什麼？

我不會去定義它。我從卡爾．波普的思想中學到，概念不該被定義；概念應該被解釋。在我的哲學裡，開放社會的基礎是，我們認知到我們的行動是出於對事物的不完美了解（imperfect understanding）。沒有人擁有最終的真相（ultimate truth）。所以我們需要一個批判性思維模式（critical mode of thinking）；我們需要設計能讓意見、利益不同的人和平共生的機制和規則；我們需要能保障權力有序移轉的民主形式政府；我們需要能提供回饋和允許錯誤修正的市場經濟；我們必須保護和尊重弱勢意見。重中之重是，我們需要法治（rule of law）。法西斯主義或共產主義會將社會導向一個個人被群體凌駕、社會被國家主導、國家為自稱體現了最終真相的教條服務的情況。在那樣的社會裡，沒有自由。

我也可以分享一個更為個人的觀點：開放社會是一個像我這樣的人能夠生存並飛

黃騰達的社會。作為出生在匈牙利的猶太人，我被納粹追捕過。後來，同樣是在匈牙利，我嘗過共產統治的滋味，所以我很清楚自己在說什麼。我十七歲時移民英國，到倫敦政經學院（London School of Economics）念書後，才明白開放與封閉社會的差別。

那間基金會的宗旨是什麼？

讓封閉的社會走向開放，讓開放社會更能蓬勃發展，還有培養批判性思維模式。在管理基金會這件事上，我其實也是邊做邊學。我對基金會這種東西一直很不信任，對它們有很多偏見，就算現在也還是。我認為慈善經常把接收者變成慈善的受體，但那並不是基金會設立的初衷。我把這個叫做慈善的矛盾（paradox of charity）。我也認為慈善基本上是種腐敗的影響力；不僅使接收者腐敗，也使付出者腐敗，因為人人都會討好付出者，沒有人會告訴他真相。申請救助者的出發點就是要可以拿到錢，而基金會就是要避免被人濫用。為了避免被那些伸手要錢的人濫用，基金會不是像福特基金會（Ford Foundation）或國家一樣極度官僚、規則僵硬，就是要保持低調，悶不吭聲的在背後做事。我選擇了後者，您也知道的：「不必打給我們；我們會打給您」。進行各種活動和捐款時，我盡可能匿名操作。我刻意把我的自尊屏除在外，因為我覺得

這個基金會必須以它實踐的事情來證明它存在的價值。如果基金會存在的目的只是為了滿足我的自尊心，那反而適得其反。我現在管理世界上規模最大的基金會之一，而我也親自、深入地參與其中，我覺得這實在是很諷刺。

您當時把錢投注在哪裡呢？

我第一個大額捐助的對象是南非。因為種族隔離的關係，當時的南非可說是一個非常封閉的社會。我那時候覺得要削弱種族隔離政策最好的方式，就是透過教育讓黑人能夠取得與白人相同的立足點。我有個朋友是祖魯族（Zulu）人，他曾在紐約的大學當講師，後來回到南非。我在一九八〇年去拜訪他，並透過他認識了不少在南非的黑人，與他們結交為朋友。我也拜訪了開普敦大學（Cape Town University），時任校長史都華．邵德斯（Stuart Saunders）對黑人學生教育的投入讓我深感敬佩。因此，我有點不分青紅皂白地認定開普敦大學也是一個信仰開放社會原則、致力於平等待人的機構。由於開普敦大學的學費由政府負擔，我當時認為只要把黑人學生送進開普敦大學，就能讓政府負擔他們的教育，等於是利用這個推行種族隔離的政府來幫助我們。

不過事情發展並不如我們預期。大學整體的思維並沒有像校長那麼開放。我的第

一項嘗試是設立獎學金，提供給八十名黑人學生，但黑人學生的增幅並沒有達到八十人。開普敦大學顯然把部分資金挪作其他用途。隔年，我回到南非和那些黑人學生見面，發現他們受到嚴重排擠，充滿敵意和仇恨。那時我決定資助完這八十名學生後就不再繼續這個計畫了。現在看來實在很可惜，要是當初繼續下去，現在南非就會有更多有能力領導國家發展的黑人人才了。我在南非還嘗試過其他計畫，但我最終得到的結論是，並不是我在利用這個種族隔離政府，而是這個種族隔離政府在利用我。種族隔離體系無孔不侵，以致於無論我做什麼，最後都只會助紂為虐。我仍持續推行幾個計畫，像是協助黑人記者培訓和一些人權計畫，但基本上我並沒有在南非再多做什麼了。現在我很後悔。遲了一步，但我後來也在南非成立了開放社會基金會。

您在慈善事業的初期還做了哪些事？

也是在一九八〇年，我開始提供東歐異議分子獎學金。同時，我也開始協助人權組織團結工聯（Poland's Solidarity），並透過瑞典一個基金會的協助支持捷克七七憲章（Czechoslovak Charta 77），還有幫忙推動沙卡洛夫人權運動（Sakharov movement）。

那段時期，人人都認為要在東歐促成舉足輕重的改變毫無希望。賈魯塞斯基將軍（Wojciech Witold Jaruzelski）在波蘭發動政變是在一九八一年十二月才發生的事。捷克七七憲章運動當時也只是個獨自運作的小團體。您當時期望基金會能達成哪些事？

我希望能幫助那些冒著生命危險爭取自由和開放社會的人。

也就是說您並沒有預期能為東歐的政治局勢帶來立即性的改變？

沒有。我把自己的錢放在其他人賭上性命的事情上。這些人想要做什麼，我就幫助他們繼續下去，因為賭上性命、承擔責任的都是他們自己。我沒有自己的計畫案，也沒有什麼遠大的籌謀。我從來不認為自己能改變政權。但我有我的觀點。我知道共產主義教條（dogma）是錯的，因為它是教條。只要有人能夠培植其他思想，為它們打開門戶，就能凸顯出教條的錯誤。而削弱教條其實就是在削弱政權。我並沒有期望共產體系會崩解，但我確實希望透過引入其他選項與支持批判思考而從內部削弱它。

這些計畫都由您一人一手管理？

對，都是個人推動。我也參與了人權觀察組織（Human Rights Watch），當時它的

名稱還是赫爾辛基觀察（Helsinki Watch），我會去參加他們每周的會議。對我來說，那是個學習階段。人權觀察組織的領導人阿里耶·奈爾（Aryeh Neier）現在是我的基金會董事長。不過，在當時，開放社會基金會是個小規模的實驗性基金會。在南非的嘗試之後，我的重心就移到提供東歐有智識的異議份子前往美國的機會。我每次都會邀請十來位異議份子來美國，我和那當中部分人熟了起來，而和他們的交情對我幫助很大，因為那時候我對於當地的問題並不熟悉。畢竟我已經離開很多年了。

所以您的投入和您的匈牙利背景並沒有關係嗎？

其實有。畢竟，我會講當地的語言，匈牙利也確實是我的根。但我決定要支援那裡的異議活動並不是因為我出生在匈牙利。基金會發出去的獎學金中，波蘭人占的數量並不比匈牙利人少。但我從匈牙利人身上學到最多，建立的個人關係也最深厚。

這是您選在匈牙利設立第一個東歐基金會的原因嗎？

對。那裡的異議人士告訴我，我篩選候選人的機制開始導致一些負面作用。篩選方式沒有公開，而且會讓人能夠從成為異議人士中得益。某種程度而言，獎學金其實

是在破壞得主的信譽。有人可能會指控他們是利用反對政權來謀生。異議人士對自己的道德標準很高，那種誠信正直的程度並不常見，所以我很重視他們的意見。一九八四年，我接洽了這裡的匈牙利大使，問他有沒有可能在匈牙利設立一個基金會，提供獎學金開放申請者競逐，並投入文化和教育活動。讓我相當驚訝的是，這個提案獲得了正面的回應。顯然匈牙利官員認為我這個商人會是他們在美國的一條有用人脈，願意給錢，又不會管太多，就是個單純、好利用的「美國大叔」。

您那時候有聘請全職員工嗎？

這裡的基金會那時還沒有全職員工，而且其實基金會的經營管理都是在我家進行。基金會主要由我太太蘇珊[1]管理，她經營得非常好。那時完全沒有任何人事行政支出，不過也可以說人事行政支出其實非常昂貴，就看我怎麼評價我太太提供的服務。

您什麼時候開始聘請全職員工？

1〔譯註〕蘇珊・瑋伯（Susan Weber）一九八三年與索羅斯結婚，並於二〇〇五年離婚。

是在一九八四年，匈牙利的索羅斯基金會（Soros Foundation）成立時聘請的。這個基金會和開放社會基金會是分開的，因為匈牙利政府沒辦法接受「開放社會」這個名字。索羅斯基金會在紐約有辦公室，並聘請了一名全職員工負責。但開放社會基金沒有，而是由蘇珊繼續管理了好幾年。

一九八四年，這一切發生時匈牙利的政府仍然是個非常共產的政權。外界經常批評，您當時為了基金會的利益，偏要選擇和匈牙利的共產政權密切合作。這是真的嗎？

我們當然有合作：共產黨想要利用我，而我也想要利用他們，這就是我們合作的基礎。重點在於誰利用誰比較多。我們協調出來的協議是這樣：紐約的索羅斯基金會，與當時由匈牙利共產黨和政府完全掌控的匈牙利科學院（Hungarian Academy of Sciences）共同成立委員會。我們協議保障雙方都有對款項支出的否決權。錢只能花在兩方主席都同意的計畫案上。其中一個主席是我，另一個是匈牙利科學院的副祕書長。

那最後誰利用誰更多呢？

在匈牙利，絕對是我們贏了。我有非常厲害的顧問團。其中一員是米克洛斯·瓦

沙瑞利（Miklos Vasarhelyi），他到現在也繼續擔任我的顧問。他曾擔任一九五六年伊姆雷・納吉[2]政府的發言人。他因為參與革命而差一點被判死刑，最後坐了好幾年的牢。他的政治智識、手腕以及名望可以說是基金會在匈牙利能成功的重要原因。當時，我做的每個決定都先和他討論過。他遠比我更了解情勢，而我的判斷力也遠勝過匈牙利政府的負責機關。我們清楚知道自己在做什麼，而他們卻渾然不知。

不過，您在一開始的時候其實想過要放棄，對嗎？

在簽完基金會成立的協議以後，我們雙方對於基金會該如何運作意見分歧。我這邊認為，員工應該由我們獨立招選，但匈牙利政府卻希望能由一個有點可疑的組織來負責。這個組織叫做國際文化關係工會（Union for International Cultural Relations），是匈牙利國安部（Ministry of Security）設立作為美國文化交流組織（IREX）的對等單位。當時，瓦沙瑞利堅持我們不能妥協，我們要用自己人。所以後來我和權傾一時的黨部文化事務負責人捷爾吉・阿策爾（Gyorgy Aczel）會面。我們始終無法達成協議，

2〔編註〕伊姆雷・納吉（Imre Nagy），匈牙利勞動人民黨主要領導人之一，曾兩度出任總理。

所以我就和他說，我不做了。他說，如果要退出，不必往心裡去。我說，浪費了這麼多力氣，我很難不往心裡去。那時我已經走到門邊了。他問我，「您真正要的到底是什麼？」我說：「一個獨立的祕書處。」最後我們雙方都各退一步，參照基金會主席的處理方法，雙方各自指派一個負責人，所有文件都要兩個負責人共同簽署。

當時您給了基金會多少錢？

當時每年捐贈三百萬美元，不過第一年我們沒有把所有的錢用完。我們在設立初期的幾項計畫之一是提供文化和科學機構影印機，換取當地貨幣（匈牙利福林〔forint〕）。我們確實需要福林才能在當地提供獎助金，不過提供影印機這件事本身也能帶來很大的效益，所以我們那筆錢其實達到了一石二鳥的成效。那個計劃非常成功，因為它巧妙地削弱了共產黨對資訊的控制力。在那之前，匈牙利的影印機數量非常少，也很難接觸得到，真的是被鎖起來控管，要取得核准才能使用。後來影印機數量不停增加，共產黨逐漸失去對影印機的掌控，也因此不再能控制資訊傳播。

為什麼共產黨沒有禁止那項計畫？

那些機構的運作其實非常需要影印機。匈牙利政府確實有訂立更嚴格的規範，但由於機台數量實在太多了，他們沒辦法落實。我們從這些機構手上拿到當地貨幣以後，就用那些貨幣來支持各種檯面下的倡議。

當時的匈牙利基金會逃過了所有一般基金會會碰到的問題。由於基金會成為了推廣文明社會的機構，慈善會碰到的各種兩難幾乎都迎刃而解。基金會不需要想辦法保護自己，因為基金會支持的人會保護它。基金會也不需要走向官僚化，不需要控管、匯報和評估的機制，因為經費得主為了對得起自己的良心，不會去利用我們的基金會。而且如果有濫用的情況，也會有人告訴我們。

基金會能夠運作得這麼好，背後有幾個原因。首先，當時強勢貨幣嚴重短缺，美元的實際價值遠遠高出官方匯率。對於滿手當地貨幣但苦無門路獲得強勢貨幣的文化機構而言，美元更是有價值。我們當時還笑說「文化貨幣」也有自己的匯率。

在用當地貨幣發放經費這件事上，基金會只要花一點點錢，就會有很多人願意奉獻自己的力量，因為基金會基本上就是幫助這些人以自己的方式實現自己想做的事。所以幾乎所有人都是做義工。他們需要的就只是一些物資協助，像是影印機，或是出國做研究的機會。我們也得以利用國有設施來進行非黨務活動，因為多數人其實都

受雇於公家機關。課程、開會、表演的場地幾乎都不需要租金。這也是基金會放大影響力的途徑之一。到後來，有人指控我們成為了另一個文化與教育部（Ministry of Culture and Education），對我們來說，這種指控簡直是無上的榮耀。別忘了，我一年投入的金額是三百萬美元，用這些錢，我們影響了整個教育和文化機構做的事情，他們的經費可是高出了好幾百倍。

他們沒有試圖阻止您們？

有。當時這個議題有在黨內引發激辯，但就連在黨內，都有人站在我們這邊。

您們的支持者是誰？他們為什麼會站在您們那邊？

大多數都是負責經濟的人。負責意識形態的人都反對我們的基金會。我在政府裡最大的支持者就是費倫克．巴爾塔（Ferenc Bartha），當時負責對外經濟關係的官員。政府指派他負責基金會，所以他當然希望基金會能成功。他希望能夠在不出面的情形下，推動政治改革。他本身是技術官僚，與馬頓．陶爾多什（Marton Tardos）等幾位經濟學家都希望能夠推動改革。

基金會行事非常謹慎。我們小心翼翼的平衡會冒犯當局意識形態份子的活動，以及其他當局無法不批准的活動，而且確保後者的比重稍微多一些。我們也參與愛國文化活動和裨益廣泛的社會計畫，以抵銷配發影印機引發的不滿。當局對於我們的作家獎助金計畫特別有戒心，因為這個計畫賦予作家更強的獨立性。我們甚至被指控煽動匈牙利作家協會（Writers Union）反抗當局的行動。

現在回頭看，您認為您們在匈牙利的行動是成功的嗎？

在匈牙利的那段時間是我們最輝煌的時光。基金會成功地讓不是異議人士的人民採取很類似異議人士的行動。教師、大學教授和研究人員得以在不會丟掉工作的情況下，從事非政府活動。可以說，我們在匈牙利經營得非常成功，士氣也非常高。我們後來做的事幾乎沒有什麼可以和匈牙利那段時間相提並論。當時基金會的經營既廉潔又有聲有色。我時不時會去拜訪和討論策略。每次去拜訪完，下次再來，策略就已經付諸執行了。我不知道他們怎麼做到的。或許是因為那時候匈牙利就只有我們的基金會在做這些事，因此匯聚了整個公民社會的智識能量。一九八九年匈牙利開放以後，各種機會如雨後春筍般出現，但一九八四到一九八九年間，那間基金會真的是匈牙利

知識份子的生活重心。

聽起來您很懷念那段時光？

我相信所有當時參與的人都會很懷念那段時光，因為我們用很少的錢做到了很多事。我們也覺得我們在對抗邪惡，內心感覺也很好。後來從來沒有碰過這麼好的環境了。在匈牙利政權轉換以後，匈牙利基金會在適應新的現實時碰到了很多麻煩。

那時基金會工作的重要性有超越賺錢的重要性嗎？

完全沒有。我當時依然積極管理資金。那段時間剛好我正在做《金融煉金術》中的即時實驗，而那些東西對我來說絕對更重要。雖然我親自參與基金會的運作，但它仍然只稱得上是副業。我並沒有把基金會和自己綁在一起，也不從基金會上頭追求任何認可評價。我認為基金會屬於匈牙利人。這是基金會成功的祕密。當時，基金會也沒有知名度，這也是成功的原因之一。匈牙利共產黨的「宣傳部」（agitprop）放話要媒體忽略我們的基金會，因此基金會沒有什麼新聞報導，但我們還是可以宣傳各項計畫，大部分的人都是透過口耳相傳才得知的。我們是匈牙利唯一在做有意義的事卻不

張揚的組織，與大肆張揚卻無實質作為的官方機構形成對比。所以，某種程度上，鮮少曝光反而樹立了基金會的形象。而我也堅決不居功，因為我真心認為，經營基金會的人親身涉險，而我只是在背後提供資源罷了。我非常敬佩他們的成果，所以基金會的功勞應該要歸給他們，而不是我。

不過是因為有您的錢，這一切才有可能發生。

對。這一切給了我非常、非常大的滿足感，但就像前面說過的，這個基金會並不是我的一部分，我幾乎是以局外人的角度在欣賞它。這和我現在參與基金會的方式非常不同。

在匈牙利有成功的經驗後，您擴大了基金會的工作範疇，對不對？

對。最初是一九八六年我在中國小試身手。不久後，我也在波蘭的地下文化組織「奧克諾組織」（Okno）[3]之上成立了一個基金會，奧克諾組織和波蘭的團結工聯

3〔譯註〕奧克諾（Okno）有窗戶的意思。

（Solidarity）有關。接下來是一九八七年，也是沙卡洛夫獲准回到莫斯科那年，我在蘇聯成立了基金會。一九八九年革命後，新基金會如雨後春筍般出現。基金會是在那時形成了網絡。

現在您在二十五個國家設有基金會，這些國家以東歐國家為主。您的基金會具體是在做什麼呢？

這個沒有辦法說明。從封閉社會到開放社會的轉型是一種系統性轉型。幾乎一切都要改變，而也沒有藍圖可循。基金會做的是改變轉型發生的方式。基金會在所在國家推動人民運用自己的力量。

我在每個國家都選出一群和我一樣認同開放社會理念的人，其中某些可能已頗有盛名，某些相對沒沒無聞。我讓他們負責決定任務的輕重優先。我掌握整體願景。隨著時間過去，我逐漸從各個基金會的經驗中學習。我會強化成功的行動，放棄失敗的。我也試著把在一個國家成功的計畫移植到別的國家，並開創了區域性計畫。但我並不會從外部強加任何要求。我給了基金會自主權，唯一由我控制的只有提供的資金多寡。開放社會應該是個能夠自我組織（self-organizing）的體系，我希望基金會不只是

建立開放社會的力量，也是開放社會的原型（prototype）。我們開始時是一片混亂，但在混亂中逐漸發展出秩序。基金會的行事範疇基本上完全沒有設限。我們盡量選擇真正能夠帶來改變的計畫。具體是哪些計畫，取決於我們看到的需求以及我們擁有的能力。但優先順序會快速洗牌。例如，早期出訪補助通常很有效，但在現在就漸漸失效了。我們的重點轉而放在教育、公民社會、法律、媒體、文化、圖書館和網路。但這些類別其實沒辦法真的很精準地描述基金會活動的範疇。是先有活動，才去劃分類別。沒有人全盤知曉我們在做什麼，我覺得這樣很好。給我最大滿足感的往往是那些我一無所知、因緣際會下投入的活動。我成功地集結眾人的能量，很多事情會發生其實出乎我意料，事實上也不是我原先想像得到的，因為那些事往往超出我的理解。這讓我有種自由的感覺。我終於可以脫離我的孤獨，與真正的世界建立連結。聽到基金會在進行的各項活動時，我不見得各個都贊同，但有這麼多活動在我不知道的情況下發生，這件事給我很大的滿足。

您可以舉幾個例子嗎？

我結識了一位非常傑出的政治科學家維克特・奧斯廷司基（Wiktor Osiatynski），

他曾接受戒酒無名會（Alcoholic Anonymous）的治療。他把戒酒無名會引入了波蘭，之後又引進其他國家。他發揮了極大的影響力，例如：在波蘭監獄的酒精成癮治療取得了很大的成效。我們也引入了新的健康教育方法，我也親自參觀了召集各國教師參加的一周工作坊。他們的熱忱非常驚人。不過，我想最值得一提的是我們建立的現代藝術中心網絡。藝術中心裡多數的作品我都不太喜歡，但我知道自己沒有能力評斷。你可能會覺得聽起來很奇怪，但在我看來，開放社會的一個重要特質就是並不是每件事都符合我的喜好。如果我試圖控制每個計畫的內容，那我們就沒辦法創造一個開放社會了，基金會網絡也無法如此快速地擴張。我們當時經歷了指數型成長。

您怎麼有辦法資助這些基金會？

蘇聯解體時恰好是量子基金的黃金時期。我可以動用的錢遠遠超過基金會能夠花掉的金額。革命帶來的機會和充足的財務資源相加，創造了爆炸性的效果。基金會網絡在五年內快速成長，速度之快讓量子基金相形失色。

您怎麼管理基金會網絡？

我們採用了雅諾什・科爾奈（Janos Kornai）稱為「軟性預算限制」（soft budgetary constraints）的機制，這種機制用在經濟體上會帶來災難，不過基金會運作上卻妙用無窮。基金會在某種程度上和企業是相反的。企業講求利潤，但基金會講求的是錢怎麼花，採用軟性預算限制可以讓基金會專注在真正重要的事上。

聽起來您的基金會愈來愈不受控制？

某種層面上，是這樣說沒錯。但我對於績效表現和道德的要求很高，我要求基金會必須精實和清廉。但只要基金會獲得我的信任，他們要我緊急批准多少計畫都可以。這就是我所謂的「軟性預算限制」。錢只是成功的要素之一，而且在某些情況下，錢帶來的傷害可能還比好處多。如果一個基金會除了錢以外什麼也沒有，那麼它存在的意義就只剩下自利罷了。我時不時都會嚴格檢驗這些基金會。

您怎麼檢驗？

其中一個方式是壓低人事行政費，確定來這邊工作的人不是為錢而來。但即使如此，提供計畫源源不絕的金援也可能把員工慣壞。我在俄羅斯就犯了一個大錯。在一

開始失敗幾次後，我們終於做了一個非常成功的人文轉型計畫。一開始，我提供那個計畫五百萬美元的資金，那個計畫對整個國家的教育體系都帶來了實質影響。但我後來興奮過頭了，把經費加到一千五百萬美元，還準備進一步加到二．五億美元。對於負責計畫的人員而言，誘惑實在太強了，因此原先精實的運作就逐漸腐敗，幾乎摧毀了整個基金會。

您提到其他地方的基金會不如匈牙利的成功，那些基金會碰到哪些問題呢？

每個基金會都不一樣。任何一個基金會碰到的問題都不同。以中國來說，基金會被牽扯進中國的政治內鬥。那大概是一九八八年的事。強硬派想透過攻擊基金會來扳倒總理趙紫陽和他的政治祕書鮑彤。趙紫陽為了自保，將基金會的監督由內部政治警察轉交給外部政治警察。外部政治警察眼看機不可失，馬上安插自己的人馬在基金會裡。所以基金會實質上變成由祕密警察在經營。我得知消息後就設法關閉基金會，天安門大屠殺剛好給了我一個理由。可憐的鮑彤現在還在坐牢，據傳身體狀況非常差[4]。

剛設立的時候，波蘭的基金會也很棘手。問題可能是出在我身上，因為我試圖把匈牙利基金會的成功經驗複製到波蘭。我以為自己在波蘭有紮實的支持，因為我支

持了團結工聯的運動和它的文化運動——奧克諾運動，兩者都是非法的。在試圖複製匈牙利的成功配方時，我用了奧克諾運動的人馬，因為我以為他們知道怎麼經營基金會。我以為我只要和政府達成協議，拿一些錢出來，然後奧克諾的人就能接手運作了。但事情並沒有如此發展。奧克諾的人接手以後手足無措，連裝市內電話都不會。一九八九年革命爆發後，我把基金會交到團結工聯英雄人物格涅夫．布亞克（Zbigniew Bujak）手上，但結果也不如人意。等到我們終於找到合適的執行總監時，我跟基金會之間已經產生了嚴重的衝突。那時我依然預期這個基金會能像匈牙利的基金會一樣，作為一個發放補助金的機構，對所有人開放經費申請，讓當地人民有能力追求自己的目標，作為公民社會發展背後的支持機制。但基金會的人有不同的願景，他們想要的是有自己的計畫和優先發展重點的基金會。事實證明，他們的想法是正確的，我是錯的。他們提的那種形式比較適合新時代。幾年下來，在波蘭的這個組織史德芬．巴托利基金會（Stefan Batory）成為了基金會網絡中最出色的一個。

保加利亞的基金會和波蘭的很相似，不過成立時沒有碰到那些困難。基金會像

4〔譯註〕鮑彤在本書出版後隔年、一九九六年獲得釋放。

雅典娜女神一樣，一誕生就盔甲俱全。當時，我有美國大使館的文化專員（American Cultural Attache）約翰・孟齊斯（John Menzies）的協助。他也派駐到匈牙利過，所以他知道基金會的宗旨。孟齊斯包辦了所有籌備工作，而我只需要給予祝福和支持就好。但這並不代表我們沒有遇到任何問題。譬如，我們後來發現有一名擔任我們董事會成員的人權組織領袖，實際上是個極端的民族主義者，極度憎惡土耳其人和吉普賽人。

俄羅斯的基金會又是很不一樣的案例，要寫都可以寫成一本書了。簡單來說，我希望基金會能夠引領俄羅斯的革命，結果卻是被捲進去，和整個俄羅斯社會一樣，經歷了革命的混亂。

基金會也和革命一樣經歷多次失敗嗎？

我從一九八七年開始籌組俄羅斯基金會（Russian foundation），或應該稱為蘇聯基金會（Soviet foundation）。我那時先以遊客的身分去了一趟莫斯科，試圖說服沙卡洛夫擔任基金會的領導人，但他強力勸退我，因為他認為那些錢最後只會落入國家安全委員會（KGB）的口袋，但是我堅持要做，而且排除萬難組成了一個治理董事會。董事會的組成非常奇怪，因為裡面的某些成員平時根本不和對方說話。我們一方面有

歷史學家尤里・阿法納謝夫（Yuri Afanasiev）和社會學家塔季揚娜・扎斯拉夫斯卡婭（Tatyana Zaslavskaya），而另一方面有已經成為極端民族主義者的作家瓦倫汀・拉斯普丁（Valentin Rasputin）。這種組合在今天看來根本不敢設想。

這個基金會後來被稱為文化倡議基金會（Cultural Initiative Foundation）。基金會後來落入由共產黨青年團（Communist Youth League）官員組成的改革派小團體手中，他們形成了一個封閉社會來推動開放社會。我試圖影響他們，讓他們的思維更加開放，但他們就是無法跳脫蘇聯式思維。等我意識到這件事時，我不得不策劃一場「政變」來拔除這些人。這些事發生的時間點恰好就在一九九一年的八月政變之前。但負責組織基金會這場「政變」的人，也就是我在莫斯科的律師，後來卻將基金會占為私用，因此我又得再發動一次政變來拔除他。基金會接著頹靡了好一陣子，直到我們發起了目標遠大的教育轉型計畫（Transformation Project），要取代各級學校、包括大學中的馬列主義教育。在各部會全力配合下，我們在極短的時間內就取得了長足進展，彙編了上千本教科書、安排校長訓練、發放補助給創新的學校、導入新經濟學課綱、贊助非營利性教育組織——青年成就（Junior Achievement）等。這項計畫非常成功，讓我決定再投一大筆錢進去，但那筆錢也埋下了下一次災難的種子。這些事恰好發生在一

九九四年上半年、俄羅斯爆發強盜資本主義的鼎盛時期。當時的俄羅斯政府推出大規模私有化證券計畫，俄羅斯企業的股權以極低價格售出。資金嚴重短缺，有些風評較差的銀行甚至以每月十%的利息吸引美元存款。只要手上有錢就能快速賺大錢，這樣的誘惑想必已經大到讓基金會的管理者難以抵擋了。我們發現有大約一千兩百萬美元的鉅款被存進一家次等的銀行，儘管我們取出存款時並沒有損失分毫，但依然進行了澈底的會計審計。我們開除了幾個關鍵的人員，而基金會到現在也仍然還沒完全復原。三次基金會重組讓我們浪費了五年寶貴的時間，我也慘痛地學到，在一個正經歷革命的環境中經營基金會有多麼困難。

但您說這種革命背景正是您最擅長的。

我能夠判斷局勢是否走偏。我可以矯正過錯，但我不知道怎麼找到對的人來做事。假如我會俄文，而且在基金會上投注全部心力，當初或許可以做得更好。

聽起來是非常慘痛的經驗。不過外界傳聞是您在前蘇聯經營的基金會都非常成功。

這也沒錯。我剛剛說的只是莫斯科文化倡議基金會的案例，我們正在逐步廢除

這個組織，並用新的替代。我手下另外還有國際科學基金會（International Science Foundation，簡稱ISF），基金會的宗旨是保存前蘇聯時期的頂尖自然科學成果，還有一個國際科學教育計劃（The International Science Education Program，簡稱ISEP）搭配。這些都是超大型的計畫，規模遠超過我們一般辦理的計畫。我給了ISF一億美元，ISF不到兩年就把錢用完了。我們又向約三萬名科學家發放每人五百美元的緊急紓困金，這個經費足夠他們撐整整一年。我們還建立了一個仿照國家科學基金會（National Science Foundation）模式的補助計畫，大多資金都透過這個計畫分發出去。我們也提供差旅經費補助和科學期刊，現在也在設法將網際網路推廣至科學研究以外的社群，讓網路能普及：無論是學校、大專院校、圖書館、醫院和媒體都能享有網路。ISEP則自己享有每年超過兩千萬美元的經費，觸及的人群比ISF更廣。這個計畫行事一切按照預立規章，做事效率很高，並且對科學研究社群產生了很大的影響力。

為什麼您的基金會的常規性活動基本上完全不涉及科學，而您卻決定在前蘇聯地區如此重金投資科學呢？

我想要證明西方援助有其效用，而自然科學從多種角度而言都是證明這件事情最

好的方法。蘇聯的科學代表的是人類智慧的一種出色成就，和西方科學屬不同流派，值得被保存。在爭取開放社會的進程中，科學家也始終站在前線，即使是現在也是如此。此外，我們做的事也有相當的成功機率，因為有可信的標準可以評量我們的成果，而且我們可以動員國際科學社群來協助進行評選流程。

我們成功證明了自己的論點，推動的計畫非常成功。我們最近被俄羅斯反情報服務單位盯上，俄羅斯國家杜馬（Duma）[5]對我們展開調查。整個科學社群群起為我們說話，於是原先以被攻擊開頭的事件最後演變成基金會的勝利。

其他設在前蘇聯地區的基金會也大多經營得有聲有色。烏克蘭的基金會尤其出眾，它成功做到我原本期待俄羅斯基金會能在俄羅斯所做的事情。烏克蘭的基金會成功地以自己為核心，發展出一個基金會網絡，網絡中的每個基金會都關注不同領域。它們都各以各的方式和烏克蘭的基金會產生關連，但彼此又是獨立的，其中有公職人員訓練機構、私立大學、專注法律文化發展的基金會、媒體中心、現代藝術中心、經濟研究機構和專門關注企業私有化的機構。基金會幫助烏克蘭社會建立孕育現代國家和開放社會所需的基礎建設。如果烏克蘭能夠成功地以一個獨立國家生存下去，那麼有部分的實質貢獻必然是來自這個基金會。

您為什麼會這麼關注烏克蘭？

我對烏克蘭的關注綜合了很多因素。我意識到烏克蘭的獨立和民主的重要性。只要烏克蘭能夠蓬勃發展，就不可能出現俄羅斯帝國。而我之所以能幫助到烏克蘭，是因為我有非常有能力又可靠的夥伴：波格丹・哈夫萊利新（Bohdan Hawrylyshyn）和波格丹・克拉夫琴科（Bohdan Krawchenko）。哈夫萊利新為了在基輔成立一間商學院，從日內瓦的商學院院長一職退休。克拉夫琴科原先在加拿大當教授，後來到烏克蘭做研究。我把責任交給他們，他們一手建起了基金會。我們開始得很早，一九八九年就已經成立了烏克蘭文藝復興基金會（Ukrainian Renaissance Foundation），那時距離烏克蘭獨立還有相當一段時間。到了一九九一年烏克蘭獨立之時，我們決定全力加速。我們的目標清清楚楚地就是要為我們預期會來到的西方世界援助鋪一條路。我可以再次說，我們達成目標了。

我不得不承認，一開始我對烏克蘭的感覺相當曖昧。我知道第二次世界大戰時，匈牙利的猶太人被送到烏克蘭以後的命運，因為我在十三歲那年向一個從烏克蘭回來

5〔譯註〕杜馬相當於俄羅斯的國會。

的匈牙利猶太人學拳擊。我對他的故事留下了很深刻的印象。當後來成為文化部部長的烏克蘭作家伊萬・朱巴（Ivan Dzuba）請我在烏克蘭設立開放社會基金會時，我拿出這些故事質問他。他說，成立基金會的目的就是要建立一個不一樣的烏克蘭，建立一個那些暴行不會再發生的烏克蘭。我同意那是值得追求的目標。

在捷克共和國的布拉格，好像一切都走調了。

我在前面提到，我從一九八〇年起透過瑞典的一個基金會支持七七憲章的異議人士。我總共出了大概三百萬美元的金額，我是背後的主要支持力量。當絲絨革命（Velvet Revolution）發生時，我建議設在瑞典的基金會當時的負責人法蘭堤瑟克・亞諾赫（Frantisek Janouch），以及國際赫爾辛基人權聯盟（International Helsinki Federation for Human Rights）在維也納的負責人施瓦森伯格親王（Prince Karl von Schwarzenberg）說，我們應該在捷克斯洛伐克建立一個基金會。我們在一九八九年十二月在布拉格會面。我記得，身為捷克皇室成員之一的施瓦森伯格親王，當時還因為捷克駐維也納大使館仍未能適應新局勢，而碰到申請簽證上的困難。當時，布拉格瀰漫著一股美妙、和平的耶誕氛圍。我永遠忘不了那種氛圍。然而，我們建立的基金會

並沒有妥善地建立在一個公民社會的基礎上。從一開始，社會就帶著懷疑的眼光審視外來助力。從亞諾赫那裡獲得支持的人有很多怨言，沒獲得支持的人抱怨得更凶。人們並不知道我遠在革命之前就已經開始支持七七憲章，也沒有人明白這個從美國來的怪人到底想做什麼。問題就在於我的資源都是透過移居國外的人輸送，但當時很多人不信任那些移居國外的人。陳年議題不斷導致爭執，而比起努力活在當下，整個社會更關注的是回頭平息過去的爭端。

基金會和七七憲章的組織之間也有衝突，七七憲章的組織認為基金會應該要隸屬於他們，這些衝突最終耗盡了基金會所有的能量。我對亞諾赫提過數次警告，要放下過去，專注於當下。當我的勸告起不了任何作用，我就不再提供布拉格的基金會任何支援了。那是我這輩子做慈善最挫敗的一次。

您除了扶持這些基金會也資助了中歐大學（Central Europe University）。為什麼您認為有必要成立這所大學？

我過去曾經反對建立永久性的機構，而且我也不想投資任何實體建築。但在一九八九年的革命之後，我意識到有必要建立一個能夠長期保留和發展那次革命的精神的

機構。就革命的角度而言，一九八九年的革命仍有未盡之事。儘管它摧毀了共產主義，但卻沒有催生新型態的社會組織。絲絨革命背後的抗爭精神是要爭取開放社會，但開放社會的概念在理論上或實務上都沒有進一步發展。當時，有個很明顯的知識缺口，而我建立中歐大學就是希望補起這個缺口。中歐大學的設立不是為了宣傳開放社會的概念，而是為了實踐它。

這所大學的宗旨不只是要培育出新的菁英，更是要締造新的理解。這所大學的成立也帶有革命性質，事前沒有任何規劃，也沒有標準的法律架構（legal structure）。一九九一年九月，就在決定要成立這所大學的幾個月後，大學就開課了。現在這所大學已經從混亂中發展出秩序，並脫胎換骨成為運作穩定的機構。大學的教職員工非常優秀，有已經十分知名的人物，也有未來肯定會聞名於世的人，有世界一流的校長，學校董事會也由許多舉足輕重的成員組成。我在學校創辦初期非常積極參與，親自做了很多決定，但現在我已經把權力轉移給董事會了。中歐大學的學位已經獲得紐約州的認證，而且教學品質也獲得認可，連第一學年就入學的學生都能夠被回溯授予碩士學位。我相信這是教育史上一個非常獨特的成就：在六個月內就建立一個獲得認證的文學碩士學程。

中歐大學每年至少會從我這裡獲得一千萬美元的經營費用，至少持續二十年。一九九五年秋季，中歐大學也會在布達佩斯開課，我們在市中心已經建了一棟美輪美奐的建築。

在中歐大學最初的規劃中，布達佩斯和布拉格都會有校區。中歐大學的布拉格校區計畫最後是否也難產了呢？

說來話長。我其實很堅持不要以匈牙利作為中歐大學的第一個開設點，因為我是匈牙利人，如此一來這所大學就會馬上被定位成一所匈牙利的大學。捷克政府提供了我們一棟大樓，我也滿心感激地接受了。在一九九一年大選後，上任的新政府背棄了所有前朝的承諾。我也要負部分責任，因為我在法律文件上也疏忽了。社會上有一些強力反對這所大學的聲浪，反對者包含新首相克勞斯（Vaclav Klaus），而支持的力量也不夠強大，所以我就決定關閉布拉格校區了。那並不是錢的問題，相比之下，布達佩斯的校區花費高出許多。但是我感到這所大學在布拉格並沒有獲得足夠的在地支持。我的原則是，不希望將善行強加於人。我希望參與其中的人也能發展出奉獻的精神，並且展現自立自強的能力。

為什麼克勞斯會反對中歐大學？

這是個複雜的問題。這個大學是由異議人士組成的前朝政府推動的計畫，那個政府能力不足，而克勞斯厭惡那群知識份子。原政府承諾給我們一棟建築，而克勞斯主導的政府則背棄了那項承諾。他對於布拉格成為東歐知識中心的概念相當感冒，因為他一心想往西方發展，讓東歐一厥不振正合他意，因為如此一來，他要加入西方陣營就更容易了。但他反對的原因也不僅止於此，他個人也對我抱有敵意。這對我來說很頭痛，因為我不想豎立他這個敵人。到他近期指控我在煽動新型態的社會主義時，我才明白，他相信對個人利益的追求，也因此我提出的開放社會的概念（意即社會上的人必須要為共同利益做出犧牲）讓他非常反感。現在我才明白為什麼我們站在對立面，而我也欣然接受。在我眼裡，克勞斯代表了西方民主中最敗壞的部分，就如同革命前的捷克政權代表了共產主義最糟的一面。我對兩種極端都不支持。

您完全放棄了布拉格嗎？

沒有，我們還沒有放棄布拉格。哈維爾（Vaclav Havel）挪出了布拉格城堡的一個空間供大學使用。我欣然接受，因為這代表終究還是有人支持這所大學。我們現在在

布拉格正在進行全新的大計畫，要設立一個融合國際關係與種族關係的科系。我們也把先前的研究機構自由歐洲電台（Radio Free Europe）搬到布拉格，未來會和大學做連結。但是中歐大學的總部會維持在布達佩斯，只是在布拉格和華沙開設分校。

中歐大學招收什麼樣的學生呢？

東西歐的學生都收，但多數是來自東歐的學生，領取全額獎學金。課程涵蓋人文領域的各種學科，以英文授課。目前校內有許多來自西方大學的教師，但我希望這點可以慢慢改變。這所學校和一般傳統大學不同，做原創研究的空間比較大。教學、研究與實務計畫能夠相輔相成。

匈牙利的基金會經營得如何？您提到它在適應新局勢上碰到了挑戰。

沒錯。在政權更替以後，我們的基金會不再是匈牙利唯一的選擇了。一九八九年以前，我們對於匈牙利的文化生活擁有決定性的影響力；在那之後，其他支持文化活動的力量紛湧而至，我們失去了主導地位。我們的財務狀況也變差了，文化機構不再擁有滿手的當地貨幣，而「文化貨幣」也失去價值。我們沒辦法再仰賴志工，得支薪

請人，被迫轉為專業組織。

在一九九〇年四月第一次民主選舉前，有段短暫的時間我們曾享有優勢。相較於失去民心的改革派共產政府，我們的基金會就是自由的象徵。政府希望能和我們合作，希望能沾上一點我們基金會代表的正當性。他們提供了相應的資金。那時是基金會如日中天的時候。經歷過幾次自由選舉之後，新政權掌握了正當性，我們也就失去了原有的地位。在那之後，基金會內出現了活在過去、拒絕改變的氛圍。

為什麼自由選舉會讓基金會失去原本的地位？

理由很簡單，新政府不喜歡我們。儘管基金會一直小心避免在政黨政治中選邊站，避免發展為一個側翼，但多數與基金會相關的人恰好都是匈牙利自由民主聯盟黨（Free Democrats）的成員或支持者。這也不奇怪，因為這個政黨的政治活動和開放社會的理念最為接近。自由民主聯盟黨在第一次自由選舉中落敗成為在野黨。

我可以用更概括的方式解釋當時的情境。共產主義希望建立一個全面的（universal）封閉社會。很多人不能接受「全面」的部分，因為那否定了他們的民族認同，因此這些人選擇以民族主義來反制。另外也有一群人因為想要開放社會而拒絕全

面封閉社會的想法。在匈牙利，這兩群人恰好劃分成在選舉中勝出的匈牙利民主論壇（Democratic Forum）和落敗的自由民主聯盟黨。

更糟的是，民主論壇中有一個極端民族主義和仇視猶太人的流派。而我本人就直接牴觸了他們的信念，但這最後對基金會反而是好的，因為基金會重拾了它的使命感。

在新的社會自由主義政府治理下，情況有改善嗎？

以基金會來說，有。現在基金會能夠與政府合作，那是過去做不到的。很多在別的國家成功的計畫現在也可以在匈牙利推動了，尤其是教育和公衛領域。

對您來說，和政府走得這麼近沒有問題嗎？您甚至都拿到勳章了。

對我來說完全不是問題。我不會因此失去我重要的支持者。問題其實出在對立面，我在多數的國家遭受到愈來愈多的批評。有些攻擊非常惡毒，讓人難以承受。

為什麼會這樣？

因為他們不喜歡我主張的理念。換言之，他們攻擊的是整個開放社會的理念。

您曾經說過自己是「超越國界的政治家」（stateless statesman）。在異國建立基金會，或在某個國家由別國公民建立的基金會，到底能成就多少事？您認為自己面臨哪些限制？

這是個合理而且很重要的問題。我總是仰賴那些真正住在那些國家的人幫忙。是他們決定怎麼做對他們的國家最好。如果不是採取這種做法，那我就會成為外來的入侵者。我支持開放社會的理念，但這並無法阻止反對這個理念的人把我看做一個入侵者。克羅埃西亞的圖季曼（Tudjman）總統就指控我支持叛國者，並說開放社會是個危險的新型意識形態，因此我推動的活動一定會引起爭議，可能還更嚴重。反對勢力愈強，基金會的存在就愈是必要。

有人指控您干預內政。

我的所作所為當然可以被說成是干預內政，因為我要做的事是推廣開放社會，而開放社會凌駕於國家主權之上；同時，開放社會又無法從外部強加。擔任基金會董事的該國人民要為基金會的行為負責，而我只要情況許可，就會聽從他們的意見。

實際上，我常常覺得很難選擇立場，因為每個國家的政治局勢都不一樣，而隨著

一國與另一國的關係惡化，適合這個國家的立場在另一個國家就很難被接受。舉例來說，我在波士尼亞的鮮明表態就威脅到了南斯拉夫的基金會的運作。我盡量謹慎小心，但仍有失手的時候。我不知道事情究竟會怎麼發展。在美好卑微的過去，因為我默默無名，所以我的處境容易很多。但現在我的發言都會受到關注。

有沒有什麼是您的基金會絕對不做的事或是絕對不會逾越的限制？

有！我支持開放社會的理念，但是我堅決反對支持政黨。支持一個對抗不民主政權的民主運動對我而言不是問題。但我的基金會從未、也絕對不會支持任何政黨。美國管理基金會的相關法律也不允許我們這麼做。

但準確說起來，我必須說在任何情況下，政治運動和政黨之間很難畫出一條清楚的分割線。以羅馬尼亞這個國家為例，我們透過提供印報紙張的方式支持所有當地的獨立報紙。隨後，羅馬尼亞總統伊列斯古（Iliescu）就指控我支持反對黨。我則回應，我支持的是多元自由的新聞媒體。我們尊重彼此意見不同。我舉這個例子，只是希望說明要做到什麼程度是多困難的一個決定。

在中歐及東歐國家，很多人並不想要一個開放社會，而是想要一個封閉社會。對

於過去的共產主義者是如此，對於現在的民族主義者也是如此。對於追求封閉社會的人而言，把我這樣的人趕出他們的國家是再自然不過的事了。

您的基金會在很多國家無疑已經成為文化領域的一股勢力，而現在您公開表明還想進一步到東歐做生意。您和您的基金會對於這些基本上算是弱小的國家而言，是否已經太過強大了？

不必擔心。我應該不會投資巨額資金。基金會則是另一回事。在某些國家，我們的基金會確實已經發展出相當的影響力，那股影響力甚至大到可能有損於基金會。不過我已經注意到這個問題了，也採取行動避免基金會的影響力變得龐大笨重。我們在基金會網絡中也設計了許多制衡機制。我們的網絡去中心化與權力分散的程度，已經高到真正的問題是左手不知道右手在做什麼了。

我們的基金會中，烏克蘭的影響力最大。烏克蘭的基金會支持二十幾個獨立的組織，每個都有自己的董事會。與其說它是一個朝向單一方向發展的權力結構，它更像是一個網絡。

但這些基金會之間有一個非常強大的連結，就是它們都從您手上獲取資金。

對。

東歐國家的國力都還很弱小。在這樣的背景下，一個強大組織就更具影響力了。而且如果再算進您的新事業投資，那更是強大。會不會有一天這些基金會在不知不覺中發展到比國家更強大？如此一來就和開放社會的理念相互牴觸了。

無論一個國家多弱，基金會都不可能比國家更強大，因為國家有強制力。基金會沒有這種權力，因此基金會有可能和一個國家的政府意見相左，但不可能取代政府。

您們沒辦法推翻一國政府？

沒辦法。您這樣說是混淆了想法的力量與政治的力量。

那麼金錢的力量呢？

這點我也非常清楚。我們嚴格規範基金會提供獎助金時，只能以能力資格為依據，而非憑藉關係，我們認為透明的遴選規則甚至比發放獎助金本身更重要。羅馬尼亞的

基金會就是這樣建立起聲譽的。那時，當地從未有獎金是依據候選人能力進行遴選的前例。即使是在支持媒體的計畫中，經費只開放給獨立報紙申請，我們也費了很大的心思平等對待所有申請單位。我們常常被指控收買人心或用錢買影響力，但通常這樣說的人都是沒辦法想像事情能以其他方式運作的人。我們絕對不會那樣做，那樣完全牴觸了我們的宗旨。

我知道有些人可能只是為了向基金會拿錢才提出某些點子或某些計畫。任何基金會都會碰上這種事，而保護自己是基金會的責任。我也知道，當基金會是一個公民社會中唯一的支持力量時，基金會也可能會發展得過於強大。而我預防這件事發生的方式就是尊重資源得主的自主性。能在我活著的時候花自己的錢就是最大的保護了。

那代表我們必須要相信，您一直會是個「好人」。

在避免自己被權力沖昏頭這一點上，確實是如此。為此我需要依靠我自己的批判能力，也必須願意讓身邊充斥著在意見與我相左時敢於直言不諱的人。不過，您可以想想看：如果不是一直以來都尊重經費得主的自主性，我們也不會有現在的名聲。如果我們曾經試圖指使這些得主該如何行動，那麼這些人就壓根兒不會來找我們了。還

有一點，請您想想看：我手下有這些東歐附庸究竟能帶給我什麼好處？我在中國就碰過這個問題。按照中國的傳統道德，如果你出手助人，受助的人就會對你終生有所虧欠。某種層面而言，你這一輩子都擁有這個人，但這個人也終身擁有你。他會預期你一輩子幫助他，因為一旦你停手，你就不再握有權力。這就是為什麼我完全不會考慮在中國重啟基金會。

前面您提到，您沒有計畫要投資東歐，不只是因為您已經賺夠錢了，也是因為這可能導致您的商業目標和慈善目標之間產生矛盾。您後來為什麼改變心意了？

因為情勢有所改變。

是因為您的錢不夠了嗎？

不是這樣的。我的原則是不在我設有基金會的國家做投資，那是用來應對複雜情勢的單純原則。有了這條原則做起事來就很方便，因為如此一來就能完全規避利益衝突。但如今這條規則不再適用。東歐的金融市場正在發展，而我的本業就是金融市場操作。我要拿什麼理由來阻擋自己的基金投資這個市場的機會？此外，東歐國家也亟

需外國資金。我不應該因為一己之便就避免投資。

您的基金會以及可能的利益衝突不足以構成避開東歐市場的理由嗎？

不，現在已經不是了。原先我很擔心有人會想以我的投資作為要脅，試圖影響基金會的運作。現在基金會已經發展到有能力拒絕這種勒索。當然這種風險仍然存在，但已經比過去低了許多。

此外，我的經驗是投資人比慈善家更會受到正視。所以，如果我真的想要在這些國家發揮影響力，投資人的身分幫助更大。像是在羅馬尼亞，政府一開始對我的基金會抱持極深的敵意。但是在英鎊危機之後，伊列斯古總統就熱切地要和我見面，隨後基金會的處境就沒那麼艱難了。不過目前我並沒有要在羅馬尼亞投資的打算。

還有一個問題沒有解決。有人可能會指控我，利用自己的政治影響力來換取財務報酬。為了避免發生這樣的事，在有這樣的疑慮時，我只會代表我的基金會進行投資，而不會為了財務報酬而投資。舉例來說，我現在為了推動烏克蘭的私有化進程在籌劃一個投資基金。這個情況就不需要我擔心。比較會讓我擔心的情況是，我投資的國家是已經有我的基金會在運作的國家，這會讓我淪為與羅伯・麥斯威爾（Robert

Maxwell）或阿曼德・漢默（Armand Hammer）這些將基金會和商業活動掛勾之流的同類。這種類比讓我不太舒服。事實是在我投資那些國家時，基金會都已經成立至少十年了。如果你認為我成立基金會是為了投資那些市場而做準備，你實在是很好騙。

但如果您避開投資那些國家，就可以減少落人口實的機會了。

確實是可以。不過我刻意選擇讓自己承擔這些風險。要做一個無私的善者實在不太容易。它讓我的形象成了神一般的存在，超脫一切紛爭，為善除惡。我前面提到，我確實有一些救世主的幻想情節，對此我也不覺得丟臉，因為救世主情節若不存在於世界上，這世界會灰暗許多。但幻想就是幻想。而成為神一般的存在，就不再是凡人了。基金會對我個人最大的好處就是它讓我得以和人建立連結。但基金會爆炸性的成長和運作規模卻讓我可能再次失去和人的連結。我成了一個了不起的人物，而我也觀察到，特別是在俄羅斯，人們沒有辦法理解我這個人到底是怎麼一回事。過去，我不必向那些和我有共同目標的人解釋我行事背後的動機，但在現在的俄羅斯，人們為了生存是如此苦苦掙扎，以至於他們無法相信對於像開放社會這種抽象之善的追求會存在。我決定在去年強盜資本主義的高峰開始投資。在我看來，當一個關懷文化和政治

價值的強盜資本主義家能夠獲得的信任，比當一個不見其形、宣揚開放社會的有識人士還多。我可以成為俄羅斯新興的強盜資本主義的模範生，而當我以投資人的身分淌入渾水之中，就從奧林帕斯山（Mount Olympus）[6]上墜落，成為有血有肉的人類。

我墜落神壇的速度比自己預計得更快。我進入俄羅斯這個終極新興市場泡沫時，恰好是泡沫破裂前夕。進入市場後，我馬上就意識到這件事並設法抽身，但進去容易出來難，我們有些投資被套牢，我也顏面掃地，從神一般的人物成為再平凡不過的人。

您在東歐的投資有損失嗎？

整體而言，我們大致打平。我們在捷克的私有化證券投資表現得不錯。

您覺得東歐需要這種投資嗎？量子基金的規模對於這些極缺資金的國家而言是不是太大了？

東歐國家需要金融市場。作為金融市場的投資人，我們對他們的發展也有貢獻。當然，我們投資不是為了服務社會，而是為了賺錢。我們把錢從那些國家賺走，未必對那些國家有利，但金融市場的本質就是如此。但如果我們完全賺不到任何錢，對於

我們和對於那些國家而言反而更糟。無論如何，外界對於我們投資規模的謠言其實都過於誇大了。我們對全東歐的投資不超過我們資本的一至二%。確實，這樣的資金規模對於東歐國家並非無足輕重，但對我們來說，這個規模幾乎可說是小到不值得我們特別說明為什麼要這麼做。我們一百億美元的資金規模就像是一個超級油輪，只有少數的深水港能夠容納。東歐市場的規模太小，這件事本身對我們而言就是一種限制。

投資決策都是您親自做的嗎？

我只負責策略性決策，就是看要不要投資那些國家。

外界指控，您只按照自己的規則來，也只在有利於您的時候才願意改變規則。

我認罪。我不接受其他人訂立的規則，要不是如此，我今天就不會活在世界上了。我是個守法的公民，但我也意識到，不是每個政權都應該被接受，有些應該被推翻。而在政權更替的時候不能按照一般規則來。人得調整自己的行為來應對情勢變化。

6〔譯註〕希臘神話中，奧林帕斯山是神山，也就是眾神居住的地方。

要看我個人經歷的巨大改變，就看我的慈善生涯。一開始，我盡量避免個人涉入，我設法隱姓埋名，避免被公眾關注。後來，當革命漸成氣候，我接受了我個人深度涉入的事實。一九八九年之後，我開始積極宣揚自己的觀點，那本身就是一個巨大的改變。但那時我依然避免在東歐投資，現在我連這一點都不再堅持了。從我最開始避免個人涉入慈善事業的狀態到現在，可以說是澈底的反轉。無論是作為投資人或作為慈善家的所作所為，我都能夠接納那些是我這個人的一部分。而我也很高興自己經歷了這樣的轉變，因為這代表我的人生其實是整合我生命中不同面向的一個漫長旅程。

我對慈善事業和賺錢兩者的態度演化其實高度平行。起初，我並不希望用自己的投資事業代表我這個人。我覺得我這個人的意義不應該只侷限於賺錢。我也清楚切割私生活和公事。但一九六二那年，我慘摔了一跤，幾近破產。那次對我影響深遠，我開始出現暈眩等身心問題。我從那次經歷意識到，賺錢是生活中很重要的一部分。我現在已經快要完全抹除投資活動和慈善活動之間的人為界線了。

我的內在壁壘已經瓦解了，我現在是一個整體了。這讓我感到滿足。我意識到自己已經成為了一個不尋常的人物，這也讓我五味雜陳。一方面我覺得很滿足，但另一方面，我的投資和慈善事業已經達到讓我不安的規模了。我也不得不承認，我確實期

望事情如此發展，而如果我沒有成為一個不尋常的人物，我可能也不會感到完滿。這一切讓我感到有點異於常人，這也是讓我不舒服的原因。不過，能有異於常人的成就總是好過抱持異於常人的野心。在我人生的前五十年，我一直覺得自己藏著一個值得羞愧的祕密。但現在這個祕密已經公諸於世，而我也對自己的成就感到自豪。

我對於您發生的轉變有另一種解讀：您是一個對事物開端和風雨來襲、革命發生的時代很有興趣的人。現在東歐已經走過那種時代了。我感覺基金會現在平淡的公式化運作已經不再能吸引您了。說穿了，就是您只是感到無聊。長期來說，當一個基金經理人比當一個慈善家要有趣多了。就這個層面而言，基金經理人勝過了慈善家。

你說到對於事物開端的冒險趣味與平淡的公式化運作確實沒錯，但我覺得基金經理人勝過慈善家這點不對。更準確地來說是我希望能夠超脫這兩個角色。我希望自己和基金會的關係可以有所轉變，就像我和基金的關係一樣，逐漸拉開距離：我只參與策略制定，並在有需要時提供協助，但權力和責任下放給其他人。我希望能夠從這些日常重擔中解脫，這樣我才能去探索新的疆界。我希望能夠拓寬自己理解的疆界。過去，我賺錢和捐錢的能力都大幅提升，但我很擔心自己思考和理解這個快速變動世界

的能力卻沒有跟上。

整體來說，您覺得您在東歐的基金會算是成功嗎？您捐贈了這麼多錢，值得嗎？

絕對是成功與值得的。我經營基金會的方式讓我通常都是在面對問題，但是當我到各地去拜訪，就會強烈感受到那些基金會做了多少美好的事。

您也提到在革命後的現在，基金會運作的方式已經和以前共產政權下的時代不同了。哪些東西改變了？

基金會必須邁向專業化，這個改變對我而言很難接受。一開始，我希望能有一個反基金會的基金會，有一小段時間我也確實做到了：匈牙利的基金會避開了所有正常基金會會碰到的問題。後來革命爆發，我也卯足全力，度過了那個挑戰。那時出現了可以改變世界的機會，我為此投入了一切。現在革命已經漸漸平息，但我們的任務還沒完成。基金會存在的重要性依舊。但是，要以非機構性的方式繼續運作下去會帶來很大的危害。在經營時不導入官僚體制會導致資源浪費和反覆無常。我慢慢意識到，我們需要的是一個結構穩健的組織，或你也可以說是一個官僚性的組織。我也接受了

我們必須從短距衝刺模式轉型為長跑模式的事實。

您預期基金會會持續運作多久？

資金能維持多久，就運作多久。但我希望基金會花錢花得愈快愈好。

那究竟是多久？

我預想的是至少八年，但有可能會更久。一切取決於量子基金的績效如何。中歐大學拿到的錢可以走得比較久，但即使是基金會網絡也可能在我死後繼續運作。我現在意識到了，這些基金會的宗旨，即建立開放社會，沒辦法透過一次革命性跳躍完成。我已經開始用聖經中所說的「曠野四十年」角度來思考了。

但是為什麼這些基金會不能永久存在？

因為它們必定會偏離初衷。基金會是有使命的機構，而機構會傾向將自身利益放在原始使命之上。

您怎麼能夠預設這些基金會有一天將不再被需要？就連運作得相對穩當的西方社會都可能因為開放社會基金會的存在而獲益。

東歐社會需要基金會的時間肯定更長久，但我必須要預設這些基金會終有一天會式微。這些基金會不應該從一個無法透過批判思考做決策的死人身上持續收到捐贈。

我很確定不管是十年或四十年後，都會有人為您的基金會尋找新的贊助人，讓基金會能夠持續運作下去。

這現在已經在發生了，我也為此開心，這代表基金會證明了它們存在的價值。

基金會網絡出現過哪些變化？

最大的變化是我們現在有預算了。在這之前，只要有人提出符合我們條件的好計畫，就會獲得經費。而如果他們的計畫沒有達成成效，我們就會中斷資助。那是很混亂的做法，但是適合當時正在進行革命、充滿不確定性的東歐社會。不過現在這種做法已經不再合適，我們現在會預先進行年度規劃，那改變了基金會的性格。

我們也從爆炸性成長的階段轉移到了整合階段。一九九五年會是我沒辦法再用當

期收入資助基金會的第一年，得吃到本金。

您對這個變化有什麼想法？

我覺得無所謂，其實我還滿享受的。我在跟隨我父親的腳步，在有生之年把錢用完。但基金會就沒這麼開心了，對他們而言，那是個硬著陸。你前面指控說，我只按照自己的規則來，也只在有利於自己的時候才願意改變規則。我也認罪了。我喜歡按照環境改變自己的行事風格，那讓我感覺自己掌控了情境。但基金會就不是那麼樂於接受改變了。它們想要穩定，這對我來說也是個充滿血淚的教訓，匈牙利的基金會就是例子。儘管它在共產黨政權下經營得有聲有色，但就是無法適應新的環境。而基金會網絡對於現在正在發生的種種改變會如何應對也還不明朗。

那您要怎麼調適呢？

我用自己的行動示範。我意識到自己不是一個很適合待在組織內的人，所以我已經準備好要把一切跟組織有關的事都交給比我更有資格的人來負責，但我還是保留制定策略的權利。我很堅持要盡可能地保住基金會的精神。

第七章　無國界的政治家
The Stateless Statesman

您認為東歐國家的經濟未來會如何發展？他們獲得自由和獨立的同一時間，連最強大的西方經濟體都歷經重大危機，面臨著長期才有望解決的問題，甚或是可能永遠無解的。

一九八九年革命爆發時，西方民主國家發展得非常好。他們沒有對東歐國家採取長遠、大方的政策，因此無法怪罪是經濟困難。應該反過來才對，西方世界當今面臨的困難，可能有部分是因為他們沒能因應蘇聯解體做出調整。

至於東歐地區的經濟前景，我們需要在波蘭、捷克共和國和匈牙利這些中歐國家以及前蘇聯國家之間畫一條清楚的分野。這兩者之間夾著許多國家：斯洛伐克、羅馬尼亞、保加利亞等。中歐國家在轉向市場經濟上有長足的進展，我基本上持樂觀態度，認為這些國家會繼續朝市場經濟前進，除非發生政治性或軍事性介入。我對波羅地海三小國（愛沙尼亞、拉脫維亞和立陶宛）的看法也差不多，只是信心沒有那麼強。這

些國家的幣值很穩定，而且即使遇上嚴峻的情勢，這些國家依然順利度過了最困難的時期，正朝向正確的方向邁進。斯洛維尼亞的表現也很好。

前蘇聯國家的情況非常不同。蘇聯體系雖然已經瓦解了，但並沒有新的體系取而代之。向解構和敗壞沉淪仍是最主要的趨勢，會惡化到什麼程度無法預測。有一些先例，如十六世季末的混亂時期（time of troubles）以及俄國大革命。一九一三至一九一七年間，工業生產減少了七五％，在一九一七到一九二一年間，又再減少了七五％。可能又會發生這種程度的衰退；我以前常提到，有一種「黑洞」是可以摧毀文明的。

不過工業生產已經或多或少穩定下來了。

確實，很多現在還存活著的工業企業已經學會保護自己了。經濟就像是隻被砍了頭的章魚，觸手自己演化出了某種程度的獨立生存能力，而我說「某種程度」是因為這些觸手依然依附於政府的預算並賴以為生。

一九九四年，俄國發生了一件很有趣的事。國營企業的股票在大規模私有化計畫中，幾乎是免費分配給了大眾。這讓國營企業分成了兩類：股票有價值的和股票沒價值的。大致而言，能源和原物料生產方落入第一類，而能源消耗方則落入了第二類。

這種分野過去就存在了，但大規模私有化證券計畫突顯了這樣的分界，這也催生了搶食的氛圍。代表自然資源請求權（claims）的股票可以用比資源潛在價值低好幾倍的價格買到。在全世界各處，每桶原油的售價落在二至三美元間；但在俄國，只要二或三分錢就能買到。這樣的局面吸引了不少俄國國內外的專業投資人，催生了史上最詭異的股市盛期。涉及金額其實相對沒那麼大，幾億美元而已，但上漲速度非常驚人。有些股票在一九九四年三月到八月短短幾個月就翻了十倍。當時的市場也非常粗陋：沒有清算和保管機制，股份過戶登記處也沒有妥善管理。銀行和券商資本嚴重不足，因此毫不猶豫地開出每個月十％，或甚至更高的美元存款利率。

您是在那時候改變心意並開始投資的嗎？

是的。我就是那時解除了投資禁令，我拒絕不了那個誘惑。有一個處在胚胎期的金融市場，成長潛力龐大。我們為什麼要刻意避開呢？但我在初秋去莫斯科實地訪查時，卻被當地的情況嚇壞了：泡沫破裂的各種指向一應俱全。我發出了賣出的指令，但收到了標準的回覆：賣給誰？

無論如何，在一九九四年的某個時刻，舊秩序的灰燼中出現了新秩序誕生的跡象。

新秩序很類似十九世紀美國盛行的強盜資本主義，但俄國的情況又更糟，因為當時的法律架構脆弱得多。當時關於黑手黨（the Mafia）的討論不少，但黑手黨說穿了就是公共安全的私有化，也是俄國做得最成功的私有化。

法律與秩序完全崩壞了嗎？

沒有，但公家機關也在謀求私利。我們口中所謂的黑手黨實際上就是企業家和官員組成的盤根錯節的聯盟網絡，是企業自由化的陰暗面。

您肯定不會被這樣的狀況吸引吧？

我很反感，但它可能已經好過其他可能發生的情境了。人們紛紛以強盜資本家的方式行動，是因為那是在沒有法律約束的社會中成為資本家的唯一途徑。他們之中有不少是受過教育的正派人士，他們和我一樣討厭那個狀況。只要有半點機會，他們就會願意成為典範好公民。在美國，芝加哥、波士頓，以及被坦慕尼協會（Tammany Hall）把持的紐約市，爆發的腐敗情勢使公眾大聲疾呼[1]，要求要有一個清廉的政府。由於俄羅斯人非常講求誠實，如果強盜資本主義真的大行其道，同樣的事也會在俄羅

斯上演。

但是否真會如此也還是未知數，因為強盜資本主義可能在開始前就被消滅了。那些在一九九四年夏季股價翻漲十倍的企業並未從中獲得任何好處，所有的利益都被買下股票並轉賣的人收割了。必須到私有化的第二階段才輪得到企業來拿這些利益，但泡沫已經破了，究竟能不能走到真正造成影響的第二階段讓人懷疑。確定的是，會有一些能源公司願意一試，因為這些公司的管理層發現賣股票可以募到資金，因此如火如荼籌備著，但我不認為他們能做出多少成績。

為什麼您的看法這麼悲觀？

一部分是因為新興市場的盛期泡沫已經破了，俄國是最後一個搭上那次泡沫的，也是其中最怪異的市場，另一部分是因為俄羅斯內部的政治局勢發展。

試想俄羅斯如果由支持強盜資本主義的政權管理會有什麼政治意涵。自然資源生

1〔譯註〕坦慕尼協會在十九世紀靠著拉攏歐洲移民操縱選舉，最終控制紐約市民主黨，直到一九六〇年代才瓦解。

產方會繁榮發展，但軍事工業複合體[2]則會式微。自然資源產業的興盛會引來進口成長，因為消費者在進口產品與在地產品之間偏好前者。服務產業，如金融服務、經銷和貿易等也會成長。可是生產製造幾乎不會有任何市場，但那是構成俄羅斯經濟最大一塊的產業。

老蘇聯的經濟極度扭曲：生產製造業，包含軍事生產在內，稱為A部門（Sector A），占工業生產七五％；輕工業稱為B部門（Sector B），僅占二五％。在市場經濟中，這兩個產業的占比要對調。由於原油和其他原物料賣到全球市場的價值比留在本國製造為產品的價值高，需要消耗能源的產業理應會受到懲罰。但軍事工業複合體握有極大的政治影響力。其實俄羅斯的政治角力歸根結柢就是這兩群利益團體的衝突。生產能源的產業由總理維克托．切爾諾梅爾金（Viktor Chernomyrdin）為首，而軍事工業複合體則由第一副總理歐列格．索斯科維茲（Oleg Soskovets）領軍。實際的鬥爭版圖當然更加複雜，莫斯科與聖彼得堡市長以及其他地方要角沒那麼容易歸入任何一個陣營，但主要的政治角力基本上不脫這些套路。這場戰役中，能源使用方獲勝的機會比較大。他們的政治影響力比較大，而政治論述也更有力：直接訴諸民族主義情節。強盜資本主義將會掏空俄羅斯經濟。大量的工業勞工會失業，需要重新發派工作。這種

情況在任何國家都會導致人民公開抗議，在俄羅斯也不例外。

而強盜資本主義在受到各方政治力量聯手圍剿不久後，就露出了醜陋的面目。一九九四年年中起，切爾諾梅爾金就在與索斯科維茲的對抗中占了上風。就連出兵車臣這個荒腔走板的事件都助長了軍事工業複合體陣營的勢力。強盜資本主義的母鵝在生下金蛋之前，就會被吞掉了。

可以說明一下出兵車臣事件嗎？

我沒有什麼特別的見解。此舉顯然是設計來利用大眾對於車臣人民與黑手黨有關的強烈偏見，並且多少挽救葉爾辛（Yeltsin）總統的支持度。但這個出兵行動組織得非常差。它一開始其實是一個祕密情報行動和一個所謂的內部暴動，擦槍走火發展為全面出兵。後果將不堪設想。

您認為會發生什麼事？

2〔譯註〕軍事工業複合體（military-industrial complex）指的是龐大的軍事體制與武器工業的集合體。

什麼都有可能。權力爭鬥已經升溫到幾乎什麼都可能發生的程度了。在一個人們什麼都能偷的國度裡，國家本身也是一個目標。在此之前，還沒什麼好搶的，因為經濟不足以支撐國家機制。每個出手的人都失敗了，還記得那次失敗的政變嗎？一些無能的官僚試圖推翻戈巴契夫（Gorbachev）。但經過了一段時間，人們恢復理智，就連經濟都穩定下來了。所以這時就值得費些力氣出手了，也確實有人在醞釀動作了。葉爾欽總統身邊已經聚集了一群其心可議、權勢薰心的人。最引人注意的是戈查科夫將軍（General Korzhakov），他應該是首腦。戈查科夫是葉爾欽總統的隨扈長及多年酒友。總統隨扈團隊正在擴張成一支私人軍隊，而且已經發生了一些相當不堪的事了。總統的隨扈隊戴上滑雪面罩攻擊一名銀行家的保鑣，那名銀行家手中控制對總統而言至關重要的電視網絡；一名曾在格羅茲尼（Grozny）圍城時展現出高度獨立性的國有電視台重要人物遭到謀殺[3]；一名異議人士的兒子，碰巧在那名異議人士談論國家力量遭濫用當天，死於離奇可疑的車禍。這些事情都相當駭人，彷彿一切是安排好要在大選前威嚇獨立媒體，要他們噤聲。

我不明白，如果說現在的政權確實是朝獨裁發展，獨裁和強盜資本主義為什麼不

能相依相存呢？畢竟法西斯主義的本質就是這樣。

這是很銳利的觀察。但我認為，您不能理所當然地認為法西斯主義會在俄羅斯獲得勝利。戰役才剛開始，人們不會完全不抵抗就放棄自己才剛得手的自由。媒體毫不掩飾地呈現了出兵車臣的驚心動魄，人們震驚不已，就像波士尼亞的血腥照片讓西方大眾十分震驚一樣。而且，由於俄羅斯人是第一次接觸到這樣的資訊，效果其實又強烈許多。我不寄望普羅大眾會因此憤而行動，他們會繼續默默地被動承受，但我認為媒體會帶著救世主一樣的熱忱來捍衛它得來不易的自主性。這也難怪近來的暴行都不約而同地瞄準和媒體有關的人士！

您真的認為他們能頂得住壓力？

如果沒有任何反向的壓力，可能沒辦法。

反向的壓力會來自哪裡呢？

3〔譯註〕格羅茲尼是車臣首都。

首先是來自國外的壓力。俄羅斯人非常在意世界如何看待他們，葉爾欽本人就非常在意。他或許受到身邊並非善類的小團體控制，但他肯定對這件事感到不滿。德國總理赫爾穆特．科爾（Helmut Kohl）曾因為車臣事件而數度致電葉爾欽，而葉爾欽也試圖給出答覆。不幸的是，葉爾欽給出的命令並沒有受到服從。這就是為什麼我們能看到葉爾欽發出中止轟炸的命令卻毫無成效這種不可思議事件的原因。科爾展現出他是真切的了解和關心俄羅斯內部的情況。我真希望我也能這樣說自己的政府。

還有一個非常重要的因素，但它的重要性往往沒有受到正視：軍方。軍方到目前為止一直還沒插手政局，但車臣事件是非常慘痛的經驗。指揮官拒絕聽從命令，大量屍袋被運送回國，軍隊受到嚴重的分化和創傷。當軍方開始干政，情勢就會開展得非常迅速，並且大大改變政局。這就是在西班牙內戰爆發前夕發生的事，也是俄羅斯現在正在上演的情況。

所以您認為會發生內戰？

我認為軍方會比過去更積極介入政治。任何試圖謀取國家掌控權的人都註定會遭受反抗。種種事件是否會惡化為全面內戰，誰也說不準，但幾乎什麼事都有可能發生，

內戰也是。有件事是肯定的：政治動盪對於投資並無幫助。這是為什麼我認為俄羅斯發展出強盜資本主義搭配法西斯獨裁政權的機率相對不高，至少近期內是這樣，而政治愈來愈不穩定的機率則高出了許多。我們愈來愈接近我在提到黑洞時腦中所想的情境了。

我還是沒辦法理解，為什麼您會想要在這種情境下投資。

一九九四年的情況很不一樣。革命的特徵就是情況澈底被扭轉；所以才會說是革命。我預測到了當今主流的情況，但去年浮現的強盜資本主義出乎我意料。這樣的發展和金融市場的一般演進相反。通常，法制基礎會先建立；下一步是外國直接投資；再來才是外國證券投資。但這次的情況中順序卻逆轉了：先出現外國證券投資，而外國證券投資催生了強盜資本主義。我一看到就明白了。我那時特別佩服瑞士信貸第一波士頓銀行（Credit Suisse First Boston）的鮑里斯．喬丹（Boris Jordan）扶持市場發展的方式。他並沒有像其他人一樣試圖剝削市場，而是留了空間讓其他人也能發展，並同時設法建立制度架構。這樣的情況讓我想到自己年輕時率先嘗試打開瑞典和其他市場的經驗，而我不想錯失那次打開市場的機會。但因為種種原因，包含我不在基金會

所在國進行投資的個人原則以及角色轉變，我進場得有點慢。因此，我們並沒有成為率先進入、率先離開的人，而是最晚進場、最早退場的。我們也沒有賺到錢，反而是虧了一筆。

您對自己在俄羅斯的基金會有什麼看法？

我很擔心。我投入了大量的金錢，光是國際科學基金會就超過一億美元，如果俄羅斯一厥不振，這些錢可能都白花了。

但您前面說，已經預期到了事情會如此發展。

沒錯。我盡了一切所能避免事情發展成現在這樣，為此我一點也不後悔。那是很值得一試的事，即使失敗了也一樣，因為這影響的層面太廣了。但現在我預期的最糟情況成真，讓我不知所措。我沒辦法打包走人，因為這樣一來就等同是在我想幫助的人最需要幫助時，棄他們而去。與此同時，要把有用的錢投入發展得這麼糟的情況又有違常理。我卡在一個自己造的陷阱裡。我只能安慰自己說，社會總能在死後重生。無論俄羅斯近期內發生什麼事，我們當初努力播下的種子中，或許有些能夠存活下來。

您打算脫身了嗎？

不，這場仗還沒打完。

但您在投資上已經停損了。

那不一樣。我投資是為了獲利；慈善是為了理念，就算理念最終沒有成功推行也一樣。我不能現在退出。我有一個策略，而我應該根據情況發展調整策略。

您的策略是什麼？

國際科學基金會最初其實是計劃作為一次性的緊急行動：原蘇聯最重要的獨立思考和行動成果，以國際標準而言也是十分出色的科學成就，這一億美元是為了保護這些成就能安度這個經濟混亂的時期。

國際科學基金會已經達成它的任務了。原先那筆預計要花兩年的錢在十八個月內就花完了，而這個計畫受到俄羅斯、烏克蘭、波羅地海三小國這些與計畫相關的政府肯定，他們甚至願意提供配比基金（matching funds），以讓我繼續這個計畫。我接受了他們的提議，並為一九九五年加碼投資，但除非我從西方國家也拿到配比基金，不

然一九九六年我就不會繼續這個計畫。我認為我成為唯一支持俄羅斯科學發展的西方力量並不恰當，尤其是當時歐洲和美國政府的計畫都沒能妥善運用分配給他們的資金。科學家紛紛要求我去遊說政府提供支持，但我拒絕。讓他們去遊說！我們正在逐步結束這個計畫。國際旅遊計畫已經要結束了，對於在它之後一年開始的科學教育計畫，我們也會採取同樣的策略，拒絕外部支持，並在一年後慢慢結束。但我會繼續提供國際科學期刊支援，因為出版方提供的有利條件非常多，我認為足以算是配比基金。我也會保留網際網路計畫，這個計畫才正要開始蓬勃發展，即使我沒有獲得任何外部支持，我也會繼續，因為我認為它對於建置開放社會的前提條件非常重要。我希望能讓人文計畫轉型發揮最大的價值（今年我們會印上百萬本教科書），而我也會繼續努力保存所謂的「厚雜誌」（thick journals）[4]，因為它在俄羅斯歷史的保存上扮演非常重要的角色。我也準備好要展開新的計畫，協助文化、公民社會和媒體發展，但規模並不會像俄羅斯近來對我的期待那樣。只要基金會獲得公民社會的支持和當局的容忍，我就會持續上述這類計畫。不過我也實在無法不對未來的展望感到失望。

您認為事情曾有可能朝不同方向發展嗎？

我是這麼相信的。西方民主國家完全有能力可以減緩蘇聯的解體速度，並在封閉社會瓦解前好好奠定開放社會的基礎。要做的就只是正向加強戈巴契夫的「開放」（glasnost）與「重建」（perestroika）[5]。戈巴契夫對此望眼欲穿。他天真地相信，只要他打開一個入口，自由世界的各國就會蜂擁而至提供協助。但西方國家的政府既沒有那樣的遠見，也沒有那樣的政治意圖。一九八九年春季，在波茨坦（Potsdam）舉辦的一場東西方安全會議上，我提出了一個新版的馬歇爾計畫（Marshall Plan），只是這次由歐洲國家擔任主要出資方[6]。這個想法收到的迴響，誠如《法蘭克福匯報》（*Frankfurter Allgemeine Zeitung*）所報導，是「讓人感到逗趣」。如果當時這個想法有受到重視的話，歷史便會有不同的發展。

4 〔譯註〕厚雜誌乃指起源於俄羅斯帝國的一種文藝雜誌，往往厚達三、五百頁，主要為文學創作與新聞評論。

5 〔譯註〕有感於時局變化，戈巴契夫於一九八六年提出「開放」與「重建」的政治口號，開放意指提升政府的公開透明性，鼓勵公眾討論體系中的問題與尋求解方；重建則意指蘇聯的政治與經濟體系重建。參考：https://en.wikipedia.org/wiki/Glasnost、https://en.wikipedia.org/wiki/Perestroika#Perestroika_and_glasnost。

6 〔譯註〕馬歇爾計畫為二戰後美國國務卿喬治・馬歇爾於一九四七年提出的一項計畫，旨在對受到二戰破壞的西歐各國進行經濟援助和協助重建，計畫官方名稱為「歐洲復興計畫」，於提出同年開始實施。

您會不會高估了西方介入這些事件的力量了？畢竟這些屬於蘇聯內政。

一點也不會。我會這麼說是因為自己的經驗。早在一九八八年，我就已經向蘇聯當局提出了要創立研究小組的建議，旨在在蘇聯經濟中成立一個「開放部門」（open sector）。當時我並沒有現在這麼出名，當時可以說是無名小卒；儘管如此，我還是收到了正向的回應。不得不說，蘇聯當局的合作大概最多也只是偶然，但至少在我的堅持下，總理芮茲科夫（Ryzhkov）發出命令，要求有關官員必須參與。

成果如何？

不好。我當初的構想是要在中央計畫經濟內創造一個市場導向的部門，不會距離消費者太遠，也不會在生產鏈太末端。舉例來說，像是食品加工。我想像的是在中央計畫經濟的體內植入市場經濟的胚胎，讓市場經濟在裡頭成長。但開不了幾次會，就發現母體已經病到沒辦法讓胚胎健康成長了。

您這樣說不是自相矛盾嗎？如果中央計畫經濟在一九八八年就已經沒有未來了，那西方援助又能帶來什麼成效？

它本來可以減緩蘇聯解體的過程。它原本可以讓人民感受到實質的進步，取得人民的支持。它需要的不多。舉例來說，引進衛生棉在當時就可能會點燃許多女性的熱情，因為當地女性過去只能使用最原始的護理用品；或引進電子裝置也可能會吸引年輕世代。在我現在提到的那個年代，蘇聯仍然享有最高等級的信用評等，因為它總是能夠準時清償債務。在那些年，蘇聯借貸高達幾百億美元。

為什麼這個計畫沒有產生理想的成果呢？

因為沒有任何附帶條件，或者更準確地說是附帶條件僅是為了滿足出資借貸方而非收受方的利益。德國為了讓戈巴契夫同意兩德統一，借出了數百億美元。然而，沒有人設想蘇聯經濟會受到什麼樣的影響。只要借貸方堅持，他們基本上就能夠要求任何他們想要的條件。蘇聯當局也很渴望有人能告訴他們要怎麼做。我在開放部門工作小組（Open Sector Task Force）中就看到了這樣的情況，不過，理所當然我所處的位置並沒有辦法要求任何條件，因為我並沒有借給他們幾百億美元。但是，換作是我，我會提出條件，也會要求他們落實。那是一個應該大膽介入的時期。後世會感謝當時的大膽介入。

當時那樣做會有用嗎？

八成不會。當時做什麼都沒用。最終必然會偏離原軌，但會產生一些正面的成果，那些正面成果就有可能改寫歷史。戈巴契夫少的就是一點微小的成功。

當時蘇聯有可能繼續維繫下去嗎？繼續維繫下去會是理想的嗎？

我很確信蘇聯最終一定會瓦解，但我相信如果瓦解的過程能慢一點、更有秩序一點，情況會更好。看看大英帝國的瓦解，它用了半個世紀的時間，而過程也還是有衝突，但是效果幾乎是全然正面。

可是大英帝國畢竟是民主的發源地。

正是因為這樣，蘇聯的瓦解才更是需要多些時間。當我說出蘇聯沒有解體比較好這種言論，就像說南斯拉夫沒有分裂比較好一樣，肯定不會受歡迎。如果有更多時間的話，蘇聯就有可能從極權體系轉變為自由民主的體系。舉例來說，要求自治的聲浪會出現，最終烏克蘭也還是會獨立，但過程都會花費比較長的時間。如果事情如此發展，烏克蘭在獨立後就會成為更穩定而強健的國家。胚胎需要九個月才能發展成能在

出生後生存下來的有機體。蘇聯解體後出現的新國家並沒有足夠的時間好好發展。他們都是早產兒，而他們能不能生存下來仍是未知數。

我當時非常支持所謂的沙塔林計畫（Shatalin Plan），或稱五百日計畫。我從計畫構想初期就參與其中。我和戈巴契夫的經濟顧問尼古拉・佩德拉科夫（Nikolai Petrakov）在工作小組成立當天見了面。我帶來了一群國際上相當出眾的經濟學家，幫忙針砭計畫，也贊助了一群律師，協助設計必要的法規，也將由格里高利・亞夫林斯基（Grigory Yavlinsky）為首的策畫團隊，送進國際貨幣基金（IMF）和世界銀行（World Bank）一九九〇年於華盛頓舉辦的年會。

沙塔林計畫背後的構想是希望將主權從蘇聯移轉到成員共和國手中，同時將共和國主權的某些重要元素移轉到一個新創的單位，名為共和國間議會（Inter-Republican Council）。理論上，蘇聯會被某種比較類似於歐盟的新聯盟取代。但實務上，這樣做會導致共和國間議會和原先的蘇聯當局相互鬥爭。由於原先的政治中心幾乎受到所有人唾棄，因此新舊政治中心互鬥，可以幫助新的政治中心獲取大量支持。

這個計畫其實是非常天才的政治構想，但卻沒有受到妥善理解。若這個計畫有國際支持，我相信戈巴契夫肯定也會支持。即使沒有西方國家背書也還是有機會。我記

得列昂尼德．阿巴爾金（Leonid Abalkin）[7]曾向我炫耀過他如何將戈巴契夫對那個計畫的態度，從支持轉變為反對。戈巴契夫將會擔任議會的第十三名成員，負責凝聚十二個共和國；除了他以外的每名成員都有固定的地域基礎（territorial base）；因此，他會成為議會裡最沒有權力的人。這個論點當時勝出了。但是一年後，葉爾欽就以俄羅斯國（Russain state）作為推翻戈巴契夫和解散蘇聯的地域基礎。如果戈巴契夫當初接受了沙塔林計畫，他可能還可以繼續主政，蘇聯也有可能進行改革重建，而非解體。

您說自己在沙塔林計畫的初期參與其中。蘇聯解體後進行改革時，您還有繼續參與嗎？

不在俄羅斯內。我對葉戈爾．蓋達爾（Yegor Gaidar）很友善，而我原本也準備要出手相助，但後來認為改革重建步上錯軌的時間點，算起來有點早。一九九二年四月，我發現企業累積應收帳款的速度大約是工業生產的一半，這代表大概有一半的工業生產不受貨幣控制影響，但貨幣控制正是蓋達爾的政策基石。工業生產有半數無視貨幣訊號，不管有沒有收到錢，都照樣依循傳統的「政府訂購」（state order）體系運作。這項發現非常令人震驚。某天晚上，當蓋達爾到紐約拜訪我時，我當面詢問他，而他承

認確實如此。當週，他緊接著就在華盛頓慷慨激昂地發表了一篇十分樂觀的演講。我開始公開呼籲，西方提供的援助資金應該要用來打造社會安全網。如此一來，俄羅斯政府就能夠讓不遵從貨幣訊號的企業陷入破產。但我的提案並沒有受到重視。

您支持的政策沒有一項付諸實現。這是不是很令人挫折？

是。但那些我自己就有辦法執行的政策都成功了。我試著在一個試點計畫中展示自己提出的社會安全網想法。那就是國際科學基金會的起源。我們每年資助大約三萬名科學家每人五百美元的金額，而這種做法也奏效了，我很滿意。我在私底下也建議應該對軍官採取類似的做法，但我不願意提供資金。實際做起來可能要花五億美元，但卻能夠帶來改變。

您對西方政策有諸多批評。您對現在的國際貨幣基金會有什麼諫言？

我可不想陷入他們的處境，不過我也不怎麼喜歡自己現在的處境就是了。

7〔譯註〕俄羅斯知名經濟學家，曾任蘇聯副總理。

您可以說得更明確一點嗎？

我覺得要對俄羅斯各種事件的發展做出實質影響，現在為時已晚。俄羅斯人對於西方世界或許曾有過誇張的期待，但西方世界已經讓他們失望和幻滅了。我們的影響力也大大減弱，就連進步派的態度都逐漸轉為反對西方了。「開放」政策設計者暨國家電視台奧斯坦基諾公司（Ostankino）[8]前董事長亞歷山大．亞可夫列夫（Aleksandr Yakovlev）就曾忿忿不平地向我抱怨過美國的政策。

但您仍積極參與烏克蘭事務。

是。那是還有機會推動改變的地方，我也正盡一切所能讓改變發生。而且，這是我頭一次不覺得挫折。我在這裡獲得成就感。自從一九八九年以來，西方力量第一次做了對的事：在一九九四年拿坡里峰會的公報中，西方國家承諾如果烏克蘭願意展開改革計畫，將提供四十億美元的援助[9]。而這件事又恰好和新科總統烈昂尼德．庫契馬（Leonid Kuchma）的勝選同時發生。

前一任總統列昂尼德．克拉夫朱克（Leonid Kravchuk）是個投機份子，他意識到自己沒有能力解決烏克蘭的問題，因此他連試也沒試。他只在乎自己是否能維持高

高在上的地位，像是在一片猛海中載浮載沉的軟木塞一樣。他原本是烏克蘭共產黨的首席思想家，見到時機合適就不再捧共產主義，轉而鼓吹民族主義。而這奏效了一段時間；他的得票率高過任何一任總統：超過六十%。他試著讓黑海艦隊（Black Sea Fleet）和其他民族主義的議題衝突升溫，以維持支持度，但因為經濟崩盤而失利。

庫契馬則是完全不一樣的料。他曾管理過軍事工業複合體下的一個重要企業，是個重視解決問題的人。他意識到烏克蘭在當時的局勢發展下無法作為一個獨立國家生存下去，並決心對此採取行動。拿坡里高峰會的決議為庫契馬提供了一線生機，他也決心抓住這個生機。他對於市場機制所知不深，但他清楚知道四十億美元能為烏克蘭做些什麼，因為那個金額恰好是烏克蘭進口能源的成本。這一次，經濟援助實現了它該有的成效：改變經濟政策的方向。功勞主要應該歸屬於美國財政部的官員，因為他們在公報中放上了一個實際金額。

8〔譯註〕蘇聯解體後，繼承前蘇聯國家電視廣播電視的公司，負責向全國廣播，至一九九五年才由俄羅斯公眾電視台（Russian Public Television）取代。

9〔譯註〕一九九四拿坡里峰會（1994 Naples Summit）為七大工業國（G7）一九九四年於義大利拿坡里所召開。

烏克蘭從過去到現在都是個搖搖欲墜的國家，它面臨的經濟崩盤比俄羅斯的更加嚴重，部分因為匱乏能源，部分因為烏克蘭從未試圖穩定總體經濟或進行結構性改革。按照我的盛／衰理論來看，這種情況下要施計改變方向其實更容易。我當時有充分條件提供協助，並立即伸出援手，而我也立刻出手了。我們召集了一個專家小組，由安德斯．艾斯倫德（Anders Aslund）領頭，協助烏克蘭人發展經濟改革計畫和應對國際捐助社群。由於雙方有互信為基礎，加上與國際貨幣基金以極快速度簽定了一紙初始協議，因此合作相當成功。但事情的成功卻並非必然；這個過程隨時可能失序脫軌，而我們也已經數度不得不用盡全力把走勢推回正軌，儘管如此，我仍然強烈感到事情正朝著正確的方向發展。

您有信心這個改革計畫會成功嗎？

完全沒有。我看到一些很明顯的問題存在。以目前的狀況而言，這個改革計畫和一九九二年的蓋達爾計畫有同樣的瑕疵：儘管貨幣釋出管控得合情合理，但國營企業的預算和行為卻依然不受控制。支出部門持續花錢，國營企業也持續虧損經營；債台持續高築，工資、應收帳款就這樣一直積欠著。這種方式不可能長期運作，但是可以

修正。要靠結構性改革來修正，希望在不久的將來就會發生。與蓋達爾時期不同的是，我能做的不僅僅是預測計畫的失敗。

這對您來說肯定是個很新鮮的體驗吧！

對，讓我覺得非常滿足。

您覺得為什麼成功會如此姍姍來遲？您從一九八八年就開始不斷努力了。

要趕上革命性變化需要時間，對於國際機構如此，對於烏克蘭人而言也如此；例如烏克蘭團隊的要角之一——羅曼・什佩克（Roman Shpek），這位哈夫萊利欣（Bohdan Hawrylyshyn）[10]指導的商學院中最早幾位畢業生之一。對我而言也如此。

但能夠比別人更早看出革命性變化不是您自豪的能力嗎？

10〔譯註〕博丹・哈夫萊利欣是烏克蘭知名的經濟學家。曾參與設立歐洲管理論壇（European Management Forum），即：世界經濟論壇（World Economic Forum）的前身。

這些資歷需要時間建立。我也學會冷靜處事、靜待良好時機。早年的我總是太急切，看到機會就急著抓住。現在我已經能夠忍住不動或是抽身離開。我不一定要出手搶分。

您有在其他哪個國家如此深度地親自參與嗎？

馬其頓。馬其頓是巴爾幹半島最後一個多民族的民主國家。它如果要以獨立國家的身分生存下去，政府就必須致力於推動開放社會的原則，否則馬其頓人和其他巴爾幹社群之間的民族對立會讓馬其頓分崩離析。希臘這個歐盟國家對馬其頓進行了於理於法都無憑無據的經濟封鎖，馬其頓是封鎖下的受害者。西方民主國家應該要對馬其頓提供援助，卻沒有這麼做。美國派駐了維和部隊，但沒有採取任何行動協助紓解經濟困境。因此，我遞補上陣，提供兩千五百萬美元的貸款讓馬其頓買油，也提供馬其頓出口早熟蔬菜的空運補貼。我還持續為馬其頓爭取更有建設性的政策，但成效不彰。隨著經濟惡化，民族間的關係也跟著惡化。

對立情勢近來升溫到一觸即發的局勢。阿爾巴尼亞基進派在沒有取得政府核可下，成立了一間他們自稱的大學。這個舉動的目的是要非法地為阿爾巴尼亞族設立專

屬的平行機構，是一種政治挑釁，科索沃也有類似這樣的阿爾巴尼亞族專屬機構。我請求格利戈羅夫總統（Gligorov）不要因此憤怒，但沒有成功。他出動警方，最終導致傷亡。阿爾巴尼亞人和馬其頓民族的人都愈發極端。位在阿爾巴尼亞地區的馬其頓族裔人口愈發認同米洛塞維奇總統（Milosevic）處置科索沃的阿爾巴尼亞問題的方式。政府無法端出堅定的領導架式。情況注定惡化，我覺得非常挫折。我及早提出示警與預防措施，可以說是無人能及的貢獻。儘管如此，卻也無助於事。我可以預見第三次巴爾幹戰爭正在醞釀。我也不知道該如何是好。我預計前往馬其頓，希望能懇求他們拿出更明智的判斷，但我懷疑他們恐怕已經無法明智地判斷事情了。

您前面提到，您認為民族主義是該地區最大的威脅。

對。共產主義代表的概念是普世性的封閉社會。那個想法已經失敗了。普世性的開放社會理念原本曾經有一線機會能站穩腳跟發展，但那需要自由世界的開放社會挺身支持。由於開放社會是一種比封閉社會更進步的社會組織型態，要在沒有外界堅實的支持下，透過革命性的一大步就發展到位是不可能的。西方民主國家缺乏那樣的遠見，就此錯失良機。普世性的封閉社會已經瓦解了，而沒有任何新的統一性原則取而

代之。普世性原則大抵都不被信任。人們一心只想著要如何活下去。而唯有危及到人們群體生存的實質或假想威脅才能激發人民推動一個普世理念。不幸的是，這樣的威脅並不難產生。民族衝突能夠用來動員領導人身後的人群，創造出非常封閉的社會，米洛賽維奇讓眾人看見這條路存在，許多人也群起效尤。

您認為民族主義的威脅是普世性的嗎？

這個問題本身就存在自相矛盾的元素，因為民族主義在定義上就應該是有侷限性的。然而，它也有普世的面向。民族主義很有感染力。當人權、文明行為等普世性價值不存在時，民族主義就能茁壯出頭。民族主義和種族衝突的崛起代表國際社會缺乏法律和秩序。從這個層面來看，民族主義的威脅具有普世性。民族主義者都是同一路人，米洛賽維奇和圖季曼就非常了解彼此，他們倆人甚至都可以一搭一唱了。

您對於俄羅斯的看法相當悲觀，所以我對於您對中歐國家展現出的樂觀態度很驚訝。這些國家的前景當然比前蘇聯國家要好，但在我看來，這些中歐國家邁向市場經濟和自由社會的進展也並非全然不可逆。

我很驚訝你會感到驚訝。共產體系已經消失了，而這些國家，除了斯洛伐克，無一不投入民主和市場經濟的發展。我最擔心的是不知道歐盟是否開放到能夠接納它們。

您不擔心原本掌控波蘭和匈牙利的那些共產主義者再次掌權嗎？

不太會。共產主義這個意識形態是真正的死透了。在革命最高峰的時候，前共產主義者就已經被選民拒絕了。這些人回歸到公眾生活，拓寬民主社會的意見光譜，也是一件好事。這並不代表我同意他們提出的政見。反之，我認為那些政見有害。不過以波蘭的例子而言，我認為農民黨（agrarian party）比前共產主義者更糟。而就匈牙利而言，當社會自主聯盟政府（socialist-liberal coalition）形成時，我非常樂觀，但我對總理霍恩．久洛（Gyula Horn）有點失望。

為什麼？

因為他並沒有改變。我在一九八七年左右認識他的時候，認為他是最靈活的一名政府成員；到了一九八九年，我發現他成為了一個幾乎全然只會被動反應的人，因為時局變了，但是他並沒有。匈牙利最主要的問題就是債台高築。債務是在卡達爾（Janos

Kadar）[11]時期欠下，而那段時期正是霍恩形成政治觀點的時期。他把當時形成的觀點帶到了他現在的職務上。他想透過增加舉債維持經濟成長。但音樂已經播完了。繼墨西哥之後，匈牙利也深陷金融危機。這點已經明顯到我不認為自己公開這樣說能造成什麼傷害[12]。

您曾經對債務問題提出過一個解方。

那是一九九〇年選舉期間的事。我看到一個可以把共產主義時期積欠的債務一筆勾銷並重新開始的機會，這個機會可以翻開歷史的新頁。在一個青黃不接的時期，當一個正統的政府正在逐漸替代一個不正統的政府時，這樣的操作是可能做到的。但這個機會已經錯失，也不會再回來了。

就連現在也一點緩解的機會也沒有嗎？

沒有。舊債和新債已經盤根錯節，銀行債務也被市場債務取代。光是討論這個議題都會讓事情變得更糟。同時，我也不知道在目前的市場狀態下，匈牙利要怎麼樣進行債務再融資。

這和您前面提到的樂觀看法不是相互矛盾嗎？

其實不會。我認為匈牙利在政治和經濟上都已經成功達標。它跟許多其他國家一樣，面臨嚴重的債務問題，而它的債務問題又因為國際投資市場進入衰退，而變得迫在眉睫。匈牙利可能會被迫採取一些它本來會盡可能推遲的痛苦措施，而如果匈牙利真的這樣做了，我希望匈牙利能被德國拯救，因為德國積欠匈牙利一筆特殊的債務。但若真的爆發金融危機，那可能會摧毀匈牙利這個國家，所以我認為有必要保持警惕。

波蘭並沒有嚴重的債務問題，因為它已經違約並且進行債務重組了。我認為波蘭是當今歐洲最健康的國家之一。它的經濟在成長，但更重要的是它抱持正確的精神。我有一種感受，認為相較於許多前共產國家，波蘭的公眾生活比較不腐敗，人民也比較關心公眾利益。我對於史德芬．巴托利基金會營造出的智識氛圍格外印象深刻。

這是個很奇特的觀點。多數人會認為捷克和匈牙利走在波蘭前面。

11〔譯註〕亞諾什．卡達爾於一九五六至一九八八年間擔任共三十二年的匈牙利總書記。

12 在那之後，霍恩政府的政策經過了巨幅改變。

這兩個國家或許領先在前，但波蘭正飛快追上。我感興趣的是改變的速度和方向。我唯一擔心的是波蘭可能因政治情勢發展而失去動能。很不幸地，波蘭選民在前一任以團結工聯為基礎的政府終於能夠開始有效率地運作時，拒絕了這個政府。

很多人會說進步最多的是捷克共和國，尤其是在擺脫斯洛伐克之後。

捷克毫無疑問地因為與斯洛伐克分離而獲益，但捷克的獲益卻是歐洲的損失。梅奇亞（Vladimir Mecìar）[13]正試著讓斯洛伐克向俄羅斯靠攏。他的野心是要成為新俄羅斯帝國的第一個前哨站。如果他成功了，那麼歐洲就糟了：斯洛伐克會成為直指歐洲心臟的一把匕首，而這一切不過就是厚顏無恥追求個人利益的後果。

羅馬尼亞是否會成為新的亂源？

這倒不一定。羅馬尼亞是個嚴重受創的國家，缺乏建立開放社會的先備條件。羅馬尼亞的政權其實私底下是個共產主義政權，而且很不幸地，他們覺得自己必須和一些極端的民族主義政黨站在同一陣線。這樣的情況埋下了禍害的種子，但這些禍害有可能可以控制，因為羅馬尼亞政權不希望與歐洲斷了連結。羅馬尼亞的民主力量還很

微弱，但值得慶幸的是他們還沒有任何機會執政。

您說值得慶幸？

對。他們還沒有準備好，貿然執政必定會失敗，就像保加利亞的民主派一樣。捷克斯洛伐克的異議智識人士就這點來看，也是如此。他們需要時間發展成熟，我也看到一些成熟的徵兆了。他們合作的意願提升了，不是每個人都必須要當某個政黨的領導人，不過他們所剩的時間也不多。隨著新的經濟和金融結構出現，選舉將不再由思想主導，而是由資金和媒體控制權主導。接下來幾次選舉將是關鍵，如果民主派沒辦法取得進展，那他們可能永遠都會被隔絕於權力之外了。

您覺得西方世界應該做什麼來協助中歐和東歐國家？

因國家和時間點而異。中歐最需要的是切入市場的管道和歐盟會員國資格。羅馬

13〔譯註〕弗拉基米爾．梅奇亞於一九九〇至一九九一年、一九九二至一九九四年和一九九四至一九九八年三度擔任斯洛伐克總統，捷克斯洛伐克於一九九二至一九九三年的拆分即由梅奇亞所同意。

尼亞需要的幫助是建立民主與獨立媒體，尤其是電視媒體。整體而言，愈往東和往南，對於技術性協助和其他形式的援助需求愈強。

您對於西方政策有諸多批判，您認為提供援助的方式能夠怎麼改善呢？

問題在於技術性協助是由官僚機構提供，因此官僚機構的缺點也一併夾雜在內。官僚體系下不乏立意良善的正直人士，但他們往往受到規範所限。我們在基金會內會開玩笑說，西方援助是計畫經濟最後的遺跡，因為它在設計上是為了滿足援助者而非受助者的需求。透過設法回應個別國家的需求，基金會希望能反轉這樣的情況。在烏克蘭，我們的技術專家替烏克蘭人工作：他們由烏克蘭人篩選，烏克蘭人也可以解雇他們。不過，隨著基金會愈來愈官僚化，這個笑話慢慢變成在笑我們自己了。

我想可以這樣總結：西方援助總共經歷了三個階段。第一個階段，我們理應提供援助，但卻沒有。第二個階段，我們承諾提供援助，但卻沒有做到。第三個階段，我們提供了援助，但卻沒有成效。我們現在就處於第三階段。

我的基金會發展出了一套實用的援助概念。你必須找到一個您能夠信任的當地夥伴；必須賦予這個夥伴執行任務的力量，但最好錢包的開口還是掌握在你手上。

您認為自己是否改變了東歐歷史的發展？如果您未曾置身東歐，歷史是否會有不同的發展？

只有很微小的改變。拿匈牙利當例子，雖然基金會出力協助剷除共產黨政權（我們提供作家贊助，作家進而推翻了共產黨的作家協會；我們贊助年輕領袖，他們後來成立了第一個非共產黨的青年聯盟，諸如此類），但就算沒有基金會，共產政權也還是會垮台。畢竟，共產政權在其他我們沒有設立基金會的國家也還是垮台了。我們的功勞更多是在協助社會平順過渡，我們確實為開放社會打下根基。在其他國家也一樣。我們所做的一切帶來多大的影響，要未來才能完全感受到。

有沒有哪些發展是您現在可以想像得到、會讓您想要從特定國家抽身呢？

當然有，我很訝異這些事件還沒發生。隨著當地衝突不斷增加，我們在一個國家的立場很可能會引發另一個國家的不滿，通訊和出差也可能受到更多限制。就在我們對談的現在，我在南斯拉夫的基金會正面臨一場惡意滿滿的行動，但我不會輕易離開。我的人愈是受到壓力，我和他們站在同一陣線的決心就愈強。比較可能讓我萌生退意的是冷漠。布拉格就是這種情況，基金會既沒有受到攻擊，也沒有受到支持（雖然近

期布拉格的基金會有出現一些復甦的跡象）。

我們也可能因為資金耗盡而結束營運，不過那至少會是八年以後的事了。除了中歐大學以外，我並不打算讓基金會永遠經營下去。

第八章 美國與開放社會的未來
The Future of the United States and Open Society

您最近曾說自己正把注意力從東歐轉向西方世界。為什麼？

東歐發生政權更替到現在也五年了。革命高峰時，沒什麼不可能的事。我試著抓住那個革命性的時刻，但成果整體而言並不如我的預期。後來發展出的新模式並不是開放社會的模式。真要說起來，出現的趨勢與開放社會背道而馳。我雖然還沒有放棄希望，但我看出大勢已定，要花很長時間和很多力氣才能改變趨勢的方向。

同時，另一場政權更替正在逐漸展開。它不像前蘇聯的政權革命受到那麼多關注，但從它所代表的意涵來看，影響層面之廣絲毫不遜色。冷戰時期主流的穩定世界秩序已然崩解，也沒有新的秩序取而代之。現在大家都知道發生在前蘇聯國家的革命，但國際關係的革命性轉變卻幾乎仍未受到任何關注。蘇維埃體制瓦解時，直接受到衝擊的人自然會發現自己身處一個革命性的時代。但世界其他地方的人受到的影響就相對間接；因此，他們需要更長的時間才會注意到世界秩序已經發生了深遠的改變。

冷戰時期的世界秩序儘管並不理想，但穩定性是其中很大的一環。它由兩個強權構成，兩者的社會組織型態截然對立，彼此抵死對抗。儘管如此，雙方卻不得不相互尊重對方的關鍵利益，因為他們處於相互保證毀滅（mutually assured destruction）的局勢中。

這套體系因為其中一個強權從內瓦解而走向結束。沒有新的體系取而代之。這個體系瓦解的進程仍在進行中，而且正從蘇聯向大西洋聯盟（Atlantic Alliance）擴散。解體的原因是自由世界的開放社會並不真的相信開放社會的理念，它們不願意做出將開放社會發揚光大所需要的努力和犧牲。我過去在東歐的目標是提倡開放社會的理念。我現在覺得必須把自己的注意力轉向整個世界。

那是個非常遠大的目標。您打算怎麼達成呢？

老實說，我不知道。我只是意識到把自己的心力限縮於東歐並不足以成事。東歐從封閉社會向開放社會的轉型失敗了，因為自由世界並沒有提供足夠的支持。我以為自己是開拓先驅，我走在前面，其他人就會起而跟隨。但現在我回頭一看，發現身後根本空無一人。我也在問自己，到底哪裡出錯了。

可能您太理想化了。

我承認，但我不認為自己高估了理想的重要性。唯有當人們抱持信念，才能改變世界。麻煩就在於人們就是不相信開放社會是值得奮力爭取的目標。

但您自己就說過，開放社會這個概念太過複雜，內部存在太多矛盾而無法成為一個有統合力的原則。

說得太好了。人們可能願意為了一個國王或一個國家而戰，他們可能願意為了一個國家或民族面臨的實質或幻想的創傷而戰，但他們不太可能會為了捍衛開放社會而起身行動。如果對這個觀點有所懷疑，波士尼亞就是最好的證明。

您認為波士尼亞哪裡出了問題？

這個問題太廣了，我就單單針對西方世界的行為來回答。西方世界的人們顯然並沒有真正了解波士尼亞發生的衝突是怎麼回事。它並不是塞爾維亞人、克羅埃西亞人與波士尼亞穆斯林人之間的一場內戰。它是由塞爾維亞挑起的侵略，種族屠殺則是用來收尾的手段。更深入來看，它其實是種族國籍（ethnic citizenship）與公民國籍（civic

citizenship）之間的衝突。正確來說，塞爾維亞的鄉村人口因為這場衝突，而與賽拉耶佛（Sarajevo）的城市居民以及其他波士尼亞城鎮的住民陷入對立。

至於西方國家究竟是刻意不去了解波士尼亞的衝突，抑或只是出於無心，就沒那麼容易看出來了。那些鐵了心不打算被牽扯進去的西方政府無疑是刻意地打了不少迷糊仗。有不少評論在分析，巴爾幹半島因為各種因素，本身就是個民族衝突火藥庫，但這種鬆散無稽的觀點卻無視了一個事實，即過去四百年來三種國籍和四種宗教信仰的人們在賽拉耶佛一直都能和平共處。不過，西方政府也確實缺乏真切的了解和處理這個問題的能力，因為它們還沒有學會以開放和封閉社會的角度來思考。

專業的外交人員和政治家受的訓練是如何處理國與國間的關係。他們並未具備充足的智識來應對南斯拉夫這種整個國家瓦解的事件。首先，他們竭盡所能要避免南斯拉夫這個國家瓦解。在斯洛維尼亞和克羅埃西亞從南斯拉夫分離出來的前一個禮拜左右，國務卿貝克（Secretary Baker）出訪了貝爾格勒（Belgrade）[1]。我在那之後不久就和華倫．齊默曼（Warren Zimmerman）大使見了面[2]，他和我說，如果南斯拉夫的軍隊要透過武力維持南斯拉夫一統的話，美國可以不反對，但前提是動武的時間點必須距離聯邦大選大概六個月以內。

當南斯拉夫已經註定無法維持一體的時候，國際社會試著將底下的共和國當作成熟的國家對待。在這件事情上，德國必須承擔最主要的責任，因為他們堅持承認克羅埃西亞和斯洛維尼亞是國家，等同於強迫波士尼亞和馬其頓不得不選擇獨立，因為他們若不這樣做，就得繼續留在一個由塞爾維亞人占多數且奉行民族主義原則的國家裡面了。

承認波士尼亞和馬其頓的國家身分並允許兩國加入聯合國賦予了國際社會某些義務，但在關鍵時刻，國際社會卻拒絕承擔。這裡該負責的變成英國了。駭人的種族屠殺在電視上完全曝光時，歐盟正由英國主持。西方政府對於屠殺早已有所聽聞，但將消息壓了下來。英國政府不能置之不理，但他們打定主意不要在軍事上涉入。他們想出來的解決方案非常缺德：他們提議把聯合國維和部隊派去一個根本沒有和平可以維護的地方。英國非常清楚自己在做什麼，也貫徹始終下去；美國和法國則是在搪塞權宜與高貴原則之間擺盪不定。

1〔譯註〕貝爾格勒是塞爾維亞首都。

2〔譯註〕南斯拉夫瓦解前，美國派駐南斯拉夫的外交官。

最終，這成了西方民主社會歷史上最為可恥、傷痛的一個經驗。聯合國維和部隊接下了一個不可能的目標。他們的任務是提供平民百姓人道救援，而為了達成這個目的，他們必須和各方武裝勢力達成協議、相互合作。要做到這點，聯合國部隊必須在侵略者和受害者之間保持中立。由於傷害平民百姓正是侵略方塞爾維亞用來達成目的的手段，聯合國部隊就淪為了他們的工具。他們變得像集中營警衛「卡刹」（KAPO）[3]。舉個小例子，他們攔截了外界送給賽拉耶佛平民百姓的信件。這是個非常離譜的處境。不同的指揮官應對的方式也不同。法國的將軍莫西隆（Philippe Morillon）[4]為了保護葛拉次德市民（Gorazde）[5]，做得比他被賦予的責任更多。英國指揮官麥克爾．羅斯爵士（Sir Michael Rose）[6]則設法挑波士尼亞的毛病，以合理化自己維持中立的行為。這個情境比慕尼黑協定（Munich Agreement）[7]更糟，因為慕尼黑協定的姑息發生在事前，而波士尼亞的情況則是在事後才選擇姑息。

在慕尼黑之恥後，我們已經準備好在二戰中為自由民主與開放社會而戰，而我們對自由的概念也成了普世價值。我們的目的並不僅是保衛自己的國家，更是要將這些概念散布到全世界。我們在抵抗過去的敵人（德國和日本）時做得很好。我們抵抗共產主義的威脅時也相當有決心，但在邪惡帝國瓦解以後，我們似乎失了擔當。

是什麼變了？

我想是我們對自由的概念改變了。取而代之的是一個較為狹窄的概念——對自身利益的追逐。這一點可以從外交政策中愈來愈盛行的地緣政治現實主義（geopolitical realism）與經濟上的自由放任觀察到。地緣政治現實主義的教條認為，國家的上上之策是依據其地緣政治地位追求自身利益。任何對於普世道德原則的投入都是不必要的累贅，可能會導致一個國家在適者生存的競爭中被淘汰。按照這個觀點，開放社會在當時可能可以作為恥笑蘇聯的宣傳工具；但當心自己真的信了自己宣傳的那一套。經濟學中，自由放任派的教條認為，賦予市場參與者追求自身利益的自由會創造最有效

3〔譯註〕卡剎指的是納粹集中營囚犯中，被挑選出來監督其他囚犯的功能性囚犯。

4〔譯註〕莫西隆將軍於一九九二至一九九三年間擔任聯合國駐波士尼亞部隊的軍事指揮官。

5〔譯註〕葛拉次德是位於波士尼亞東南部的城市，於一九九二至一九九五年間遭到塞族共合軍圍城。

6〔譯註〕羅斯爵士於一九九四至一九九五年間擔任聯合國駐波士尼亞部隊的軍事指揮官。

7〔譯註〕慕尼黑協定為英、法、德、義四國於一九三八年二戰爆發前夕所簽訂，四國同意將隸屬捷克的蘇台德地區割讓給德國，姑息德國，以避免和歐陸強權希特勒爆發衝突，德國也承諾不再對西方世界要求其他任何領土。但德國隔年隨即毀約，入侵捷克。

率的資源配置。同樣從適者生存的觀點來看，最有效率的經濟體會勝出。

我認為這些教條既不充分又會誤導人。它們強調系統內的競爭，卻完全不在乎系統本身的維護。它們認為能讓人自由競爭的開放社會是理所當然的存在。然而，如果說我們從蘇聯解體這件事上學到了什麼，那就是開放社會不能被視為理所當然：封閉社會的崩解不會自動導向開放社會的建立。自由並不只是沒有壓迫。開放社會也並不只是沒有政府干預；它是一套非常複雜的架構，奠基於法律和制度，需要特定思維模式和行為準則。它的架構是如此複雜，以致於非常難以注意到，因此很容易被視為理所當然。在封閉社會中，威權機構的角色無所不在；隨著社會愈來愈開放，威權機構的干預程度愈來愈低：這就是為什麼支撐開放社會的架構很容易被忽略。但過去五年的經驗已經彰顯出創造一個開放社會有多麼困難。

所以，您認為前共產國家沒能發展為開放社會，西方國家要負責？

對，要負很大的責任。坦白說，即使西方國家把所有該做的事都做好了，這個過程也會非常漫長艱鉅，肯定也會發生不少走錯路的狀況。但是至少前蘇聯世界會朝正確的方向發展。更重要的是，西方民主世界也會更有方向感。歐洲尤其如此，需要東

歐帶來精神上、道德上和情感上的內涵。歐洲因為少了這樣的內涵而在苦苦掙扎。歐盟是繁複規範與官僚操作的混雜體。歐洲聯盟的想法曾經能激起人們的想像，克服歷史上的差異、歸屬於同樣的政治實體的概念很受年輕人喜歡，在德國、法國尤其如此，在其他國家也是。但種種投票模式都顯示，他們的熱情正在消退。

您談到未來歐洲的解體。

對。一九九三年九月，我在柏林進行了一場演講。當時我說的一切看來都正在實現。看看發生了哪些改變。一方面，好幾個新國家加入了歐盟。另一方面，英國政府幾乎完全扮演推託阻擋的角色。

德國面向東歐，法國面向南歐，這兩個國家對於維持一體的不懈堅持是讓歐洲繼續維持統一的唯一理由。貨幣體系內部的衝突再度升溫。只是時間早晚的問題，未來肯定會有人開始主張要防範被低估的貨幣，並質疑這個共同市場是否應該存在。

那美國呢？

我們正面臨一個迫在眉睫的身分危機。我們一度是世界強權、領導著自由世界。

這兩者過去是同義詞，可以互相抽換。但蘇聯的瓦解改變了這一切。我們可以是世界強權，也可以是領導自由世界的國家，但無法同時兼任兩者。我們並沒有那麼強大的經濟實力和經濟利益來維持這樣的主導性地位。我們不再是國際貿易和金融體系的主要受益人；我們承擔不起世界警察的身分。十九世紀大部分的時間中，英國擁有突出的地位；它是世界的銀行、貿易、海運和保險中心。它的殖民帝國橫跨全球。它養得起一支砲艦（gun boat）艦隊，隨時派往發生事端的地方。當今的美國是個軍事強權，但沒有涉入遠方地區衝突的經濟利益誘因和政治意願。美國可以維持軍事超級強權的身分來維護自身國際利益，但那些利益是否值得如此龐大的軍事開支值得懷疑。其他像日本等躲在我們軍事保護傘下的國家，從我們的軍事強權身分獲得的好處可能比我們還多。即使如此，我們也無法宣稱自己是自由世界的領導者，因為如果從國家利益的角度來看，我們在世界許多爆發問題、亟需他國介入的地方所進行的軍事行動毫無支持根據。我們從索馬利亞撤兵，在決定是否要干涉海地時也面臨掙扎，甚至拒絕考慮派遣地面部隊到波士尼亞。唯一能夠讓我們維持自由世界領導人身分的方式就是透過聯合國，我們在聯合國中不是單獨行動，而是與其他國家合作。但是聯合國這個詞在美國政壇已經成為一句髒話了。在對聯合國的敵意如此高漲的情況下，我們比較有

可能毀了聯合國，而不是把聯合國轉變成一個有效維持世界和平與秩序的力量。

您不認為敵意其來有自嗎？

坦白說，我的意見與主流意見一樣。我認為聯合國缺乏效率又浪費資源。我的公益生涯中，只要碰到任何聯合國機構，我都盡量遠遠避開，除了一個機構：聯合國難民署（United Nations High Commissioner for Refugees，簡稱UNHCR）。自從波士尼亞介入事件後，我對聯合國的看法又更加負面了。我覺得聯合國扮演著「作為性邪惡」（positively evil）的角色[8]。

這樣說會不會太超過了？

我不認為。但我也必須說明清楚，我並不是真的怪罪聯合國這個組織。最主要的責任落在安理會理事國頭上，尤其是有反對權的常任理事國，因為安理會就只是他們手上掌控的工具，實際上是他們在決定哪些事情聯合國能做或不能做。再進一步明確

8〔譯註〕指因有所為而導致不好的結果，其相反不作為性邪惡則指因不作為而導致不好的結果。

釐清波士尼亞這個案例的責任歸屬，責任主要是落在三個西方國家常任理事國身上：美國、英國和法國。如果這三個國家能夠達成共識，那他們就可以執行任何他們想要的政策。

他們那時可以怎麼做？

他們手上有北約可以遣用。如果他們想要，安理會可以將波士尼亞的維和工作委派給北約負責，其他理事國也會同意。如果再過一段時間，俄羅斯可能會拒絕，但在一九九二年，俄羅斯是不會拒絕的。安理會祕書長蓋里（Boutros Boutros Ghali）寫了一封信給安理會，請求他們不要賦予聯合國的維和部隊一個不可能的任務。北約有公信力。當北約第一次介入時，波士尼亞的塞爾維亞人就退讓了。但這些西方強權，各為了各的理由，都不希望北約負責這項工作。

我以為反對的人是蓋里。

那是後話。那是官僚內鬥的問題：誰負責發號施令？若安理會讓北約負責，那問題就不會發生了。當時，波士尼亞事件對聯合國的破壞力比任何危機都還大。蓋里祕

書長總是說波士尼亞事件是十七個同等重大的人道危機的其中一個。但他忽略了一件事，波士尼亞事件是西方聯盟（Western Alliance）破裂的催化劑。而當西方世界不再團結，聯合國就無法存活。

您為什麼這樣說呢？

因為安理會這個機構握有維護世界法律與秩序的大權，而它的設計使它在強權間彼此有共識時運作最為有效。但安理會誕生不久後，強權間就四分五裂，聯合國從此無法按照原先設計的方式運轉。它成為了一個讓死敵會面、相互抨擊並拉攏它國支持的公共平台。在聯合國罕見地能夠達成共識的情況下，聯合國可以承擔監督這個共識的責任，這就是聯合國所有維和行動的起源。或許這種機制安排唯一例外的一次就是韓戰時，蘇聯犯下錯誤，選擇在會議的關鍵時刻進行杯葛[9]。

然後戈巴契夫出現了，他是聯合國的忠實信徒。如果你還記得，他曾經親訪聯合

9〔譯註〕一九五〇年一月，蘇聯代表選擇從安理會離席，以表對提案結果投票失利的抗議，並以不參加會議的形式持續杯葛安理會。與此同時，安理會其餘成員決定安理會繼續正常運作，以致於在同年六月安理會投票表決是否就北韓入侵南韓事件出兵時，俄羅斯因不在場而未能運用其否定權。

國以還清蘇聯的欠款。他也曾在聯合國大會上發表演說，簡述他對聯合國的願景，其實就是回歸最初的願景。這是戈巴契夫推行的事項中唯一有妥善執行的，因為蘇聯官僚體系中，只有外交部門真正支持改革。戈巴契夫的遠大願景是北約強國和蘇聯之間能形成強大同盟。蘇聯會在政治上支持西方強權，而西方強權則在經濟上支持蘇聯，協助蘇聯轉型為市場經濟。如此一來，安理會便能按照原本的設計好好運作，因為強權間就會彼此合作。但我們並沒有正視戈巴契夫的看法。

蘇聯解體後，俄羅斯基本上接手了蘇聯原本的立場：非常積極尋求合作。聯合國因此獲得了一次機會，能夠在創立以來第一次成為有效運作的組織。這正是為什麼波士尼亞事件在那個時間點爆發、西方聯盟以那種方式錯用聯合國，是如此不幸的一件事。他們至少有五、六年的時間可以讓聯合國發揮作用，但他們澈底錯失良機。說波士尼亞危機之於聯合國，就如阿比西尼亞（Abyssinia）[10]危機之於一九三五年的國際聯盟（League of Nations）[11]，一點也不為過。

您對聯合國不再抱任何希望了嗎？

正好相反。這讓我更加相信應該要盡一切所能，避免聯合國步上國際聯盟的後塵。

但您前面自己說，聯合國已經失去公信力了。《美利堅契約》（Contract with America）有一條即為減少與限縮美國對聯合國維和行動的支援[12]。

當我們無視戈巴契夫帶來的機會時，我們的錯誤又進一步加深了。聯合國的失敗就是我們的失敗。如果要跟聯合國切割，把它視為與我們無關的組織，那批評起來很容易，但事實根本不是如此。安理會最初的設計就是要靠美國和其他常任理事國協同行動。作為僅存的強權國家，我們被賦予了領導的責任。如果聯合國失敗了，那是因為我們決定讓它失敗。我們應該盡己所能挽救聯合國。

10〔譯註〕阿比西尼亞即現在的伊索比亞。

11〔譯註〕國際聯盟是第一個全球性的政府間組織，按一戰後巴黎和會提議，於一九二〇年組成，宗旨為防範戰爭以及解決國際爭端。然而，一九三四年義大利王國因與伊索比亞王國的邊界衝突而出兵伊索比亞，國際聯盟反對義大利的做法，投票決定對義大利進行經濟制裁，然而制裁並未澈底落實。義大利不理會決議，退出國際聯盟，並與英、法達成特別協議，隨後在第二次義大利伊索比亞戰爭後併吞伊索比亞。此事件導致國際聯盟喪失公信力。

12〔譯註〕《美利堅契約》為美國共和黨於一九九四年國會大選前提出的選後承諾，其中一條為減少對聯合國維和行動軍事與資金支援；要求美國軍隊必須在有總統命令以及有利國防時才能聽從聯合國指派，以及減少對維和行動的資金援助。

這不是牴觸了您先前所說的一切嗎？

完全不會，我們身處的情境就很矛盾。一方面，我們需要一個國際組織來維護和平與秩序，因為世界警察不該由我們擔任。另一方面，我們擁有的國際組織──聯合國──並不足夠。因此，我們必須要大費周章地幫助聯合國發揮作用。

您自己說過，聯合國既缺乏效率又浪費資源。為什麼這樣說？

很簡單。它是一個主權國家的聯盟，會員國行事以國家利益為準則，而非共同利益。而且這個組織並不只對一個老闆負責，而是有好幾個老闆。這加重了官僚體系本身的缺陷，因為官僚體系最主要的目標就是生存下去。有好幾個老闆要應付就會產生一種什麼都不能做、掩飾自己弱點的態度。自然淘汰運作下來，只有那些把重點放在保住工作的人才能在崗位上活下來。但這種篩選過程根本一點也不自然。會員國運用「施主」（patronage）影響力的方式相當無恥。雇員幾乎可說是捧著鐵飯碗。這導致要推行任何事情都幾乎不可能。

該怎麼補救呢？

沒那麼容易。根本原因說穿了就是國家主權，那沒辦法消除。如果執行人員不需要對會員國負責，那他們應該對誰負責？我們不能允許一個官僚體系自治。以歐盟的例子而言，聯合國的缺陷歐盟基本上都有，可能可以做的事是強化歐洲議會的角色。但以聯合國的例子來說，世界議會根本只可能存在於烏托邦之中。因此，唯一的可能就是試著讓會員國將共同利益擺放在個別國家利益之前。但這也是個很烏托邦的想法。

大刀闊斧的改革無疑有其必要。我們不能容許一個國際組織為了它的職員的利益而運作。許多部門早已失去必要性，但缺乏退場機制。託管理事會（Trusteeship Council）就是個很好的例子，即使最後一個託管領土也已經獨立很久了，理事會依然存在[13]，但你不能指望政府棄自身利益於不顧，因此必須動用公眾輿論，對各自的政府施壓。聯合國的運作機制需要澈底改變，但當許多牽涉在內的國家政府根本不是民主政府時，公眾輿論又能如何施加壓力呢？又要怎麼掀起公眾輿論？對於如何改革聯合國已經有無數的相關研究，但都無法達到目的。需要的是像「捍衛選擇權」（Pro-

13〔譯註〕託管理事會是聯合國負責監督託管領土，以促進託管領土進行去殖民化和獨立發展的機構，全球最後一個託管領土帛琉已於一九九四年獨立，並成為聯合國會員。

Choice）和「支持生命權」（Right to Life）或「十條意見」（10 Points）或《美利堅契約》這樣的標語。我正在尋找這樣的公式，「再造聯合國」（Reinventing the United Nations）是我的建議。

聯合國屆臨五十周年，組織會隨著時間而腐敗是個定律。是時候回頭檢視最初的構想和重新設計一個適合未來五十年的組織了。改變要一點一滴實行並不容易，因為每個一點一滴都需要獲得所有成員贊同。因此，改革應該要成套推行。世界上的先進國家應該要好好討論和提出新的架構，並邀請其他成員國如同過去同意原先的憲章一般，改認新的憲章。事實上，憲章本身並不需要太多更動。真正需要的是組織架構的新開端，訂定一個日落條款，讓現有機制失效、創造新開端有本可循。

您認為這是個務實的提案嗎？

可能不務實，但可行。五年前，可行性甚至更高。

五年前，您為什麼沒有提出日落條款？

因為我的提議不會被認真看待。事實上連被聽見的機會都沒有。我那時誰也不是。

您現在要提倡這個想法嗎？

我還沒有真的下決定。我擔心美國本身可能就不會同意新的憲章。我擔心美國在真的得投票表態時，可能會自己訂一套憲法。

您對北約的角色怎麼看？你支持它向東擴展嗎？

如果北約強國與蘇聯當時能夠組成強大同盟，要在這個同盟的架構下讓中歐國家加入北約一點也不會是問題。即使在蘇聯瓦解後，對俄羅斯使用這套政策也能達到同樣的效果。但我們缺乏遠見。「和平夥伴計畫」（Partnership for Peace）[14]是這個龐大聯盟的弱化版，但由於我們不願意透提供俄羅斯任何具影響力的經濟援助來支持這個組織，因此這個組織並沒有成功。現在為時已晚。俄羅斯與西方國家之間的關係已經惡化。更糟的是，俄羅斯自身的情況也惡化了。北約要同時向東壯大，又要與俄羅斯維持友好關係，已經是不可能的事了。俄羅斯反對北約的東進。葉爾欽在一九九三年夏

14〔譯註〕和平夥伴計畫創立於一九九四年，旨在建立北約與其他歐洲及前蘇聯國家之間的信任，共有二十個成員國。

天拜訪波蘭時，對於波蘭加入北約還抱持著同意的態度，是在他手下的多名將軍反對後，他才撤回贊同票。那時起，俄羅斯的立場就變得很明確了。

我認為討好一個不願改變立場的俄羅斯不是正確的做法。就單說波蘭的例子，波蘭應該要加入北約。但我們也應該盡力讓俄羅斯放心。具體的形式可能是像北約的歐洲會員國所提議的，讓北約與俄羅斯簽訂某種條約。

北約還面臨一個更重大的問題。北約的意義到底是什麼？如果聯合國需要落日條款，那北約就更需要落日條款了。

北約的意義應該要是什麼？

北約成立之初的構想，是要提出一個防衛合約，藉此捍衛成員國的領土完整性。這項初衷理論上還是成立，但並不足以構成北約存續的理由。即使俄羅斯成為民族主義的獨裁國家，它要重新建起真正具威脅性的軍事攻擊能力還是需要好幾年的時間。事實上，我們甚至可以說，如果俄羅斯真的成為民族主義的獨裁國家，那它會比奉行市場經濟的國家耗費更多時間才能重建起那樣的軍力。因此，很難想像俄羅斯會對北約國家的領土造成任何實質威脅。反而是北約以外的國家情況非常不穩定，而且這種

不穩定性很可能還會繼續加劇。因此，真正的問題應該是北約是否有能力將自身的力量投放到自身疆界之外。在這個議題上，不僅缺乏政治上的意願，甚至連政治上的理解都不足夠。

我會建議北約應該要轉型為捍衛開放社會原則和價值的組織，而且不僅是在自己的疆界內這麼做，還要延伸到疆界之外。這不代表一旦這些原則被破壞，北約就必須介入。這只是代表當北約國家共同呼籲北約應該出面時，北約能夠做出回應。開放社會的價值和原則是普世性的。任何會員國在獨自行動時，都沒辦法把捍衛這些價值視為捍衛國家利益，但是應該要把它們當成共同利益來捍衛。這應該作為北約的新任務。如果北約最初的設計適切，那麼它在波士尼亞危機爆發時就能夠提供協助，而如果北約介入了，就很有可能發揮足夠的嚇阻力量，擋下塞爾維亞人的侵略，那整場災難就完全不會發生了。

您認為英國人的所作所為會因此不同嗎？

不難想像，會。英國鐵了心要避免軍事上介入的原因之一，就是他們擔心自己最後得捧著這顆燙手山芋。美國人說那是歐洲的問題，德國人則以德國憲法以及德國在

南斯拉夫的歷史為由，躲避軍事介入，剩下的就只有英國和法國了。英國當時被北愛爾蘭的問題纏身，即使它願意出兵，也沒有足夠兵力可以調度。如果北約願意承擔這個任務，英國就能用它有限的兵力參與北約的行動。

但要這樣做，就需要美國派出地面部隊。

沒錯，這就是挑戰所在。美國奉行許多崇高的原則，但是它不願意貢獻地面部隊的兵力。美國必須要重新思考它在世界上所扮演的角色。如果當初北約的角色有好好定位並傳達給人民，我想地面部隊就可以出動，也應該要出動。我認為，如果美國要透過國際組織和其他國家協力將軍事力量投放到全世界，北約在好幾個面向上都會比聯合國更適合。首先，北約是一個由美國創立以及領導的組織，儘管日後美國的領導定位可能需要做一些調整。第二，北約由思維相近的民主國家組成，相較之下聯合國的組成更為混雜。第三，北約是一個相當有效率的多國聯合勢力，而聯合國則缺少能夠成功組織軍事行動的指揮架構。聯合國部隊可以用於維護和平（peacekeeping）（《聯合國憲章》第四章）；但創造和平（peacemaking）是北約的工作（第七章）。

您這樣說，聽起來很有道理。您打算怎麼做呢？

用談論的。馬克・吐溫說過，每個人都會談天氣，但不會有人想做什麼事來改變它。如果我的反射理論（reflexivity）正確，談論社會和政治目標其實就可能是一種達成目標的手段。

諷刺的是，當我一邊在思考與談論這些問題時，另一個和我的專業更相關的問題已然浮現：國際金融體系正面臨瓦解的風險。這個危機在我沒注意的時候形成，現在既已成形，我也花不少心力在思考它。

您已經看見實際危險在迫近了嗎？

對。它和國際政治危機相同的地方是不會直接影響我們，因此我們沒有意識到這個問題。它影響的是拉丁美洲和其他所謂新興市場的人，就如同前面提到的，新興市場發生的崩盤是一九二九年以來最慘重的一次。如果影響只限縮在新興市場，那國際金融體系就沒有那麼危險；但如果這個影響對工業國家產生了負面衝擊，那時候崩塌的就不只是金融體系而已了，還有國際貿易體系。

聽起來有點危言聳聽。

我是刻意的。我剛剛已經說了，墨西哥危機必然會導致美墨貿易差額的劇變。如果這件事又恰好發生在美國經濟成長放緩的背景下，就會引發強烈的政治抗議，並可能導致美國在一九九六年選出一位奉行保護主義的總統。這和一九九二年股市崩盤後的餘波相似到令人難以心安。

您的預測是自由貿易體系會崩解。

我不是預測它會發生，但我能夠想像它發生。危險在於人們沒有意識到危險。人人談到全球金融市場，彷彿都認為金融市場是不可逆的。但那是錯誤的觀念。這個誤解背後涉及與內燃引擎等科技發展的錯誤類比。汽車被發明出來以後，就像野火一樣迅速普及。汽車可以再改進，甚至可能被更先進的發明取代，但不可能被廢除。然而金融創新並非如此，它和科技發明的不同之處就如同社會科學和自然科學的不同。

十九世紀末期，世界其實差一點就要發展出一套金本位的全球金融市場，但那套體系瓦解了。二戰結束前，布雷頓森林體系（Bretton Woods system）[15]成立了，當時基本上沒有任何私有國際資金流動。世人已經遺忘這件事情了，但是布雷頓森林體系其

實是設計用以創造讓國際貿易不需要仰賴私有資本流動來提供財務支持的機構。資金流動回溫以後，布雷頓森林體系的固定匯率系統就垮了。布雷頓森林體系創造的金融機構（國際貨幣基金與世界銀行）成功地隨局勢轉型，也持續扮演重要的角色。但它們並不足以勝任維持體系穩定的重責大任。它們的資源無法與私有資金流動的規模抗衡，手中又沒有法律約束力。雖然有一些政府間的合作機制，如：位於巴塞爾的國際清算銀行（Bank for International Settlement）是國際合作的主要工具，但範疇都相當侷限。麻煩就在於國際合作的必要性並沒有獲得廣泛認可。主流意見並沒有正確的認識到金融市場的運作方式，而奠基於錯誤認知之上的全球市場不太可能永遠存活下去。全球市場的瓦解將是個慘劇，造成難以想像的結果，但我認為要想像這件事情，都還比想像當前的機制持續運行更為容易。

這看法很驚人，可以更具體說明嗎？國際金融市場瓦解的原因與方式是什麼？

15〔譯註〕布雷頓森林體系，按一九四四年通過的布雷頓森林協定建立，體系中包含對各國貨幣兌換、國際收支調節、國際儲備資產等問題的共同安排、規則和措施等，以及成立國際貨幣基金組織和世界銀行。

它現在已經在瓦解邊緣了。拿墨西哥的例子來看。多數墨西哥選民並沒有享受到從第三世界國家轉型為第一世界國家的好處，卻得承受調整適應的壞處。現在這個政權是否能夠留下還難以確定。但無論這個政府是留是走，國際投資的風險都已經被帶進墨西哥了。即使這個風險逐漸消退，其他重度負債國家的風險溢酬也不會消失。而這些國家能不能承受這麼高的風險溢酬是個問題。如果他們沒有辦法進行債務再融資就會面臨違約。這是個自我強化的循環。

沒有任何解套方法嗎？

個別的挽救方案有可能存在。我有一個更好的提議。我們應該要建立一個新的國際機制，協助重度負債國家進行財務重組。無法挽救的國家可以獲准參與減債計畫；其他國家則僅能獲得債務再融資的協助。協助的形式是為新發行的債券提供保證。提供保證的國際機構理所當然地會要求適切的調整政策。保證可以透過新發行特別提款權（Special Drawing Rights）[16]進行融資，而如果計畫順利進行，這些提款權甚至不會被實際執行。有這樣的機制就能避免市場失衡，因為投資人會避免投資沒有保證的重度負債國家。這個機制正好補了現有機制的不足，可以應對已經膨脹到無法支撐下去

的國際借貸行為。

儘管這可能讓整件事變得更加抽象，但我還是想再加上一個更通泛的論點。我們在全球貨物與服務流通的開放上已有長足進展，而在更重要的思想流通上也是。國際間的資金流動現在已經幾乎不受限制，就連人的移動都更加自由。但這樣的全球體系建立以後，開放社會的原則卻沒有相應地受到接納。反之，國際關係仍以國家主權為原則，很多國家內部政權也完全不符合開放社會的標準。在經濟層面，幾乎沒有人認知到金融市場內建不穩定性，尤其是國際金融市場。

競爭是市場的本質。但不顧公共利益就開放無限制的競爭可能會危害市場運作機制，這和競爭會帶來公共利益這個主流看法相反。即使大家認知到維護體系存續的重要性，但仍不如在體系內搶得先機一事來得重要。看看過去幾年的論點：重點都在競爭，鮮少提及自由貿易。抱持著這種態度，我不認為全球體系能夠延續下去。政治不穩定性和金融不穩定性將會相互強化，形成一個自我強化的循環。在我看來，我們已經進入了全球解體的時代，只是還不自知罷了。

16〔譯註〕為IMF所創立的一種國際準備資產，為IMF及許多國際組織的記帳單位。

聽到您如此痛斥競爭行為實在有點奇怪，再怎麼說您也是金融市場公認最有競爭力的人士之一。

我喜歡競爭，但我認為維護允許我們競爭的體系也很重要。我沒辦法接受現代這種自由放任的做法，癥結點在於我不相信市場是完美的。在我看來，市場帶我們走向難以持續的過剩情勢和走向均衡的機會差不多。而我的反對論點還要更深一層：我不相信競爭會帶來最佳資源配置。我也不認為適者生存會是最理想的結果。我認為我們應該要努力保障一些基本價值，例如社會正義，而這些無法透過無限制的競爭達成。正是因為我在市場上取得了成就，我才有本錢提倡這些價值。我就是典型的豪華轎車上的自由派（limousine liberal）[17]。我認為從體系中獲益的人就應該要盡力改善體系。我也想提醒一下，我是到賺了兩、三千萬美元時才成立自己的第一個基金會。

所以您的初衷是要回饋讓您致富的體系？

並非如此。富裕讓我得以投入一些自己真正在乎的事。我從來不是看手中有多少錢來決定要怎麼做慈善。我最初以每年三百萬美元的預算開始，但我花了超過五年才讓每年開支超過三百萬。只有在一九九二年左右曾經出現很短暫的一段時期，我面臨

了錢多到不知道該怎麼花的情況。現在情況完全逆轉了，我有一個很龐大的網路，而我必須努力讓這個網路維持下去。

您在美國已經開始進行一些活動了。

對。讓開放社會發展得更好其實一直都在我的計畫內，但我之前把心力都放在東歐革命上，以至於我沒有任何時間來做這件事。大概在一九九二年革命開始降溫時，我手上還有一些錢沒有用完，這才開始關心其他機會。

您在開放社會中看到哪些問題呢？

價值的匱乏。在我的開放和封閉社會架構中，價值匱乏向來都是開放社會面臨的問題。我在過去五年觀察到的情況也印證了這個看法。

我注意到您出資支持毒品合法化和對美式臨終的研究。

17〔譯註〕豪華轎車上的自由派用於嘲諷富裕中產階級的偽善行為。

不，我支持的並不是毒品合法化，而是支持針對毒品問題發展不同做法。對於臨終關懷的議題也一樣。這些議題都面臨嚴重的認知匱乏和誤解，立意良好的行為導致了預期外的後果。補救措施往往比病根本身更糟。是這項洞察讓我開始關心這些議題。

您說的補救措施是指試圖透過執法單位解決毒品問題，比毒品問題本身更糟糕？

沒錯。我認為，藥物問題主要被當作犯罪問題來處理，是一種錯誤的認知。

您認為它是個醫療問題？

我認為存在成癮的問題。當然，如果有人制定法律，規定藥物是非法的，那也就要同時處理犯罪問題了。

它也是個社會問題。社會問題要根除，可能您一輩子的錢花完都做不到。

我覺得要根除藥物問題是個假議題。就像沒辦法根除貧窮、死亡和疾病一樣，你也沒辦法根除藥物成癮。有些人的個性就是容易成癮，世界上也確實存在讓人想要逃離現實的情境。美國就是不可能成為零毒品的國家。你可以勸導民眾不要使用藥物，

可以禁止使用藥物，也可以治療藥物成癮的人，但是你沒辦法根除毒品。只要能夠接受這一點，或許就能想出更理性的方法來解決這個問題。問題在於要理性辯論非常困難，這個問題已經牽扯太多情緒了。

您的解決方法是什麼？

在進入解決方法之前，我們先把問題說清楚。藥物會帶來傷害，這一點無庸置疑，儘管不同藥物之間還是有區別。有些只會對用藥者造成傷害；有些像是古柯鹼或迷幻藥可能對他人造成傷害；不過，服用多數藥物時，開車或做其他該做的事時的危險都會提高。有些藥物會成癮；其他像是大麻這種則不會。大麻的傷害相對比較輕，但只要看看一些大麻癮君子，您就知道肯定還是有損人體。不過，酒癮也一樣。應該勸戒民眾不要使用任何藥物或成癮性物質。防範兒童吸毒、飲酒，甚至吸菸都是很好的做法。但這足以構成將吸毒犯罪化的理由嗎？從證據來看，這種做法反而適得其反。這讓社會上出現毒販仔，也在毒品周圍創造了一種神話，反而會吸引年輕人，而不是引起年輕人的排斥，尤其是當這種神話與現實嚴重脫節的時候。但這些意料之外的後果還會帶來更深遠的影響。毒品犯罪化會讓更多人成為罪犯，製造出毒販仔和為了滿足

癮頭鋌而走險的毒品吸食者。罪行讓人們心生恐懼，而選民的恐懼則被政治人物利用來爭取選票。這就導致社會開始討伐毒品。要想當選，政治人物很難抱持反對討伐毒品的立場。而對毒品的討伐也創造出了一個執法機器，這個執法機器當然希望能夠延續這種執法手段。這就是為什麼到頭來補救措施會比病根本身更糟糕。

您是在提倡毒品合法化嗎？

我對這個議題還沒有定論。我還沒做出決定，某種層面來說，我其實不想做決定。我願意私下討論這個問題，但我不打算公開表態，原因是儘管我看得出哪裡出錯了，卻沒辦法清楚看見什麼才是對的。我看得出來現在的做法顯然錯了，導致帶來的傷害比效益還大，但我對於該怎麼做才正確卻還沒有很堅定的看法。我可以想到好幾種比現在更好的做法，像是著重治療而非執法。我也可以想像毒品帶來的傷害因為毒品合法化而有效降低毒品，或許不是全面合法化，只是那些害處比較小或成癮性比較低的藥物，我確信這樣做的話，相關的犯罪率可能可以減少八十%。因此省下的錢就可以用在治療上。但我覺得現在輿論對這個議題如此激動，若是發起直接和主流共識對著來的合法化運動會產生反效果。這就是為什麼我支持好幾種倡議，有一些可能直接與

合法化對立，也有的比較是從同情心出發，但我不會自己出來開一帖藥。

但是，如果有人問您，您會怎麼回答？

您讓我想起一個一九五六年革命以前的匈牙利老笑話，那時共產黨試圖鼓勵黨員自由表達意見。每次開會結束，黨書記就會請成員發表各自意見。其中某位成員總是回應：「我完全認同黨書記同志的看法。」後來，黨書記就說：「但您肯定有自己私下的看法吧！」他說：「沒錯，但我一點也不認同那個看法。」

在那個基礎上，我來跟您分享如果決定權在我手上，我會怎麼做。我會建立一個管控嚴格的分銷網絡，透過這個網絡讓除了古柯鹼這種最危險的品項以外的藥物都能合法取得。一開始，我會把價格壓低，低到可以摧毀毒品貿易市場。一旦這個目的達成，我就會開始提高售價，就像徵收香菸稅一樣，但登記在案的藥物成癮者可以免除在外，以降低他們犯罪的機率。我會把一部分的收入用在防範和治療上。然後我會營造嚴厲批評吸毒的社會氛圍。

先來談談「死亡計畫」(Project on Death)吧。您希望支持這項計畫達成什麼目的？

嗯，我在支持這項計畫大致是秉持相同的思維。美國人普遍抗拒死亡。事實是我們沒辦法禁止死亡，但抗拒這件事。我從自身經驗也學到這件事，當我父親過世時，我拒絕接受。我拒絕面對他正在邁向死亡的事實。我認為這是我犯下的一個悲劇性錯誤。我覺得整個社會不知道為何以一種否認與扭曲的狀態在運作。有人和我們解釋性愛，但幾乎不討論死亡。然而死亡比性愛更普遍。死亡無法避免，我們必須設法接納。

您支持的具體行動有哪些？

嗯，我已經找來一群專家，他們終其一生都在研究死亡的議題。我讓他們決定這個計畫該怎麼發展。在死亡這個議題上，我沒有任何計畫或特定的目的，但他們有。

您是想要讓美國人更能夠接受在家走完最後一程嗎？

對。我想如果有任何貫穿一切的主題，那就是要鼓勵家人參與，以及減少藥物治療造成人活得不像人的作用。我認為應該鼓勵大家選擇在家臨終，身邊有家人陪伴。我希望人們能夠接納死亡，如此一來，死亡對於將要臨終的人或他們的家人就不會是那麼可怕的經驗了。實際上，大多數人是在醫院走完最後一程。因此，這項計畫有很

大的心力是用在教育醫護人員上。

有沒有可能「死亡計畫」導致的一個結果是，當人已經無法靠醫學救回時，不要做那麼多事來維持病人生命？

沒錯。我認為那是很重要的一環。在生命已經沒有意義的時候再用科技延長壽命一點也不合理。它帶來的壞處可能多過好處，因為它會帶來不必要的痛苦和折磨，更別提到涉及的費用。接納死亡必定能減少無所不用其極延續生命所需的心力。

那安樂死呢？

在這件事上專家意見有嚴重分歧，「死亡計畫」則沒有立場。我個人認為很可惜，但他們可能才是對的；我們在死亡的文化上還有很長一條路要走，才能在碰到這個問題時不被它最有爭議和最有情緒的層面綁住。

讓我們回到您對社會正義的概念。您對於《美利堅契約》有什麼看法？

嗯，我能理解在背後催生《美利堅契約》的恨意，也多少有點同情那樣的感受。

福利體系充斥濫用的情況，而且長久以來被視為「正常操作」（business as usual）。是時候做出改變了。但我擔心在這個案例上，也可能發生補救措施比病根更糟的情況。我們現在就像是朝福利國家反方向擺盪的鐘擺。這股力量相當強大，也很可能會走相當一段距離。但別忘了，每個人為建構的體系都有缺陷。福利國家會有缺陷，就如同任何匯率體系都有缺陷。一個系統主導愈久，缺陷就愈明顯。每個人都能察覺到福利系統的缺點。但我想提出金瑞契（Newt Gingrich）[18]的計畫中的矛盾。這個計畫的目的是要限縮政府的角色，但是增加福利領取的條件反而增加了官僚體系的裁量權，增加濫用和不平等發生的機會，也提高行政成本。以各州整數補助（block grants）取代原先的聯邦福利制度，會導致各州蓄意刁難領取福利的族群，迫使那些人移往提供較好待遇的州。窮人和弱勢族群真的會被當成人球踢來踢去。我們在向貧窮宣戰，而這場戰爭會跟對毒品的戰爭一樣「成功」。我希望在大眾意識到這件事以後，鐘擺能夠往反方向擺動。就如同前面說過的，所有人為建構的體制都有缺陷，不過一個新的展望在一提出來時，各種缺陷就已經如此清晰可見的情況還真是相當少見。

您的立足點很特別。您不像那些為政府做事的人，或是需要對選區負責的政治人

物。您不需要對任何人負責。您用的是自己的錢，所以可以把任何想到的點子或計畫付諸執行。您做的任何事都不會受到管控、檢查與制約。您握有的權力是不是太大了？

問得好！我們都希望能對自己所處的這個世界產生影響。到了某個程度以後，財富累積已經沒有任何意義了，除非你知道自己要如何運用這些財富。我想要把財富運用在讓這個社會更美好上面。而在決定什麼是讓社會更美好這件事上，我必須仰賴自己的判斷力。我覺得如果我們都能夠仰賴自己的判斷力，即使彼此之間的判斷不同，也都能夠讓世界更好。

政壇出現了一種新的公眾人物，像是美國的羅斯．佩羅（Ross Perot）[19]、義大利的貝魯斯柯尼（Silvio Berlusconi）[20]，他們都是白手起家的富豪，並且帶有政治意圖。

18〔譯註〕金瑞契是美國共和黨議員，於一九九四年率領三百多名共和黨員共同提出《美利堅契約》。

19〔譯註〕羅斯．佩羅是在德州白手起家的富豪，以獨立候選人的身分參與一九九二年總統大選，儘管敗給比爾．柯林頓，但仍獲得極高票數。

20〔譯註〕希爾維奧．貝魯斯柯尼是以投資營建業起家的富豪，乘一九九〇年代初期義大利政局大洗牌之際進入政壇右派，並於一九九四年義大利聯合政府垮台後當選總理，總共三次出任總理。

您算是這一類人嗎？

還有一種人是透過在共產國家做慈善來賺錢的：阿曼德·哈默與羅伯·麥斯威爾。我只能說，我希望自己和他們不同。

您可以總結一下自己對國際政治局勢的觀點嗎？

可以試試看。我心裡沒有答案，但我的理論框架至少讓我可以問出對的問題，並讓我從中獲得一些零碎的洞察。

一、全球正進入一段失序的時期，我們愈快意識到這件事情，就愈能避免失序的狀況失控。

二、開放與封閉社會的理論性概念特別有助於了解現在的局勢。

三、共產主義的教條已經失去民心，很難想像它能重得民心。相反地，鐘擺正擺向另一頭，也就是自由放任。

四、民族主義獨裁政治對前共產國家構成實質的威脅。

五、動員一個國家背後的社會需要有敵人。民族主義崛起很可能會伴隨軍事衝突。

六、民族主義的教條可能會混著宗教教條，且這個趨勢可能會擴散到前共產主義

國家以外的世界。你可能會發現俄羅斯或賽爾維亞在為基督教對抗伊斯蘭教的基本主義派，後者也會對抗前者。

七、民主國家面臨價值匱乏的問題。它們素來不願意為任何沒有直接威脅到重要自身利益的事承擔任何痛苦。因此，它們不太可能出手防堵民族主義獨裁和衝突的擴散。

目前的情況和兩次世界大戰間的戰間期比較相似，而不是像冷戰的情況。有些差別很明顯。其中一個是沒有像希特勒這樣的人，只有像墨索里尼這樣的人物，像是克羅埃西亞的圖季曼或是南斯拉夫的米洛塞維奇，但最重要的國家（俄羅斯）由誰掌權還沒成為定局。另一個差異是歐盟，只不過它並沒有共同的外交政策，而且是一盤散沙。其餘的像是聯合國愈來愈像以前的國際聯盟，而波士尼亞的角色就類似過去的阿比西尼亞。不過美國縮減提供給維和行動的資源並不能和完全退出畫上等號。

歷史其實不太會重演，但發展模式與歷來勝出的政權確實會展現出一些相似之處。我對於現在顯現出的發展模式非常不安。戰間期後來引發了大屠殺以及人類史上破壞力最強大的戰爭。我並不認為這會重演：目前看不到像希特勒這樣的人物。即使俄羅斯出現了希特勒這樣的人物並掌握權力，俄羅斯要壯大到能夠構成像蘇聯或納粹

德國那樣的軍事威脅還要很長一段時間。不過科技的破壞力確實增強了許多。俄羅斯確實有原子武器，伊朗和其他國家也是。我們必須做點什麼來改變這個新興的模式。

第三部　哲學

與拜倫・維恩對談

PHILOSOPHY

第九章　失敗的哲學家
The Failed Philosopher

您說現在對您而言最重要的就是您的思想。儘管您從事的活動包羅萬象，從投資到慈善都有，但這些活動其實都緊扣著您的哲學思想基礎，彼此相互串聯。您的反射性理論（theory of reflexivity）、投資理念與對開放社會的承諾三者如何結合為一呢？可以請您說明一下嗎？

好，讓我試試。畢竟這一直是我人生的目標：我的存在由截然不同的元素組成，我希望將這些元素化為一個連貫的整體。

您從事的各類不同活動背後是否有個化零為整的概念呢？

我會用一句話來作結：我相信自己的易謬性（fallibility）。這句話之於我就如同「我思故我在」（cogito ergo sum）之於笛卡兒（Descartes），或甚至有過之而無不及：笛卡兒的箴言僅關乎在思考的人，而我的信念則同時關乎我們生活的世界。我們的迷

思與誤解會影響我們的決策，我們的決策則形塑了我們參與的事件。易謬性之於人類事務就如同突變之於生物學。

這個概念對我來說極度重要。在我能夠把它濃縮為短短一句話之前，它就已經引導著我的人生。至於這個概念對於他人是否有同等的重要性，這就不是我能決定的了。

您對於自身易謬性的信念如何引導您的人生？

實務上，在賺錢和送錢這兩方面都受到牽引，但金錢並不是我人生的重點。對我而言，金錢是達成目的的工具。我的職涯之所以以金錢為重，是因為我意識到這個社會傾向誇大金錢的重要性和用金錢定義價值。我們以作品能賣到多少錢來評價藝術家，以能募集到多少錢來評價政治人物，政治人物則往往以自己能夠在檯面下賺到多少錢來評價自己。我之所以被世人認可，並不是因為我的哲學思想或是公益慈善，而是因為我賺錢賺得很成功。主流價值對金錢和財富的偏愛正是我所說的易謬性。

為了讓易謬性這個概念更容易理解，也再次加強這個論點，我的主張是，撇除少數人，人的思維構建（mental construct）都確實存在缺陷，或是有出現缺陷的可能。人的思維架構中可能會包含真相，但真相的部分很可能會被放大到扭曲現實的程度。

面臨自身不完美理解（imperfect understanding）的問題，其中一個應對方式是把我們習得的各種知識、經驗或洞察，套用在它們範疇外的領域。視知覺（visual perception）是如此，我們可以用自己能看見的東西去填補視覺盲點，在許多其他複雜構建中也是如此。

您說的思維構建是什麼意思？

我指的是我們思考的產物，無論是留在腦海中或是以言語或制度的方式外顯於世上，像是金融市場、各種匯率體系，或是聯合國，或民族國家，或是法治架構。停留在我們腦海內的思維構建包羅萬象，從單純的感官知覺到複雜的信仰體系都包含在內，它們有可能與我們所居住的世界有關，也可能無關。而那些外顯於世上的思維構建則構成了我們居住的世界極大一部分。

而您認為這些思維構建都有缺陷。

要解釋所謂有缺陷的思維構建，最好的方式就是去檢視它的例外——沒有缺陷的思維構建。我們能夠做出真實或虛假的陳述，這些陳述並無缺陷。在我們能夠仰賴真

實陳述（true statements）的情況下，我們就能夠獲得知識。唯有當跳出了這種「構築良好」（well-formed）的陳述時，我們的思維構建才出現了缺陷。

因此，我們必須檢視自己究竟能夠做出什麼樣的真實陳述。有些個別陳述對應到明確的事實，也有一些陳述的真實性可以透過其他陳述演繹得知，這類型的真實陳述在數學和邏輯的領域中尤其常見。我們最偉大的成就在於科學，透過結合放諸四海皆準的概括性陳述，形成解釋和預測。但誠如卡爾．波普所示，這種概括性陳述沒辦法證真，只能證偽。它們的本質仍然是一種假設，時時都要受到證偽檢驗。

這些形式的知識都有一個共通特點，也就是存在能夠用於判斷它們真偽或可信與否的可靠事實或規則，但前提是我們要知道怎麼運用這些事實或規則。這些判斷條件之所以可靠，是因為它們獨立於被檢驗的陳述與進行檢驗的人之外。

如果把我們的處境想成是人類試圖了解自身所處的世界，你會意識到我們不能只把思考侷限在獨立於我們思考外的主題。我們必須做出與生活相關的決定，而要這麼做，我們就必須抱持不能算是知識的觀點，無論我們有沒有意識到這件事都一樣。我們必須仰賴信念。這就是人類面臨的處境。

認知到人類面臨的處境這一點，也不太能算是知識。如果它能算得上是知識，那

就自相矛盾了。但它能夠提供一套在眾多信念中，更為適合人類處境的信念。至少我在主張自己具有易謬性時，是抱持著這樣的信念。

我在斷言自己具備易謬性時，其實是在說明一個信念——這個信念當然也符合哲學，有其脈絡，但它仍是個信念。我沒辦法用笛卡兒證明自己存在的方式來證明這個信念。我曾經試過，卻徒勞無功。要能夠證明自己的易謬性這件事本身就存在矛盾。同理，一個人應該沒辦法證明自己的易謬性這種說法，才有一致性。所以我一點也不介意把我陳述中含有的事實看做一種信念。

這樣做背後有重要的意涵。它代表我們需要有信念來引領我們度過人生。我們不能單靠邏輯思維。理性思考有其用處，但也有它的限制。如果我們堅持只做合乎邏輯的事，就無法應付我們所生活的這個世界了。相反地，相信自己的易謬性可以讓我們走得更遠。它能夠一路指引我們人生。

這麼說來，您提供給我們的是人生的哲學。

對。哲學已經退化為一個學術專業，但它其實應該扮演更重要的角色。我們的生活不能缺少一套有脈絡的信念。問題在於我們有沒有辦法在認知到自己的信念本身就

有缺陷的基礎上，抱持著一套信念生活？我相信可以，在我的人生中，我也始終受到自己的易謬性引導。但我在傳達自己的想法和說服世人接受這些想法上做得就沒那麼成功了。這就是為什麼我自認是個失敗的哲學家。

您如何得出自己的哲學？

這趟旅程相當漫長。如您所知，我深受卡爾．波普的影響——不僅是《開放社會》一書的概念，他對科學的哲學對我影響更大。他認為我們對世界的了解本身就不完美，我認同這個想法。我把不完美的肇因歸結於我們自身就屬於這個我們試圖了解的世界的一部分，且我們也是形塑這個世界的一份子。

當我還是個經濟系學生的時候，我認為古典經濟學理論中，完美知識（perfect knowledge）的假設很奇怪，完全競爭的理論尤其奇怪。加上我的數學不好，所以我比較喜歡挑戰那些假設，而不是研究建立在那些假設上的公式。仔細思考以後，我認為經濟理論奠基在錯誤的基礎上。我就是從這裡開始，發展出認可思考與現實間存在雙向互動的反射性理論。

我的思辨從邏輯上的自我指涉（self-reference）問題和說謊者悖論（paradox of the

liar）中的邏輯問題出發，經過伯特蘭．羅素（Bertrand Russell）的類型論（theory of types）和邏輯實證論（logical positivism），推導出我的反射性理論。

您可以解釋一下說謊者悖論嗎？

古代克里特（Cretan）哲學家埃庇米尼得斯（Epimenides）說了這麼一句話：「克里特人總是說謊」。假設這個陳述為真，那麼克里特人總是說謊就不成立了；因此，這個陳述是錯的。之所以會有這樣的悖論，是因為埃庇米尼得斯做了一個自我指涉的陳述。我試著從自我指涉的概念中推導出我的反射性理論，但這樣做卻造成了邏輯上的不確定性。我進一步認為這個邏輯上的不確定性與因果不確定性有關，原因在於事件的發展是由抱持不完全知識的參與者形塑。其實我現在已經不那麼確定自己需要用自我指涉的理論來佐證反射性理論的概念。我已經為它犧牲了一九六三到一九六六年共三年的光陰了。

為什麼會這麼困難呢？

要想證明我們的瞭解本身並不完美其實是件有點弔詭的事。有時候，我覺得自己

已經接近答案了，但我總是被自己羅織出來的網絆住。我不知道這是因為自己在嘗試的是一個不可能的任務，還是因為我不可能成為哲學家，可能兩者皆是。或許人可能就是要白費三年的力氣才可能發展出自我易謬性的信念。但仔細想想，你可能也會同意，一個有思考能力的參與者如果不花個三年的時間思考，也不可能做出以知識為基礎的決策。

知識關乎事實，而參與者的決策與事實無關。與參與者的決策有關的是未來的某件事，參與者的決策在這些事務化為事實的時候被納入其中。一旦接納這個觀點，你就必須要意識到參與者的思考與事務的實際狀態不可能完全相同，但兩者也不可能相互獨立。

其中的關係更為複雜。一方面，人的想法反映出現實狀態——我稱之為認知函數（cognitive function）；另一方面，現實狀態又會受人的決策影響——我稱之為參與函數（participating function）。你可能已經注意到了，這兩種函數作用的方向相反。在範疇很窄時，這兩種功能會重疊：人會去思考被自己的決策影響的事件。這些事件和自然科學研究的事件擁有不同的架構；這種事件需要不一樣的思考方式。我把這種事件稱為反射性事件。

不同之處在哪裡？

自然科學研究的事件不會受到任何人的想法影響，因此自然科學可以將發生的事件視為一連串的事實。當事件包含具有思考能力的參與者時，因果關係鏈無法直接將一組事實連接到下一組事實；只要參與者的想法在事件中有作用，事實就會轉為觀點，觀點再轉為決策，決策再化為下一組事實。一組事實與下一組事實之間也會有直接關聯，那也是所有自然現象的特質。但如果把比較迂迴的那條關係排除在外，必然會扭曲現實。當人們的想法很貼近現實狀況時，扭曲就可以忽略；但當觀點和現實狀況差距甚遠的時候，創造出的扭曲就會非常明顯。

兩者為什麼會出現巨大落差呢？

因為認知功能和參與功能可能會相互干擾。干擾發生時，會在參與者的思路和事務的實際狀態中都創造出不確定性。這兩者能夠走得南轅北轍的程度實在令人讚嘆。

這對我來說有點太抽象了。您可以舉個例子嗎？

舉個簡單的例子：墜入愛河。對方對你的感覺，有很大一部分是被你自己的感覺

和行動影響，除了少數像是但丁（Dante）[1]與貝雅特麗齊（Beatrice）[2]這種一方的感受無法傳達給另一方的情況。她究竟愛我還是不愛我？這個問題中存在著不確定性，如果這是一個知識的問題，這種不確定性就不會存在了。不過這是一個互動的問題，而情緒的交互作用可能產生非常多種結果，有些結果可以長期維持，有些則無法。人墜入愛河時會發生很多奇怪的事。把愛情視為不受參與者信念影響的事實很不恰當。

確實是如此。

人類關係的反射性本質顯而易見到我其實想問，為什麼反射性從來沒有被認真地提出來討論？為什麼像經濟學理論就刻意避而不談？

答案是什麼呢？

因為它無法與分析科學的目標（提出確定的預測和解釋）和平共存，一切的努力都會被反射性帶來的不確定性打亂。

請再說明得清楚一點。

這可需要花點力氣。我得引用波普優美的分析科學模型。這套模型由三種陳述組成：特定初始狀態（specific initial conditions）、特定最終狀態（specific final conditions），以及舉世通用的概括性原則（generalizations of universal applicability）。這三種陳述可以用三種不同的方式結合：概括性原則與初始狀態結合會產出預測；與最終狀態結合則產出解釋；而特定初始狀態結合特定最終狀態則是對概括性原則的測試。而要能被測試，概括性原則必須永恆不變。

我非常喜歡這個模型的簡潔性。波普用這個模型解開了歸納的問題，也就是從特定向概括的進展。波普讓我看到，科學方法不需要歸納性邏輯：也可以用測試取代。唯有能夠經受測試的理論才能算是科學理論。

我想要用這個模型來展現反射性原則的破壞力。如果一個反射性的反應能夠同時改變參與者的想法和事務的實際狀態，那就無法測試永恆不變的概括性原則了。發生過一次的事在重複實驗時不見得會再發生，而那整套優美的架構也就應聲崩塌了。也

1〔譯註〕中古時期詩人，著有著名作品《神曲》。

2〔譯註〕貝雅特麗齊是《神曲》中，但丁僅接觸過兩次卻終身愛慕的女子。

難怪！這套模型背後隱含著一層假設，也就是決定論（deterministic）世界觀。如果現象不符合永恆成立的普世規則，那些規則又怎麼能用來產生預測和解釋呢？

您的反射性理論與量子物理學中海森堡（Heisenberg）提出的不確定性原理（Uncertainty Principle）[3]的關聯是什麼？有些評論認為您的理論不過是不確定性原理的變體。

我談的是一種不一樣的不確定性。它不只影響主體（subject matter），還有與主體相關的理論。海森堡提出了不確定性理論，在這個理論的基礎上，量子物理學得以提出預測力和解釋力強大的統計通則。不確定性理論認為，對量子現象的觀察會影響它們的行為。但不確定性理論本身或任何其他量子物理學提出的理論都不會影響量子現象的行為；因此，那些現象可以作為判斷理論是否成立的可靠條件。假設現在我提出了一個預測股市行為的理論；這個理論肯定會影響股市的行為。這創造了一種不確定性，與量子物理學所面臨的不同。這個理論影響了用來評斷陳述是否為真或理論是否成立的條件。

您的意思是，在股市裡，一個真實的理論可能是虛假的，而一個虛假的理論可能是真實的？

不僅如此。我認為一般人對真相的認知需要調整。看起來我們需要接受真實和虛假這兩種類別以外的類別。邏輯實證主義者宣稱既非真也非假的陳述沒有任何意義。我完全不同意。能夠影響自身指涉主體的理論絕對不是毫無意義。這些理論可以改變世界，它們彰顯出思想在形塑現實中所扮演的積極角色。我們必須要調整自己對真相的觀念，以納入這類型的理論。

我認為我們需要三個類別：真實性、虛假性、反射性。反射性敘述的真實性價值（truth value）無法確定。世界上也可能找到其他真實性價值無法確定的敘述，但它們在我們的生活中無足輕重。反射性敘述在生活中卻不可或缺，這個主張的重要意義不需要再多加強調了。對我們的思考而言，沒有什麼比我們對真相的概念更重要了。

這個陳述還真強烈。

3〔譯註〕不確定性原理，又譯測不準原理。

我從來沒有以這麼強烈的方式來敘述過這件事。我不知道它能不能禁得住批判性檢驗。

假設可以的話，那會怎麼樣？

那麼我們就必須澈底改變自己對世界的看法。舉個簡單的例子。很多人現在都相信市場是完美的，這個觀點建立在政府法規無法完成其任務的認知上。如果加入了第三類的真相，即反射性真相，那麼很顯然法規的失敗不盡然代表自由市場就是完美的，反之亦然。兩種推導都有瑕疵，而反射性是介於兩者間的選項。

反射性敘述缺乏一個能夠評斷自身真實性的獨立條件。因此，它的真實性價值無法確定。然而，它絕非毫無意義。沒有反射性敘述，我們就無法應對所生活的世界，而反射性敘述也並非只是被動反映事實；反射性陳述其實主動建構了我們的世界。超出我們思想的現實必然存在，那是我們無法用一己意志改變的現實。我們的思想、敘述都位在這個現實之內，並構成這個現實的一部分。不知怎麼地，我們發展出了一種想像，認為世界和我們對世界的觀點構成分立卻相似的宇宙，而且這兩個宇宙間可以建立起對應關係，在這段關係裡，敘述能夠映照出事實。這樣的想像既不正確又會誤

導人。對於科學方法以及數學和邏輯等鐵證如山的體系而言，這樣的想像並沒有問題，但套用在我們這些會思考的活人身上並不適用。

那像經濟學這種社會科學又該怎麼說？

波普認為，社會和自然科學可以套用相同的方法和標準，並稱之為方法統一論（doctrine of the unity of method）。我對這套理論抱持懷疑，這也體現在我的書《金融煉金術》（*The Alchemy of Finance*）的書名裡。我認為用「社會科學」這個詞本身就是個錯誤的比喻，反射性事件沒有辦法用舉世通用的規則來解釋和預測。

我現在認為自己之前講得太超過了。自然科學的方法和標準套用在社會現象上其實有可能在其知識範圍（terms of reference）內產生有意義的結果。但我們必須謹記，知識範圍並不包含反射性。舉例來說，經濟理論在假設沒有反射性事件的情況下，確實是有效的假設性架構。當我們將經濟理論的結論套用至真實世界時，產生的可能是一幅扭曲的景象。這在反射性具有舉足輕重地位的金融市場中尤其明顯。理性預期（rational expectation）與效率市場（efficient market）理論會嚴重誤導大眾。

經濟理論試圖仿效物理學。古典經濟學家以牛頓為楷模，無視牛頓在南海泡沫事

件（South Sea Bubble）中曾經慘賠一筆的事實[4]。經濟理論要模仿物理學的唯一途徑，就是排除理論主體的反射性。因此，經濟學中才會假設人具備完美的知識，後來又修改為完全資訊（perfect information）。最後，我在倫敦政經學院的教授利奧尼爾・羅賓斯（Lionel Robbins）提出了完全託辭（perfect subterfuge）的說法。他認為經濟學關注的既非手段也非結果，它只關注手段與結果之間的關係。換句話說，手段與結果都必須要假設為事實（taken as given）。這個方法論澈底排除了研究反射性反應的可能性。

波普攻擊馬克思主義以及佛洛依德學派精神分析，正是因為這類理論自稱科學，卻無法透過檢驗來證偽；因此，這些理論是錯誤的。我同意，但我覺得還可以更進一步。我認為他攻擊馬克思的論點也可以套用在一些備受推崇的理論上，像是宣稱在特定假設下，不去限制各方對私利的追求將創造最高效率資源分配的完全競爭理論。我並不是在抨擊經濟學；我認為經濟學是非常優雅的理論構想。但我確實質疑它是否能套用到現實世界；我也質疑它是否能禁得住金融市場的檢驗。我相信光是量子基金的績效就能證明隨機漫步理論並不正確。

您認為該由什麼取而代之？

我認為社會科學在野心勃勃地試圖模仿自然科學之際，嚴重傷害了它們研究的主體。是時候鬆開自然科學對社會現象的枷鎖了，尤其是在自然科學本身都在經歷巨變的此刻。在某些領域，分析科學已被複雜度研究（study of complexity）取代。分析科學偏限於封閉系統；這就是它能夠產生確定性結果的原因。複雜度科學則研究開放和演進性的系統；它的目標並不是要產生確定的解釋性預測。它想達成的目的就是建立模型或進行模擬（一個因為電腦科技的發達而得以達成的目的）或是產生模糊、哲學性的概括性結論，只是那樣的結論不具備波普模型那般的預測力。

我認為這種方法比起分析科學而言，更加貼近社會現象。但就連討論到這裡，我也仍然注意到社會和自然現象之間的分野並沒有被充分承認。多數電腦程式都在處理人口的演進。要研究思考與現實之間的關聯，我們需要一個建模的模型（model of

4〔譯註〕十八世紀初期，英國政府因兩場大規模戰爭而不堪軍費支出，因此大量出賣國債和特許權。在此背景下，新成立的南海公司儘管並無太多實質貿易活動，仍然獲得南美洲貿易及奴隸貿易的特許權。又因時任財務大臣大力支持，許多英國富人爭相投資，導致南海公司股票暴漲。科學家牛頓也花費大筆存款購買南海公司股票，英國各地相繼出現複製南海模式的公司，直至英國政府推出新法規範此種經營手法後，投資民眾才意識到此種投資實則穩賠不賺，紛紛拋售手中股票，南海公司連帶受到影響，股價重挫九成。

model-builders），它建出的模型內又必須要包含若干建模模型，建出來的模型內又必須再包含好幾個建模模型，如此類推。就我所知，還沒有任何電腦模擬能夠做到這件事。這樣的無限巢狀模型如果要有任何實際用處，就必須在某個點停止。因此，這些模型沒辦法完全反映出現實的複雜度。這是推論出事件參與者的理解必然不完全的另一種方式。

假設我接受您所有的論點。那麼您的反射性理論又如何解釋和預測事件的發展？

不解釋也不預測，甚至也不包裝成科學理論。海森堡的不確定性原理討論的是統計機率。它無法影響特定粒子的行為，但它卻能對特定行為發生的機率產生非常可信的預估。相反地，我關注的是特定事件的發展。作為一個投資人，我認為機率統計的價值有限；真正重要的是在特定情況下事件將如何演變。同樣的道理套用在歷史事件上更加明顯。我沒辦法對歷史事件做出可靠的預測；我唯一能做的就是研擬各種情境。接著，我把實際發生的事件和假設事件比較。這些假說沒有任何科學效度，卻相當具有實用性。它們為真實生活決策提供了基礎。我沒辦法按照舉世通用的概括性結論來預測事件發展，但我可以建構一個整體性的框架來幫助我運用經驗去預期和調整

自己的期待。

換句話說，海森堡建立了一個關於不確定性的科學理論，而我的框架則是幫助我用一個非科學性的方法來應對不確定性。這是很重要的區別。依照科學標準來判斷，我的理論毫無價值。它無法產生確定性或概率性（probabilistic）的預測和解釋。海森堡是研究物理學現象的科學家，他的理論是個科學理論。我則是會思考的事件參與者，試著要瞭解人所面臨的處境，我的理論不是科學理論。本來就該如此，因為我意識到自己是一個在思考的事件參與者，這和科學上的觀察者完全不一樣。

這是您把著作命名為《金融煉金術》的原因嗎？因為您認為自己的理論是在煉金，而不是科學？

對。煉金術士認為能透過咒語將普通金屬變成黃金。煉金術用於化學元素上行不通，但在金融市場上卻行得通，因為咒語會影響那些形塑事件演變的人的決策。

煉金術意味著某種對本質（substance）的介入、操弄與改變。

沒錯。在金融市場中，理論可以改變與其相關的事物。舉例而言，市場效率理論

讓衍生性金融商品蓬勃發展，而衍生性金融商品有時會導致市場崩盤。我是個對真相很執著的人，因此我也堅信社會科學是一種煉金術，而非一門科學。科學負有盛名，因此，人很容易受到吸引，說出自己從事的是科學。科學是一門讓人想沾上邊的學問，而很多社會科學家也想和它扯上關係。

我不想要過度誇大自己的論點。社會科學家對真相的追求並不亞於自然科學家，但社會科學家擁有科學家沒有的想像空間。而要防止濫用的最好方法就是意識到有濫用的可能性，這就是為什麼我直指社會科學是一個錯誤的比喻，並堅稱我的方法其實比較像是煉金術而非科學。

若您的理論沒有辦法創造可以用於預測或解釋的概括性結論，那還有什麼用處？

開啟一個值得窺探的廣闊領域：思想與現實之間的關係。我可能連邊都幾乎沒沾到，就已經得出一些有意思的洞察了。我認為接近均衡和遠不及均衡的情況最有潛力。有些情況中，人的認知與現實相差不會太遠，而且也有許多能讓兩者趨近的力量。我把這種狀態稱為接近均衡狀態。也有其他情況是認知與現實相差非常遠，也沒有任何要收斂的傾向。我稱這種情況為遠不及均衡的情況。不均衡又分兩種：

一種是主流教條和主流社會標準十分僵硬，但又彼此差距極大的靜態不均衡（static disequilibrium）；另一種則是現實世界和參與者的觀點兩者皆變化得太過快速，以致於兩者之間出現巨大差距的動態不均衡（dynamic equilibrium）。

這又讓我們回到前面那個六萬四千美元的問題了，您剛剛沒有真的給我一個答案。您怎麼劃分各種情境間的界線？

就像前面說的，我還沒有清楚的回答。我很確定的是：界線關乎引導人們行為的價值。我用水來做比喻：水會結冰或是蒸發取決於壓力和溫度；而在這件事上則是取決於價值。問題在於價值沒辦法像溫度一樣量化；所以我們必須要尋找質性的差異。這就是我後來不太確定的部分。

我對於價值的了解非常少。我念的是經濟學，然而經濟理論假設價值是既定資訊。我也研讀哲學，但是我主要專注在認識論（epistemology）以及被忽略的倫理。儘管如此，我的直覺還是能夠相當準確地感知到界線劃在哪裡。我不確定自己能不能說得清楚些。

試試看吧！

以靜態不均衡與接近均衡狀況之間的界線而言，我認為在接近均衡狀況中，人們能夠意識到思維與現實之間的差距，也了解這兩者並非總是相同。他們願意從經驗中學習，並盡力試圖達成壯志。他們的努力讓自己不至於離現實太遠。相反地，在靜態不均衡中，人們無法區別主、客觀，或是直接接納教條作為終極真相。我們可以引用原始人類社會的泛靈信仰（animism）或前蘇聯的共產教條作為參考。

到了要劃定動態不均衡的界線時，才是我覺得比較難理清思緒的地方。思想和現實之間的分野變得模糊，但這次是因為現實變得太過不穩定。現實不再配得上它在接近均衡狀況時的崇高地位；同時，現實也更具威脅性並更加容易被左右（malleable）。這並不是自然而然發生的：參與者的價值體系也在崩壞。引導大眾行為的價值與事件的發展之間存在一種相互強化的互動關係。這就回到老話題：盛／衰時序。

問題就在於盛／衰時序走到發展失控與中途止息之間的區別是什麼？這個問題放在金融市場的情境會比用抽象概念要容易回答。如果你記得我先前提過的各種例子，應該就會發現那些盛／衰時序發展到失控的案例中，主流價值中都存在某個缺陷。最常見的缺陷就是人們認為是基礎的價值，事實上是反射性的。企業集團熱

潮（conglomerate boom）：人們相信每股盈餘無關乎股票的市場價值。國際借貸熱潮（international lending boom）中也是如此：銀行家認為他們用來衡量貸款國貸款能力的負債比率與他們自身的放款行為無關，諸如此類。但不穩定性還有另一個我剛剛沒提到的源頭。當人們行事缺乏基礎價值時，一旦意識到市場的反射性以及「趨勢是你的好朋友」時，市場其實會變得很不穩定。這就是貨幣市場所發生的事情。我在《金融煉金術》中提到，跟從趨勢的投機行為會導致自由波動的匯率體系變得不穩定，而不穩定會逐漸疊加：持續得愈久，就愈不穩定。

從金融市場轉移到整體歷史發展，我認為如果要維持在接近均衡的狀況，人們必須在某些基礎價值上形成共識；人們對於對和錯必須有共同的判斷。如果他們失去這樣的判斷力，而容許自己一味追求便宜行事，那麼情況就會變得不穩定。我認為這個不穩定性的來源對於現在這個時刻至關重要。這在股市中顯而易見，多數玩家都是機構型投資人，不在乎基礎價值，只看相對績效。而在績效競賽中，玩家之間彼此追趕。這會鼓勵逐勢行為。

我認為這種不穩定性在政治體系中影響更大。政治人物唯一關心的就是如何勝選，這股風氣削弱了建國祖先所瞻望的民主基業。代議民主的基本價值是，候選人站

出來大聲說出他們的理念，選民再從候選人中做選擇。但是當想參選的人先研究選民的觀點，再提出他們認為能吸引選區選民的理念，這就形成了一個短路迴圈，民主的流程也開始變得不穩定。電視廣告的氾濫又讓這種情形更加惡化。

所以您認為股市與選舉流程的現況都是反射性行為的例子？

兩者都愈來愈不穩定，也面臨崩毀的威脅，而且原因一模一樣：兩者都缺乏基礎價值。但問題其實比乍看所見來得更深遠。反射性理論指出，我們所有的基礎價值都存在缺陷，這些缺陷在特定情況下會變得突出。然而，基礎價值對於維持在接近均衡的狀況不可或缺。如果我們因為意識到價值具有反射性本質，而拋棄一切基礎價值，會進一步提升不穩定性。所以接近均衡的狀況本身就存在自我矛盾之處。不過，如果您仔細想想，這和我的反射性理論不謀而合。如果接近均衡的狀況是穩定的，遠不及均衡的狀態就不可能存在了。接近均衡的狀況必然是一個不易維持的狀態。

這實在是太難理解了，是什麼意思呢？

就金融市場而言，若反射性理論被大家普遍接受，那麼市場的反射性就會更強。

我不相信相對績效這一套。我嚴格按照絕對績效來管理我的基金，而且我認為這是正確的量尺。我認為如果人們用絕對績效而非相對績效作為衡量指標，金融市場會比較穩定。但我們也必須意識到投資的目的就是創造績效；因此，重要的是股價上漲或下跌，而非某支股票背後的基礎價值是什麼。如果每個人都棄基礎價值於不顧，並投身追求相對績效，市場就會變得不穩定，而投資人就必須對玩法做出相應的調整。

把視野放廣來看，我觀察到一個系統性問題。要有一個穩定的系統，背後就需要某些基礎價值支撐。

市場是如此，政治更是如此。如果基礎價值存在缺陷，或更慘的情況，人們認定所有的基礎價值都存在缺陷的話，會發生什麼事情呢？體系會變得不穩定，進入動態不均衡的狀態。麻煩在於依據我的反射性理論來看，所有的基礎價值確實都存在缺陷，就如所有的人類思維構建都存在缺陷一樣。在特定情況下缺陷會顯露出來，而如果我的反射性理論能夠為大眾所接納，所有基礎價值內涵的潛在缺陷都會暴露出來。要怎麼仰賴明知可能有缺陷的價值？矛盾就在這裡。我認為穩定和接近均衡的狀況很美好，但我的反射性理論卻會破壞大眾對於基礎價值的信賴。

所以您的反射性理論自身就具備反射性？它就像是一個自我挫敗（self-defeating）的預言。

完全正確。這造成一個問題：當你知道信念存在缺陷，要如何繼續秉持這些信念？

這個問題有答案嗎？

有。如果我們接受自身的理解本來就不完美這件事，就可以在這個洞察上建築一套價值體系。我就是這樣處理我對於自己具備易謬性的信念。

這對我來說實在太抽象了。您可以說得更具體一點嗎？

可以，但這樣我就必須要帶入開放和封閉社會的概念。開放社會是建築在我們對自己的易謬性的認知上；封閉性則是建築在否定上。如果我們的確會犯錯，相對於一個沒有自由思考和選擇空間的封閉社會而言，開放社會會更為理想。問題在於會認同這個觀點的，只有那些親自體會過或強烈反對封閉社會壓制的人。那些一出生就可以享受到開放社會各種好處的人，就不會自然體會到這一點。

我最近和一位非常聰明的英國觀眾討論這個問題時，就有一個非常有趣的經驗。

有人說：「我從來沒有意識到自己生活在一個開放社會裡」。這是開放社會的嚴重缺陷。自由就像空氣：人們認為理所當然應該存在。但另一種角度而言，它又不像空氣。如果不珍惜它，不保護它，很可能就會失去它。

但現在乾淨的空氣也面臨相同情況。

你說得對。這個比喻比我預想的還要更貼切。就這兩者而言，我們在談的都是公共利益。總之，開放社會的概念建築在人對自身易謬性的認知。問題在於要如何讓這樣的認知成為可以獨當一面的基礎價值。我已經如願解決這個問題了，但我不確定自己有沒有辦法對外傳達。這是很艱難的任務。人很容易相信自己支持的事物代表最終真相。相比之下，如果一個社會組織形式是建立在人對於自己會犯錯的認知上，要支持這個形式的社會組織就沒那麼容易了。事情就得讓大眾看見最終真相無法觸及。這需要時間，很長的時間，因為必須要經歷過我剛才介紹的各種論點。時間很可能會不夠，尤其是當您在和手裡握槍的人爭論時。

去年夏天，在波普過世前不久，我們在布拉格見面。他和我說了一個故事。他說好多年前，他在奧地利的一座湖邊試圖和某個男人辯論這一點。那個人說：「我不跟

人吵架；我只會開槍」。後來他穿上了親衛隊的制服[5]。

弔詭的是，這仍然是這個世界目前面臨的主要兩難。如果我們想要開放社會的話，我們必須做好為其而戰的準備。我們必須相信它是共同的利益，排在個人利益之前。但那些自稱投身宣揚民主和自由市場的人中，卻很少有人認同這種觀點。

太抽象了。

是沒錯。但當前也有一個抽象的概念似乎成功獲得了廣泛認可，那就是自由競爭的概念。這種觀念幾乎已經變得像母乳一樣，只要讓人們追求一己私利，市場機制自然會搞定其他事情。這個論點背後是市場絕不會犯錯的假設。如你所知，我的立場與此相反。所有的人類思維構建都存在固有缺陷，而政府控制無效不代表沒有政府控制就會更好。市場機制比其他安排要來得更好只是因為它能夠提供回饋以及容許錯誤被修正。這和邱吉爾對民主的見解一樣：排除其他體系之後，它就是最爛的體系了。

我相信自由市場和民主，但我和那些主張自由放任的人有一個見解不同：不能只追求一己私利。您必須要把自由市場、民主和開放社會的共同利益擺放在私人利益之前，否則體系將無法存活下去。

金融市場有一項缺陷：它本質上就不穩定。金融市場需要有一個明確擔綱維持或重建其穩定性的主管機關來監督。歷史已經讓眾人看見，不受規範的市場很容易崩壞。中央銀行體系的發展就是好幾次銀行危機後的產物。

但這裡又出現另一個棘手的問題：立法機關並不比市場更完美（事實上，甚至比市場更不完美），因此法規總是會帶來預期外的影響。管控措施往往是在市場機制運作瓦解時進行介入，但法規卻相反，法規會創造扭曲，最終導致管控機制無法運作，致使管控機制跟著瓦解。然後，我們就會從自由放任的極端擺盪到過度管控的另一個極端。

重要的問題在於擺盪會擺得多遠？是否會留在可接受的範圍內，或是會超出可接受的範圍？在一個運作良好的金融體系或運作良好的政治體系中，管控其實非常細微，細微到甚至無人察覺，但當系統瓦解、出現崩盤或經濟蕭條時，那麼管控也可能變得太超過。如果開放社會不會瓦解，那封閉社會也不會有存在的空間了。

5　請參照波普的《框架的神話》（*The Myth of the Framework*）一書。這個事件顯然對波普日後的人生造成了重大的影響。

所以您認為歷史中存在封閉社會和開放社會交替的模式？

完全不是。除非歷史遵照著預定模式發展。我的思考邏輯重點在於事件的發展無法確定。如果人們願意奉獻心力保護開放社會，開放社會其實可以永久存續——開放社會的壽命長短取決於人。封閉社會有時看似也能永久存續，即使當它看起來不是這樣時，它們也試圖自稱能永垂不朽。你仔細想想，你提到的封閉社會和開放社會間的交替並不屬於歷史的一部分——那是我們在區別開放和封閉社會時，才套用到歷史事件上。如果這是我們唯一能做出的區別，那這也就是我們唯一能觀察到的模式。

我應該要點出開放和封閉社會並不真的是歷史概念。歷史有其時間界線，而這些概念則不受時間所限。它們只是恰好和歷史上的這一刻有關，對於一九八九年的革命又特別有參考價值。但在歷史上的許多其他時期中，其他的區隔方式比較有參考價值。

如果開放社會不是一個歷史概念，那它是什麼？

它是一個純理論的概念，構築於思想和現實之間的差距之上。面對這種差距，有兩種處理方式，開放社會承認這個差距存在，封閉社會則不承認。這些都是抽象的模式，現實狀況有可能與它們近似，但不可能完全貼合，否則現實與思想之間就不會存

在差距了。

您的開放與封閉社會架構，和您說的接近均衡與遠不及均衡之間的區隔，有什麼關聯？

開放社會對應到接近均衡的狀況，封閉社會則比較像靜態不均衡的狀態。這沒有什麼值得意外，畢竟兩套二元論有相同的前提，即參與者是在不完美理解的情況下採取行動。

動態不均衡在其中扮演什麼樣的角色？接近均衡的狀況等於開放社會，極端僵硬的狀態則等於封閉社會，那又該怎麼看待極端的可變性（changeability）呢？

喔，那是政權輪替（regime change），而非政權。它是一套在時限內發生的過程，而不是事務的某一種多少具持續性的狀態。就像海森堡的定理中所提到的量子，也可以被看成是粒子或是波。到目前為止，還可以理解嗎？

還可以。

接近均衡與遠不及均衡的狀況間的區隔，以及開放和封閉社會之間的區隔，在政權輪替的學問中得以交會。我對於政權輪替特別感興趣，不過我也必須強調，開放社會和封閉社會並非歷史上唯二能觀察得到的政權。其實，這兩種政權沒辦法真正在歷史上觀察到，因為它們也只是理論架構。歷史上可以觀察到很多種不同種類的政權：政治政權、經濟政權，或是某個企業、產業或機構中獲得主導性的政權，甚至是個人生命中面臨的不同政權，例如與不同的伴侶結婚，還有不同的思想流派、風格等等。這些類型的政權輪替也應該適用我的政權輪替理論。

現實生活中，您很難找到能夠獨立運作的政權。即使是在金融市場中，盛／衰時序也經常被外部衝擊打斷。舉例來說，國際投資的盛／衰時序就被墨西哥危機打斷了。我還沒有深入說明政權的組成和政權間如何相互碰撞。

我這輩子不斷捲入政權輪替，無論是在理論或實際層面都是。我在理論方面遲遲無法取得長足的進展，因為我還沒辦法定義政權由什麼構成。政權是一種思維構建，但究竟是哪一種呢？

倒是我在人生中很早就開始經歷實際的政權更替。作為一個十四歲的猶太男孩，經歷了納粹對匈牙利的占領，隨後又經歷了蘇聯的占領。我開始在金融市場活躍以後，

盛／衰時序成了我的專業領域。我成立基金會時也剛好就被捲入一場革命。

您對開放和封閉社會的理論，與您的盛／衰理論之間的關係是什麼？

盛／衰時序的流程和其他類型的政權輪替很難分開研究，因為政權並非各自獨立。更何況，不同政權之間的關係也相當混亂。政權之間的關係也不是那種小政權完全包覆在大政權下的工整巢狀對應。政權以一種非常危險的方式不斷形成、瓦解和彼此重疊，也是因此才會有那麼多關於外部衝擊的討論。

就這方面而言，開放和封閉社會其實相當特別。它們非常全面，影響觸及既存事物的一切面向，並澈底包覆所有其他政權。這樣的特性讓它們成為特別適合作為研究政權輪替的材料。能夠有機會研究像蘇聯體系這麼一個無所不包的封閉社會如何起落，實在非常難得。

另一方面來說，開放和封閉社會也相當獨特。它們構成能讓人心生嚮往的理想（ideals）。我強烈認為開放社會是社會組織的理想形式，很多人也這樣認為，特別是曾經在封閉社會中生活過的人們。

不過開放社會也不是完美無缺的理想。不穩定性、價值觀念的匱乏都不是很好的

特質。也是因為這樣，開放社會才會是如此薄弱的理想。封閉社會塑造的願景就誘人多了，只是在封閉社會中願景與現實相去甚遠，但在開放社會中，兩者的距離其實很近。人必須要能明白思想與現實之間的差距，才有辦法選擇支持開放社會。

歸根究柢，開放社會到底有什麼條件讓它能夠成為一個理想？

開放社會立足的基礎是我們承認自身的認知有所缺陷。這聽起來是個缺點，但是也可以是優點：不完美的事物可以獲得改善。接納我們自身的易謬性所帶來的不確定性，才能看見永不止息的改善的願景。

科學就是最好的例子。科學代表人類智慧的至高榮耀，而科學正是深植於相信自身易謬性的學問。如果科學理論所言即是最終的真相，那就不必再進行測試，如此一來科學也將停止進步。

科學是個特別的例子，因為它有可靠的判斷標準作為靠山，也就是事實。但人類追求的其他領域，像是哲學、藝術、政治和經濟，在批判性流程上就沒有這麼得天獨厚的條件了。雖然如此，人在放棄達成不可能達成的完美以後，進步的道路就會出現，這點依然正確。看看過去的例子，就能發現開放社會往往都與進步和繁榮有關。

不過，開放社會有一個致命傷，就是生在開放社會中的人並不認為開放社會是個值得捍衛的理想。原因也不難看出。開放社會賦予人選擇的自由。選擇的自由被剝奪時，它就成為值得捍衛的事物了；但在擁有選擇的自由時，擁有這樣的自由本身還不夠，還有太多選擇得做。你不能只是支持民主黨，你必須要在社會民主派、自由民主派、基督教民主派或其他民主派之間抉擇，所以民主黨內部總是爭執不休，在此同時，支持封閉社會的人卻可以維持紀律和團結。

這是否代表開放社會終將失敗？

完全不是。只要大家都認同開放社會是彼此共享的價值，民主派就能夠在內部爭論不休的同時抵禦開放社會的敵人。問題在於開放社會本身就是自己最大的敵人，因為開放社會並沒有被當作共同價值。這正是卡爾．波普沒有點出來的事情。像我前面說的，人們可能願意為一個國王或一個國家犧牲，雖然這種情況愈來愈少見，但人們肯定不願意為了開放社會的概念犧牲。

為什麼這個國家的人民，要為了另一個國家能成為開放社會而犧牲呢？

好問題。答案是開放社會是個普世概念。易謬性是人之常情，無人能夠倖免。《獨立宣言》宣告人生而平等，獨立宣言中論述的那種平等並非理所當然的存在，但是「人生而平等」套用在人類的處境上倒是合情合理。就我們的易謬性（以及終將難逃一死）來看，我們確實生而平等。這點可以做為普世價值的基礎。

我還是不清楚您對於自身易謬性的信念如何讓您認為開放社會是普世價值的基礎。

這件事沒有那麼明顯。我可以盡自己所能地宣傳，我也確實這樣做了，但我沒辦法期待他人也認同我的觀點。事實上，我必須認知到自己在某些層面與眾不同，撇開智識層面不談，世界上沒幾個人擁有超過自己需要的財富，這點讓我和其他人不同。就好比是我可以不受地心引力影響，可以放任我的幻想恣意暢遊，而我的幻想就是要推廣開放社會。但我在這點上也碰到我自己的易謬性——一個我無法掙脫的限制。

要實現開放社會，只有我相信並不足夠，需要整個社會共同相信這個信念。在這一點上，我卻很遺憾地被欺騙了。我看過生活在共產政權下的人熱忱地相信開放社會的理念，雖然他們不見得用相同的詞來稱呼，但一切不言自明：我們相信同樣的價值。我可以利用自己的基金會加強他們的力量、賦予他們能力。但我在理論架構中也看到

開放社會面臨價值匱乏的問題。我認為歐洲尤其需要一個能啟發他們的概念，因為歐洲國家之間相互簽定的條約，並不足以讓歐洲團結一致。而我曾以為東歐對開放社會的強烈追求能帶來歐洲需要的啟發。別笑我，我當時真的這樣相信。

但事情並沒有如我預期地發展。西方國家並沒有在需要的時候站出來，革命的烈火也轉弱了。現在，已經很難再說有任何前蘇聯國家滿腔熱血地在追求開放社會了。我手中握有一個基金會網絡，而那個網絡確實讓革命的火苗不至於熄滅，但我還是必須捫心自問：我是否在追求一個不可能達成的夢想？與基金會合作的人大抵上確實相信開放社會。從這個角度來看，我並不孤單。但我也透過基金會網絡輸送金錢給他們，讓他們免除了許多其他人面臨到的限制。這方面來說，我們是一起在做一場美夢。要讓美夢成真，社會整體必須要相信開放社會的價值。但在這一點上，我看到一道難以跨越的難題。這道難題現在並不緊迫，因為開放社會的概念正逐漸失勢。但假設這些國家成功轉型成一個開放社會，它們就會變得像西方的開放社會一樣，開始追逐自身利益，不再關心開放社會的理想。我已經在捷克共和國看到這樣的跡象了。

這讓我把注意力轉移到西方的開放社會。我必須想辦法說服他們把開放社會當成共有財和共同價值看待，可是我不知道要怎麼做到這件事。一般來說，人可以參考自

己的信念。我曾經讀過亞里斯多德的一個理論，他認為人其實是用自己的樣子創造了神。然而，這套理論套在這個案例上就只是個笑話。我必須把自己當成一個特例，並且謹記我自己在全心投入追求開放社會之前，也是全然只在乎賺錢。我不能把自己當成範例，而是得找其他方式佐證我的論點。但我碰到阻力了。我發現自己和主流趨勢逆向而行。作為一個投資人，我可以打退堂鼓。但這件事的影響太大了。我清楚看到主流價值對於我們的文明產生威脅。這是一場即使會輸也值得打的仗。

讓我來幫您一把好了。一步一步來。首先，請告訴我，您對於人的易謬性的信念怎麼樣連結到開放社會的概念，因為這點我還是沒有很明白。

非常好。我以為自己已經解釋過了，但我可以再解釋一次。如果沒有人能夠掌握最終的真相，我們就需要一種能夠保障人們選擇的權利的社會組織型態。

但若沒有人能夠掌握最終真相，您又憑什麼把您的社會組織型態強加在他人上？

這種社會組織型態也昭示在美國憲法中，也是英國不成文憲法背後的精神。

我還需要一個能說服自己去為其他國家的開放社會奮戰的論點。

這就是問題所在了。世界需要一個提倡和保護開放社會原則的全球秩序，但沒有人意識到這個需求。我們從未有任何全球秩序，為什麼現在就需要？國與國之間的關係向來由國力決定，和平與穩定向來靠權力平衡來維持。然而，原先高度穩定的權力平衡局勢在冷戰時期瓦解了，也看不到新的平衡取而代之。我們必須要找出一些共識和普世概念，幫助我們對抗企圖透過衝突創造民族主義或基本主義獨裁者的人。我相信開放社會可以成為這樣的共識，但只有我這樣相信。沒有共同的信念和穩定的權力關係，我們的文明將邁上一條坎坷之路。這是我一直想傳達的重點，也是我作為哲學家與行動主義者到目前為止始終未能成功的地方。

第十章 權力與迷思
The Power and the Myth

我們認識二十五年來，您的人生發生了非常多變化，但最明顯的變化大概就是您成為了擁有極大個人影響力的人。這對您的人生有什麼影響？

我的人生因此更為順遂。它也帶來了一些負面影響，但整體來說，我因此得以實現一個願望，我一直希望自己的想法能被大眾聽見，而在我人生大多數的時候，這件事情都無法實現。直到英鎊危機後，我才躍身為公眾人物，那起事件實實在在地改變了我在世界上的地位。現在我最在意的就是自己想法的內涵是否對得起它得到的聲量。

我記得在一九九〇年代初期，我們談到，您沒辦法把自己對於東歐事務的觀點傳達給美國財政部與國際貨幣基金（IMF）。我當時跟您說，美國政府只把您看成又一個在華爾街賺進大筆錢財後，轉而追求個人重要性的人。那時，我們討論到您是否應該增加曝光度與媒體關注度，因為這是讓您的想法被聽見的方法之一。後來，您就開始

了一場龐大的個人行銷計畫，目的就是要建立您現在所擁有的影響力。在那之前，您的行事風格其實並非如此，只是這樣做能夠幫您達成您的目的。

這樣說其實不太正確，我並沒有做什麼個人行銷。我只是沒有像一九八九年之前那樣閃躲媒體。我確切知道這個轉變發生的時間點，是在一九八九年十月、十一月左右。那時我想和老布希總統搭上線，和他談談處理蘇聯的新對策，但我就是搭不上線。我最多能夠接觸到的就是當時的副國務卿賴瑞．伊格伯格，想再更高層就沒辦法了。我就是在那時候決定要出書。但其實在更早之前，我也試圖和柴契爾總理會面，說服她出手設立一個對蘇聯的柴契爾計畫。我認為她是當時唯一能夠帶領世界走向正軌的人，因為她同時受到歐洲和美國的信任。但我沒有辦法接觸到她。我成功送了一些備忘錄到她手上，但她一直到卸任後才聯繫我，想聽聽我對成立基金會的看法。我也沒辦法和戈巴契夫碰上面，他一直避免和我見面，因為他不想談論經濟。所以儘管我很活躍也很有影響力，我卻沒有管道去做自己想做的事。很諷刺的是，我並不是因為我的慈善或哲學理念而被世人認識，反而是因為賺錢的能力。是我對英鎊的殺戮讓我躍身名人之流，我想這就說明了我們社會的主流價值是什麼樣子了。

您在英鎊危機中的成就和媒體關係是建立公眾形象的絕佳助力，您的影響力也是這樣發展出來的。

我對於這個影響力的概念不太能接受。人人都說我有很大的影響力，可是這個影響力的內涵究竟是什麼？我能影響市場嗎？或許可以，但只有在我猜中市場動向時才做得到，只要猜錯，就會死得很難看。我能影響政府嗎？現在開始慢慢可以了，但這也是因為我過去建立起的名聲。

您的影響力來自您的名聲，而非名聲來自影響力，而名聲又來自媒體。

但是我並沒有去追求媒體曝光。我唯一做的就是上亞當．斯密（Adam Smith）[1]的《金錢世界》（Money World）[2]節目接受訪問，談論英鎊危機。那次採訪以及另一次上英國電視節目把我形塑為「讓英國銀行（Bank of England）破產的人」。若我沒有和媒體維持一定的距離，我想媒體可能會更早開始著手摧毀我的形象。正是因為我不追

1〔譯註〕美國著名財經作家、電視節目主持人喬治．古德曼（George Goodman）用於著作及節目主持之化名。

2〔譯註〕美國公共廣播電視台於一九八四年至一九九七年間播出的財經節目，獲得許多獎項殊榮。

求媒體曝光，所以媒體才對我的想法有興趣。不過，我沒辦法決定曝光的主題。媒體都是為了財經事件來詢問我的看法，通常我都不予回應。而我也不諱言，在一九九二年以前，我想在《華爾街日報》（*The Wall Street Journal*）或是《紐約時報》（*The New York Times*）上發表評論，都還不得其門而入。

您提到媒體開始轉而攻擊您了。

基本上，我的形象在多數西方國家的媒體上都算良好，而且已經算維持得很久了。一直到後來人們聽膩了我做了多少好事的故事，就開始挑毛病。所以我其實不該太放在心上。倒是有另一件事讓我覺得更煩心。由於我的影響力被誇大，我成為了時下反猶陰謀論（anti-Semitic conspiracy）的主要箭靶。若說這世界上有哪個人真的能符合猶太財富陰謀論（Judo-plutocratic）[3]，與布爾什維克錫安主義（Bolshevik Zionist）[4]陰謀份子條件的話，那就是我了。事實上，我在東歐的形象也逐漸被描繪成這個樣子，在西歐也多少如此，在美國比較沒有。這真是善行必遭譴責的絕佳例子。我最初設立開放社會基金會的目的是要創造一個讓這種陰謀論無法竄升的社會，但在提倡開放社會的過程中，我卻同時養大了一股助長這套陰謀論的詭異力量。您不覺得諷刺嗎？

我想這是不是就只是成為名人以後的必然結果？一開始，您會成為媒體寵兒，媒體會因為您的成就而想採訪。但當大眾對您的一切瞭若指掌後，那麼唯一的樂趣就剩下找理由攻擊您。所以我想這就只是這個圈子的必然，背後沒有其他原因了。

您會這樣想，是因為您是美國人，不熟悉歐洲的許多常見迷思，東歐又特別嚴重。反猶主義在歐洲有深厚淵源。它並不是在希特勒之後才出現，而是在十九世紀末或甚至更早之前的反猶騷亂中就已經存在了。平時，這種想法棲息在人們思想的暗處，但會在遭逢麻煩事件、局勢動盪和人心不安時浮上檯面。

您的猶太背景是否對您的思想有所影響？

影響很大。站在我的立場想想看，我在十四歲就因為身為猶太人而面臨生死存亡。如果是你，難道不會受影響嗎？那時我才注意到這個問題存在，但這個問題其實從我出生以來就一直沉潛在腦海深處。我人生大部分的時間，都花在與這個問題和解。

3〔譯註〕一種針對猶太人的陰謀論，認為猶太人密謀併吞全球財富並掌控世界。
4〔譯註〕認為俄國一九一七年革命為猶太人煽動布爾什維克派發起的陰謀論。

您是因為自己的猶太身分，才如此忠於開放社會的理念嗎？

這兩者絕對有關連。如果你觀察猶太人如何面對迫害，他們通常會從兩種逃跑途徑中選擇一個。其一是他們把自身面臨的挑戰昇華為普世面臨的問題來看，其二是他們轉而認同迫害者，並試著模仿迫害者的作為。我來自一個相信同化主義的家庭，但我選擇的是第一條道路。還有一個選項是錫安主義（Zionism），也就是要建立一個以猶太人為主的國家。

您反對錫安主義嗎？

我對它不怎麼感興趣，我感興趣的是全人類的共同處境，但我也從來沒有積極反對過錫安主義。我認為身為猶太人，除非我真的成為以色列公民，否則我沒有權力去反對以色列這個國家。我相信，如果我移民去以色列，多數時候我會像許許多多的以色列人一樣，站在反對國家的一方。就現在而言，我就單純不去碰觸這個議題。也許這是種逃避吧！

我最近去了一趟以色列，對於拉賓（Yitzhak Rabin）[5]政府試圖促成的以巴和解非常支持。唯一的挑戰在於他們找錯合作對象了。阿拉法特（Yasser Arafat）[6]已經大幅

失去阿拉伯社會的支持了，所以他才願意談判。我的猜測是，要能成功達成以巴和平，哈瑪斯（Hamas）[7]也必須被納入和平協商的過程。我曾經和佩雷斯談起我和雅魯澤爾斯基（Wojciech Jaruzelski）[8]的一次會面，那次會面的時間點，是在那場最終促成團結工聯取得執政權的和談發生之前。雅魯澤爾斯基告訴我，除了團結工聯以外，他誰都可以談，因為他認為團結工聯的人是叛徒。我和他說，他大錯特錯，團結工聯的領袖十分愛國，即使達成協議會削弱他們的勢力基礎，他們仍迫切想要達成協議。重工業是他們的勢力基礎，但經濟改革其實會摧毀重工業。我後來聽說，雅魯澤爾斯基把我的論點聽進去了。對於佩雷斯，我不敢說他也會聽進我的話，不過，換個角度來看，

5〔譯註〕一九九二年至一九九五年間擔任以色列總理。任內偕以色列時任外交部長佩雷斯（Shimon Peres），與巴勒斯坦簽訂奧斯陸協議，促成中東地區和平。

6〔譯註〕簽署奧斯陸協議的巴勒斯坦領袖。

7〔譯註〕巴勒斯坦的伊斯蘭教遜尼派組織，為政教合一、擁有武裝力量的組織，長期反對以色列且考慮以武力消滅以色列。

8〔譯註〕一九八九年當選波蘭共和國總統，任職總統前曾因承受蘇聯壓力而鎮壓團結工聯，但在蘇聯逐漸轉弱後展開與團結工聯的對話。

團結工聯的人也比哈瑪斯的人好上太多。

您的猶太身分是您對於一切民族情操都抱持懷疑態度的原因嗎？

我並不是反對所有形式的民族情操，我反對的只有那種堅持「無論對錯，這就是我的國家」的民族主義。巧合的是，這種態度在居住於當事國國內的人民身上比較少見，反而是在身處異鄉的人身上比較常見。這類型的人為愛爾蘭、希臘或波羅的海等國家帶來很多問題，以色列更不用說。除了這點，我認為人對於國家或民族身分的感情是開放社會非常珍貴的一個層面，以一種正向的方式對多元性產生貢獻。

您怎麼看待自己的猶太身分？

我以身為猶太人為傲，雖然我必須承認我花了一輩子才達到這個境界。同化主義造成的自尊低落問題困擾了我很長一段時間。

一直到我認可了自己的成就以後，我才有辦法卸下這個重擔。

對我而言，身為一個猶太人等同隸屬於一個少數族群。我相信所謂的猶太才智存在；只要看看猶太人在科學、經濟活動或藝術中的成就便能知道。這是猶太人努力超

脫少數族群身分並努力追求普世貢獻的成果。猶太人早已學會從非常多不同角度思考問題，這當中甚至包含極為矛盾的觀點。身為少數族群，猶太人等同於被迫進行批判思考。如果我身上有任何所謂的猶太才智，那就是具批判思考的能力。就這個層面而言，猶太身分是我人格非常重要的一部分，就像前面說的，我也以此為榮。

我也知道自己的思想中存在某種猶太烏托邦主義，我的基金會就體現了這一點。這是歐洲聯盟讓我倍感振奮的原因。在歐盟底下，每個國家都是少數族群，那正是歐盟的概念如此誘人的原因。

人很容易把自身放大為世界。多數人的原則都源於自身經驗，我也不例外。因此，你一開始問到我的觀點是否受到我的猶太背景影響，答案是肯定有，但這又有什麼不可以呢？

在東歐，這點絕對會被用來攻擊您。

確實是。但我認為開放社會這個理念的成敗應該要取決於它的本質。猶太人並不是世界上唯一的少數族群。在多數的社會中，唯有當身為少數的人們敢於為自己的意見發聲時，少數族群的意見才有可能成為主流。

您怎麼回應來自東歐的反猶攻擊？

你沒有辦法直接與反猶主義對抗，禁止沒辦法讓它消失，只會讓它躲到檯面下。處理反猶主義最好的方式就是教育。反猶主義是無知的人的安慰劑。如果把它攤在陽光下，它就會枯萎。如同大法官布蘭迪斯（Louis Brandeis）[9]所言：「陽光是最好的消毒劑」。匈牙利就有這樣的例子。曾經有個極右派組織認為我的基金會和我本人在散播「非匈牙利」（un-Hungarian）思想，因此把我們列入攻擊對象之一。但他們敗在白紙黑字寫出了自己的想法，並在輿論審視下暴露了自己的不足，最終沒能進到國會。

那些攻擊不會讓您生氣嗎？

一點也不會，我不把它看作針對我個人的攻擊。我很高興能面對這些攻擊並且有能力反擊，就像是在驅魔一樣。無論如何，我就是這樣看待這件事。

在這樣的背景下，我覺得金融市場上圍繞著我的神祕色彩非常惱人。金融市場確實非常神祕，我自己都無法完全理解。我現在意識到，原來我以前沒發現自己的影響力。舉個例子，我們之前曾經想出手收購破產的義大利連鎖飯店CIGA，但喜來登（Sheraton）出了更高的價格。但他們也沒拿下控制權，因為股東認為，如果索羅斯想

要出手買這家公司，那他們也想要買，因此認購了新的股份。我覺得從那時起，我們的名聲就開始消退了。我想表達的是，我在金融市場上的影響力並非全然虛構，而是具有煉金性質。而煉金術恰好符合那些陰謀論編織者的胃口。你真的無法想像那些東歐記者可以捏造出什麼樣的瘋狂故事。他們很擅長含沙射影，要拿事實和他們對質幾乎是不可能的事。就這點上來說，有些西方媒體也不遑多讓。

媒體大概覺得您的動機很可疑。他們就是沒辦法相信您現在所做的一切是出於利他的理由。這在人類的經驗中幾乎前所未見。通常每個人都暗懷某種意圖，而媒體迫不及待想挖出您的真實目的。

我不怪他們。換作是我，我也會覺得可疑。我意識到自己的處境非常古怪。事實是，我建立了很大的權威，特別是在我設立了基金會的國家。我到近期才在某次和馬其頓總理布蘭柯·茨爾文科夫斯基（Branko Cervenkovski）的對談中發現原因。大家

9〔譯註〕二十世紀初期的美國大法官，長期關注少數族群、勞工及婦女權益，提倡公開是消除社會與工業弊病的方法。

普遍認為國家只有利益，沒有原則，政治人物也一樣。但作為一個無國界的政治家，我的立場正好相反：我只有原則，沒有利益。這點造就了我的權威。以一名股市投機者而言，坐在這個位子上是件很奇怪的事，但這件事能帶來很大的滿足感。說什麼我也不願意放棄這種滿足感。因此，即使我真的暗懷其他目的，我也沒辦法放任自己去追求。但我不期待媒體能理解，我自己也是近期才逐漸理解。

我不想要高舉利他主義者的旗幟，我不相信人行事可以不帶個人動機。我賺得的財富已經超過我需要的，所以我的處境其實非常得天獨厚。如果沒有多餘的財富，我就不會投入慈善了。我也想再強調一次，我是有了錢以後才開始當慈善家的。這要感謝複利的力量，如果你能夠連續二十五年，每年都有三十%到四十%的報酬率，那就算一開始投入的金額很小也還是能賺到很多錢。我累積的財富真的非常可觀。我想我和其他擁有這麼多財富的人之間的差別是，我最感興趣的是思想，錢對我個人而言也沒有太大用處。但我很討厭去設想，如果沒有賺到這些錢會是怎麼樣的處境：我的想法就完全沒有舞台了。

大家都把重點放在您的基金會上。除了基金會之外，您有支持其他的慈善活動

嗎？像是藝術性組織？或是捐錢給與您沒有直接關連的慈善目的？

很少。我的基金會會支持其他追求類似目標的基金會，但我個人的力量只侷限在自己的基金會上。事實上，我對這點非常堅持，因為一旦有了例外就會沒完沒了。舉例來說，我拒絕贊助大學教授席位（university chair），我也不捐錢給歌劇院或交響樂團。

物質向來無法為您帶來太大的快樂，您也沒有蒐集任何東西的嗜好。

對。我認為蒐集東西完全和我的天性相反。我很重視抽象思考，而蒐集東西則是人世間最為具體的事務。蒐集不只是買很多幅畫或在地窖裡收藏好幾瓶紅酒就夠了，還得記得它們的名字，我覺得那很累人。

您看待錢的方式很有意思。您曾經跟我說，我有足夠的聰明才智可以賺大錢，但我看起來對賺大錢沒有興趣。這是什麼意思呢？

商業其實沒有那麼複雜，不少才智一般的人都能過上好日子，極度聰明的人如果認真投入就能賺上一大筆錢。你的問題在於你想做有趣的工作。想賺大錢的人不在乎自己做的事是什麼，他只管能獲利多少。他成天就想著怎麼樣才能賺更多錢，假設是

需要開更多擦鞋攤，那他就會那麼做。

那什麼能帶給您快樂呢？

我還是學生時，讀了一本叫做《觀念的歷險》（*The Adventure of Ideas*）的書，我印象中作者應該是阿佛列・懷德海（Alfred North Whitehead）[10]。我想，會吸引我的就是觀念的歷險。基本上，思考是我存在這個世界上最重要的一件事。我是個很愛思考的人，喜歡理解事務。年輕時，我很喜歡做哲學推論。我浪費了很多時間在反覆咀嚼某些想法，但後來我發現人從行動中能學到的比思考更多，所以我成了一個行動派思想家，讓思想成為我採取行動時的重要依據，而我的行動反過來對我思想的演進扮演重要角色。這種思想和行動之間的雙向關係成為了我的哲學和人生的招牌。

那成為億萬富翁有帶給您什麼物質上的好處嗎？

物質上最大的好處大概就是可以打上一場很不錯的網球。還有一些其他好處，可以認識有趣的人肯定是名列前茅的一項，只是現在收到的邀約多到我根本沒時間參加任何活動。但我確實也會參與一些很有意思的事。你可以說我是一個歷史狂，因為我

真的很想要影響歷史走向。有趣的是，我現在開始慢慢戒掉這種狂熱了。早些年，我為了發揮影響力、成為重要的人，可以說是什麼都肯做。但當我開始能夠產生影響力以後，我便愈來愈謹慎，也沒那麼急著要讓別人感受到我的影響力了。我覺得這個變化讓我做事更有效率，因為我不再一頭栽進連天使都退避三舍的情境裡了。我會保持安全距離。我不再對外宣傳自己的想法，而是等其他人來詢問我的意見，不再試著把我的看法強加在他人身上。毫無疑問，能夠成為歷史舞台上的一員對我而言確實深具吸引力，但是我現在已經不再需要感受到自己的重要性了。

您怎麼看待自己的歷史定位？

很難說。確實，我以基金經理人的身分為自己在拉什莫爾山上掙得了一席之地，而且這個地位無論如何都相當穩固，頂多會褪色一點。在我設立了基金會的那些國家，我也創造了實質影響。但是我有辦法靠自己的想法名留青史嗎？我有辦法好好構築自己的想法並且向世人清楚傳達嗎？這些想法是對的嗎？這才是對我而言最重要的事，

10〔譯註〕英國數學家、哲學家及教育理論家。

也是讓我最沒有安全感的事。我的那套思想套用在賺錢和捐錢上有用，但是對我有用不代表它放諸四海皆準。反過來說，某些層面上我其實是個特例。我賺的錢比我這輩子需要用的還多，因此我等於是不受地心引力法則拘束：我有本錢可以提倡抽象的原則。但我不能期待其他人做一樣的事。我也是到賺了錢以後才開始的，如果我在那之前就提倡那些原則，我可能就賺不了錢了。這點就是我認為開放社會作為一個政策目標最讓人擔心的事。人們有本錢提倡開放社會嗎？

您有。您的地位非常獨特，這就可以是您在歷史上的定位了。

這正是我看待這件事的方式，也讓我感到很滿足。但困難在於如何從個人推及全世界。抽象想法對我來說有很大的意義，裡面包含很多情緒和個人經驗。但抽象想法對於其他人會有同樣的意義嗎？我很懷疑。但大部分的人都無法將開放社會視為值得追求的目標，我們的全球體系又將如何延續下去呢？這是現在全世界面臨的問題，我也不知道解答。這是我卡住的點，我認為我們全部的人都陷在這裡。

您會不會因為全球問題如此複雜而覺得有些灰心？

當然會。如您所見，人類的能力有所侷限。在我人生的前六十年，我主要都在應對外在挑戰。但當我獲得了一些權力和影響力之後，我愈來愈意識到自己內在的侷限。我在放入個人情感時會有個限度。在處理像是波士尼亞、車臣這些極度駭人的人性慘劇中，我逐漸麻痺了自己的感受。我不想承認這點，但它確實發生了。我也愈來愈意識到自己智識上的侷限。我以前認為我可以在解決世界的問題上做出正面貢獻。我一直都知道很多問題無法可解，但我以為自己能帶來一些新的見解。我現在還是這樣想，但有些情況真的是太難解了。我認為世界的挑戰、世界秩序的問題以及聯合國的改革說實在完全不可能解決。

隨著您的重心逐漸轉移到地緣政治上的問題，您不會覺得自己有時沒辦法再像過去一樣那麼關注細節嗎？

其實不會，不過我現在記事情也沒有以前記得那麼清楚了。這是變老的好處之一。多數人都很怕失去記憶，失去記憶是一件很讓人痛苦的事。我不受這點困擾。首先，我身邊有助理可以幫我記得事情。第二，外人也會覺得，我有比名字和其他資訊更重要的事要記得。如果你會擔心失去記憶，那失去記憶才會是個問題。不過我的腦袋還

是能清楚記得當下的一些概念以及它們的歷史參照點。

好的，喬治，您這一生的經歷如此非凡，我很好奇您是否曾經想像過，您的人生會有多大的成就？

我還是個青少年的時候，確實幻想過達成超越凡人的成就。我前面提過幾次我的神格化和彌賽亞情節。但我愈是接近實現這種幻想，就愈是看見自己的人性。不過，即使野心這麼大，我實際達成的成就也時不時能讓我感到讚嘆，特別是在我的慈善活動這一塊。我在四處拜訪、查看成果時，也會對這些成果感到驚豔和滿足。

您對於自己的公眾形象以及眾人眼中的您有什麼看法？

那不是我。我很清楚自己在世人眼中的定位，我也努力要滿足那樣的期待，但那個形象和我眼中的自己並不相符。我並不比其他人要更瞭解真實的我，但我知道一件事情：即使我明白那個公眾形象並不是我（只是外人眼中的我），但它確實會影響我，也改變了我。個人的我以及公眾形象的我之間存在一種雙向的反射性互動。顯然我參與了這個公眾形象的形塑，但這個公眾形象也反過來形塑了我。我清楚看見它對我的

影響。而我也必須說，整體而言，這個影響為我帶來很大的好處。真實的我因此而成為一個比過去更快樂、更好、更和諧、更滿足的人。換句話說，我很喜歡自己的公眾形象。它是我創造的作品，而我也以它為傲。跟我在工作成就巔峰那段時期相比，我看待自己的方式發生了非常大的轉變。不知道出於什麼原因，我過去一直以自己為恥，但我現在已經不再有這種困擾了。我過去是很封閉的人，現在的我則積極參與投入。總而言之，這樣的公眾形象讓我在私底下也成為了一個更快樂的人。

我覺得這個「私底下的您」是個很有趣的概念，因為看起來很多能讓您愉快的事都是您獨自經歷的。您會從其他人身上獲得快樂嗎？像是家人、朋友？

會。但我也必須承認，我就是自己最嚴厲的批評家。而我對自己的看法也比任何人的看法都來得重要。我被人感恩或稱讚時會覺得手足無措。不過，現在我對自己的看法已經比較正面了，足以讓我有辦法接受其他人對我的稱讚，有時還能因為其他人對我抱持正面看法而感到很大的滿足。而且，也由於我已經非常充分地滿足了自己的抱負，我現在可以空出時間給家人和朋友了。

您也很重視運動，像是滑雪和網球。您會希望能花多點時間在這些運動上嗎？

不會，我覺得自己現在花在上面的時間已經夠讓我滿足了，而且我現在的運動量也多少有限。我固定打網球。以前我很愛滑雪，但現在我覺得滑雪很累。我想，現在我花多少精力在運動上，取決於我有多少精力能花在運動上。我想這種個人的問題我就不再進一步深入回答了。

外界已經放太多注意力在我個人身上了。我對於自我這個議題其實很有興趣，可以談個沒完，因為我覺得父母之間的衝突如何在他們過世這麼多年後，持續在我心中發酵，這件事非常有意思。顯然在我小時候，對那些衝突留下了非常深刻的印象。但這種對於自我的過度執著，已經開始產生一些有害的副作用了。我成為公眾人物是為了提倡某些理念，但現在，不管是和我合作的人或是在我自己心裡都開始產生一個疑問，也就是我的基金會網絡以及其他我所做的一切，是否都是為了放大我自身的重要性。這是個很嚴重的問題。我和其他人沒有不同，做這些事一樣會被人指控是在經營邪教。我想現在已經到了我必須要抑制自我揭露的時候了。這本書應該是我最後一次像這樣剖析自己的人格了。我希望自己有足夠的力量保持這份決心。

附錄

索羅斯文選

Appendix

開放與封閉社會
Open and Closed Societies

本章節摘錄自作者未公開的手稿——〈意識的重擔〉（*The Burden of Consciousness*）。該文於一九六二年撰寫，並發表在一九九〇年的著作《為民主背書》（Underwriting Democracy）[1]中，會納入本書是因為文中對於開放社會的概念有更詳實的說明，進一步闡述了開放與封閉社會的差異，也對於開放社會相較於封閉社會而言，有哪些好處多加著墨。

在本章節中，我將呈現自己原創的開放與封閉社會架構，也是人類在歷史上的此刻所面臨的抉擇。這套反射性架構有兩個面向，一個敘述人類的思維模式，另一個則說明事情的實際情況。兩個面向以反射的形式互動：思維模式影響實際情況，實際情

1〔譯註〕該書未在台灣出版，此處書名為暫譯。

況也會影響思維模式，兩者始終無法完全相互對應。

我必須在此指出這些模型在建構上的瑕疵，這個瑕疵並不是它們形容的情境中會出現的扭曲情況，而是在於這些模型是理論架構而非歷史性架構，但與此同時，它們所描繪的又不是永恆的情況，而是不斷演進的情事。其中涉及了學習（與遺忘）的過程，但模型的架構並沒有完全把這項特色納入考量。我的解決方法是去區分原始型態（有機社會與傳統思維模式）的僵固性（changelessness）與在演進過程中被加諸的僵固性（封閉社會與教條式思維模式）。

變化是抽象的概念，並不會獨立存在，必定伴隨某種正在改變或可能改變的本質（substance）。當然，這個本質也是抽象的，無法獨立存在。唯一真正存在的只有依存於變化的本質（substance-cum-change）。人腦會把本質和變化拆開，藉此讓人在摸不著頭緒的宇宙中爬梳出一些道理。這裡討論的並非實際發生的變化，而是變化這個概念。

將變化視為概念的一大重點是必須做抽象思考。對變化的意識會連結到具抽象特質的思維模式；缺乏對改變的意識則反映欠缺抽象思考的思維。我們可以依循這兩條路徑來建構兩個不同的思維模式。

如果沒有變化，大腦就只需要處理一組情境，也就是現況。過去與未來的情況與

此刻完全相同，過去、現在與未來延續不變，因此各種不同的可能性都可以簡化為一個具體的狀況：事物之所以會是現在這般樣貌，是因為它們不能以其他方式存在。這個原則大大簡化了思考的工作，人腦只要依循具體資訊運作就可以了，可以完全規避抽象思考帶來的複雜問題。我把這種思維模式稱為傳統思維模式。

現在，讓我們轉而試想一個不斷變化的世界。人類必須學習在思考的時候，不只考量它們當前的樣態，也要思考過去的情況與未來的可能。如此一來，就不只要考慮現況，還得去思考無止盡的可能性。要如何把無盡可能簡化到人類可以處理的程度？那就只能透過概化（generalizations）、二分法（dichotomies）和其他抽象化（abstractions）手法。在概化事物時，概化的程度愈高，事物被簡化的程度就愈高。最好的做法是把世界視為一個概括性的方程式，在那個方程式中，現況就是一組特定常數構成的結果。只要改變常數，同一個方程式就能套用到所有過去與未來的情況。操作這類一般方程式的時候，必須準備好接受任何可代入方程式的常數。換言之，除非已證明不可能，不然任何事情都要視為可能發生。我把這種思維模式稱為批判性思維模式（critical mode of thinking）。

傳統與批判性思維模式的基礎是兩個截然相反的原則，但這兩個原則對於現實

的觀點都有其一致性。這怎麼可能呢？唯一的可能性就是呈現了扭曲的觀點。不過，反覆用於同一組情境中，扭曲程度就不需要那麼大，因為依據反射性理論，情境必然會受普遍的思維模式影響。傳統的思維模式對應到我所謂的有機社會（organic society），「開放」社會則是對應到批判性思維模式。我想建立的理論模型就是以此為起點。

傳統思維模式

事物亙古不變，因此不可能存在其他可能性。這或許可以說是傳統思維模式的核心概念。這樣的邏輯絕不完美，它確實包含了我們預期這個模型會出現的內建瑕疵。傳統思維模式的核心概念既不正確又不合邏輯，突顯了它的一個重要特徵，就是這套思維模式在批判性與邏輯性上，都不如人類發展到的程度。它也不需要那兩者，因為邏輯與其他形式的論述只有在一個人需要做選擇的時候，才派得上用場。

僵固社會（changeless society）的特色就是沒有其他的可能性。人腦只需要處理一組情境，也就是事物現在的樣子。雖然可以想像出其他可能性，但那些可能性感覺就像童話故事一樣，因為並不存在通往它們的道路。

在這種情況下，正確的態度就是接受事物與它們呈現的樣貌一致。臆測與批判的範疇有限：思考的主要目標並不是爭論，而是與某個特定情勢妥協。要做到這點，唯一的方法就是採用概括法中最單調乏味的一種。如此一來為人類省下許多麻煩，但同時也剝奪了他們使用更複雜思考工具的機會。人類的世界觀必然十分粗糙且受到扭曲。

當我們去思考知識論（epistemology）的問題，傳統思維模式的優缺點就浮現了。思想與現實之間的關係不是問題，並不存在一個與現實世界分開的思想世界。更重要的是，思考這件事看起來沒有任何主觀或個人成分，而是完全本於代代相傳的傳統。思想的正確性不容質疑。主流觀點被視為現實，或者更準確地說，根本就沒有劃分出觀點與現實之間的那條線。

這個狀況可用人類使用語言的方式來說明。為某樣東西命名就像給它貼上標籤[2]。當我們具象地思考某件事，一個名稱永遠會對應到一個「東西」（thing），那個東西與它的名稱可以交替使用：思維與現實同等外延（co-extensive）。只有在我們進行抽象思考時，才會開始賦予那些無法獨立於命名之外存在的東西一個名稱。我們或許會以

2　引自路德維希・維根斯坦（Ludwig Wittgenstein）的《哲學研究》（*Philosophical Investigations*）I.15。

為自己還是在為「東西」貼標籤，但那些「東西」是因為被我們貼了標籤才存在的。我們為自己在腦中所創造的東西貼上標籤，思維與現實就是從這個點上開始出現分歧。

由於傳統思維模式把思維限縮在具象思考之中，因此規避了這樣的分歧。然而，這種思考模式要為它極度簡化的做法付出非常大的代價。如果完全不去區隔思維與現實，一個人要如何分辨真假？唯一可以用來否定某項論述的理由，就只有它不符合主流傳統。人們必須自然而然地接受傳統觀念，因為沒有任何否定它們的條件。事物看起來是什麼樣子，它就是那個樣子，傳統思維模式沒辦法再進一步探究了。這套思維模式也沒有辦法建立各種事件之間的因果關係，因為證實的結果可能為真，也可能為假。假如證實結果是虛假的，那就表示在我們的思維之外存在另一種現實，那麼傳統思維模式的根基就會被破壞。然而，如果思想與現實必須完全一致，那每件事都必須要有一套相應的說法，如果存在沒有解答的問題，就如同存在有對或錯的答案一般，會摧毀思想與現實之間的一致性。

值得慶幸的是就算沒有因果關係，我們依然有辦法解釋這個世界的運作。萬物的行為都本於它們的自然本質（nature）。既然自然與超自然之間沒有差別，只要賦予物品神靈（spirit），不管發生任何事都用神靈的影響解釋，就不可能會出現內部矛盾，

那麼所有問題都能化解了。大部分的物品看起來都受到某種力量的驅使，因為在沒有因果關係的情況下，各種行為大多包含隨意的成分（arbitrary quality）在裡面。

當思想與現實之間的區別消失了，一套解釋到底是基於觀察或不理性信仰之上，都具有同等效力。只要我們相信一棵樹擁有神靈，那棵樹的神靈就與本體一樣貨真價實地存在。我們也沒有任何理由去懷疑自己的信仰，畢竟前人也相信這套信仰。在這樣的情況下，傳統思維模式搭配極簡的知識論，很容易催生出與現實迥異的信仰。

相信神靈與它們的魔法等同於接受我們無法控制周遭環境，這種態度放在僵固社會中極為適切。既然人類沒有能力改變所處的世界，他們的任務就是認命。謙卑地接受主宰世界的神靈擁有權威，或許能取悅神靈，而探究宇宙的奧祕就一點好處都沒有了。除非人類相信自己能夠改變所處的環境，不然即使真的發現了某些現象的成因，也不會獲得任何實質好處，但改變環境卻是他們連想都不敢想的事。到最後，會想提問的動機就只剩下漫無目的的好奇心了。但不管人類因為什麼原因而想提出疑問，觸怒神靈帶來的危險都會成功地讓他們打退堂鼓。因此，人們很有可能不會想到要探究因果關係。

在僵固社會中，社會條件（social conditions）與自然現象無法分割，都是由傳統

決定，而且都一樣是人類無力改變的，就像人類無力去改變周遭環境一樣。社會與自然法則的分野是傳統思維模式無法認清的差異，因此，人類對社會必須像對自然一樣，懷抱著謙卑的臣服心態。

我們已經看出傳統思維模式無法區辨思想與現實、真實與虛假、社會與自然法則。如果進一步探究還會發現其他被忽略的事。舉例而言，傳統思維模式在面對時間的問題上極為含糊，過去、現在、未來往往會融為一體。像這樣的分類對我們而言是不可或缺的。從我們的角度來看傳統思維模式會覺得漏洞百出。然而，在傳統思維模式當道的情況下，就不是這麼一回事了。例如：在仰賴口述傳統（oral tradition）的社會中，傳統思維模式可以完美發揮它的作用。口述內容會包含所有必要的具體資訊，同時規避任何不必要的複雜情節。傳統思維模式以盡可能簡單的方式去處理一個盡可能簡化的世界。這套模式的弱點並不是它缺乏細節，而是它所包含的那些具體資訊不如用其他思維模式所得到的資訊。這點在我們看來再清楚不過，因為我們有幸擁有更高等的知識。對於那些只仰賴傳統而不具備其他知識的人而言，這件事不會造成困擾，但這項特色會導致整體結構面對外來影響的時候，不堪一擊。敵對的思維系統可以破壞既有信仰的壟斷地位，迫使那些信仰接受批判性檢驗。屆時，傳統思維模式就走到了盡

頭，也造就了批判性思維模式的開端。

以醫藥為例。部落大夫對人體運作認知完全錯誤，他憑藉多年來的經驗得知哪些療法有效，但他很容易出於錯誤原因做正確的事。不過他還是受到部落人民的敬仰，每次的失敗都被視為惡靈作祟，大夫很熟悉惡靈，卻不為惡靈的所作所為負責。只有當現代醫藥科學加入戰局，與傳統醫藥知識相互競爭，正確療法勝過錯誤療法的事實才會展現出來。不管部落再怎麼心不甘情不願或是滿心懷疑，最終還是會被迫接受白人的醫藥知識，因為那些療法成效比較好。

傳統思維模式也有可能面臨它自己造成的問題。如同我們曾見證的，主流信仰主體中，至少有部分注定是假的。就算是在一個單純的僵固社會中，有些不尋常的事件發生時，也必須獲得解釋。新的解釋可能會與既有解釋相互矛盾，兩者間的衝突可能會撕毀傳統世界那美好的簡單架構。然而，並不是每次遇到生存條件改變的時候，傳統思維模式必定會崩解。其實只要沒有受到其他思維模式的威脅，傳統的彈性非常大。本質上，傳統就涵蓋了所有主流解釋，只要某套新的說法變得普及，就會自動成為傳統說法，而且在過去與現在分野不明的情況下，看起來那套說法自古以來就存在。如此一來，就算是變化萬千的世界，也能在很廣大的範疇內看起來一成不變。舉例而言，

巴布亞紐幾內亞（New Guinea）的原始部落就因為採納了船貨崇拜（cargo cult），而成功適應文明變遷[3]。

就算與現代思想競爭，傳統信仰還是有可能維持霸權，當它們有足夠的脅迫力支持的時候更是如此。然而，在這種情況下，傳統思維模式就不能再被視為傳統了。宣告事物必須維持相同樣態，並不等同於世人全心全意地相信這個原則。為了捍衛這項原則，必須宣告某種觀點是正確的，同時消滅所有其他觀點。傳統或許可以作為判斷哪些事物能被接受的試金石，但它再也無法回到它在傳統思維中曾經扮演的角色，也就是唯一的知識來源。為了區別類傳統（pseudo-traditional）與原始的傳統思維模式，我把前者稱為「教條式思維模式」（dogmatic thinking mode），並將兩者分開討論。

有機社會

如我們所見，傳統思維模式沒辦法辨識社會與自然法則之間的區別：社會的框架被認定是不可更動的，與人類所處的環境中其他的部分一模一樣。因此，僵固社會的起始點永遠是社會「整體」（social Whole）而非組成社會的個人。儘管社會成員的生活完全交由社會決定，那些成員對於自己身處的社會具備哪些本質卻無從置喙。社會

的本質已經由傳統替他們決定了。這並不代表個人與社會整體之間存在個人注定會吃虧的利益衝突。在僵固社會中，根本不存在與社會整體有利益衝突的個體。此外，社會整體並不是與個人的概念站在對立面的抽象概念，而是一個具體的共和體，涵蓋了每一位成員。用二分法去區別社會整體與個人，就像許多其他的二分法一樣，只是我們習慣使用抽象語彙的結果。僵固社會的特色就是這樣的共和體，為了了解它，我們必須放掉一些根深柢固的思維習慣，特別是個體的概念。

個體是抽象的概念，因此在僵固社會中沒有意義。社會有其成員，每個人都可以思考，也有自己的感受，但他們基本上並不相似，依據每個人在社會中所處的位置而有所不同。

個體因為是抽象概念而不存在僵固社會中，同理可知，社會整體的概念並非以抽象意義存在，而是一個具體的事實。僵固社會的一體性堪比有機體的一體性。僵固社

3〔譯註〕船貨崇拜在十九到二十世紀之間於大洋洲興起，當時許多歐洲人帶著貨物來到大洋洲的小島，原住民接受了那些外國貨物，並相信船貨本來就是屬於他們的，由祖靈帶到島上來。可以說是透過這樣的信仰，讓原住民接受了新的事物。

會的成員就像生物的器官，他們無法獨立於社會之外生存，在社會中又只有一個位置可以選擇，也就是他們所處的那個位置。他們的功能決定了他們的權利與義務，農夫與牧師的差異之大，就如同胃與大腦。人確實有辦法思考和感知，但他們在社會中的位置固定不變，因此兩相作用的結果和他們完全沒有意識其實相去不遠。

「有機社會」這個詞僅用來指涉有機體的類比未曾被提出的社會，一旦出現了有機社會這個詞，那這個稱呼就不成立了。當莫尼爾斯．阿格里帕（Menenius Agrippa）發現自己需要提出這個類比時，就意味著既有秩序出了問題[4]。

有機社會的一體性令人類群體厭惡。由於傳統思維模式完全不採納抽象概念，每一段關係都是具體且特定的。人與人在本質上的相似性，以及是人就必然擁有某些權利，是另一個時代的觀念。身為人這件事本身，與權利毫無關係，從法律的觀點來看，奴隸和私人財產無異。特權可說是附屬在權位之上，而不是個人。舉例而言，在封建制度下，土地比地主更重要，後者唯有靠著手中持有的土地才得以享受特權。

權利和頭銜或許可以世襲，但這項特質不會將它們變成私有財產。我們或許會傾向把私有財產想成是非常具體的事物，事實卻完全相反。要把某段關係區分為權利或義務這件事，已經是抽象的了，因為具體的關係其實同時包含了權利和義務。私有財

產的概念又更進一步，它代表不附帶任何義務的絕對所有權。在這樣的情況下，私有財產與有機社會中所有權必然有其對應義務的原則南轅北轍。事實上，有機社會沒辦法接受個人擁有生產性資產的所有權，因為那等同於准許資本累積，並創造一個有力的變動源頭。相反地，共同擁有權可以確保那份財產保持原狀而不會進步，因為每次有人投注心力改善它的時候，那個人得負擔所有成本，卻只能取得一小部分的利益。這就解釋了為什麼開放圈地開啟了現代農業的時代。

有機社會也不把正義視為抽象原則，正義就只是具體權利與義務的集合。但是法律的創造包含了某種形式的概括化。除非某個社會已經僵固到跟死了一樣，否則每個案子與前一個案子總會有些細節有所出入，需要調整判例才能套用到新案子。法官沒有抽象的原則可以依循，因此就看他自己如何做出判決。至少有一絲機會是新的決定會和前例不同，好險這不會造成問題，因為新的判決會立刻成為指引未來決策的判例。

這種流程的產物就是與成文法（legislative statutes）相對應的普通法（common

4〔譯註〕阿格里帕是羅馬領事，在西元前五百年左右，靠著將社會比做人體、社會成員比做器官，說明各成員之間必須相互扶持，成功勸退叛軍。

law)。普通法奠基在一個未明說的基礎之上，就是過去的判決結果會一直被套用下去。這個假設嚴格說來並不正確，但因為它太有用了，因此即使社會脫離了有機社會，那項假設可能還是會有很長一段時間繼續被廣為採納。如果想有效伸張正義，規則就必須預先設立。考量到人類知識的不完美，法規不可能預想到全部的偶發事件，也需要前例來補法條的不足。普通法與成文法可以相輔相成，因為即使成文法背後的假設是僵固性，卻可以在不知不覺中按照持續轉變的情境做出調整。同理，只要有機社會的規範寫成法令規章，這個社會就會因為失去彈性而無法生存。法律一旦成文，表面上的僵固性就無法維持下去，有機社會跟著裂解。值得慶幸的是只要傳統沒有受到其他選項的威脅，就沒有任何以永久的形式立下成文法、擬定契約或記錄傳統的迫切需求。

有機社會的一體性意味著社會成員別無選擇，只能依附於社會。更有甚者，這種特色意味著社會成員沒有脫離社會的慾望，因為他們的利益與社會一致：他們認同這個社會。一體性不是由官方宣告的原則，而是所有成員都接受的事實，並不涉及嚴重犧牲。一個人在社會上的位置或許很艱難或沒尊嚴，但那是他們唯一可選的位置，如果沒有那個位置，在世界上就沒了落腳處。

然而，必然有人不遵從主流的思維模式。社會如何處理這樣的人，就是對它的調

適能力（adaptability）最大的考驗。打壓必然會造成反效果，因為會引發衝突，可能激化另一種思維模式的發展。容忍加上懷疑或許是最有效的解答。在處理那些思想與眾不同的人的時候，為他們貼上發瘋、發狂這類的標籤特別有用，而原始社會以容忍心理障礙人士聞名。

只有當傳統的束縛放寬的幅度大到足以讓人靠著努力改變他們在社會中的相對位置時，社會成員才有辦法使自身利益與社會整體的利益脫鉤。這件事情發生時，有機社會的一體性就瓦解了，每個人都會去追求自身利益。在這樣的情況下，傳統的關係還是有可能維持，但必須靠高壓強迫。那已經不再是一個真正的有機社會了，而是像蘇聯那樣以人工維持僵固性的社會。兩者的差別就像是傳統與教條式思維模式的差異，為了強調這樣的差異，我會把這種狀態稱為封閉社會（Closed Society）。

批判性思維模式

抽象化

只要人們相信世界永恆不變，就大可輕鬆相信自己的世界觀是唯一可能。不管傳統與現實的差距有多遠，傳統依然提供了指引，也永遠不需要在具體情事之外，進一

步思考。

然而，在不斷變化的世界裡，現況不會盲目地重現過去的景況。人所經歷的事件並沒有受到傳統的束縛而固定不變，而是有無限的可能性。宇宙讓人摸不著頭緒，因此人類不得不透過簡化、概括化、抽象化、因果關係與其他心智上的輔助工具，才能理出一些秩序。

思考流程不只幫助我們解決問題，也會製造問題。抽象化賦予現實多種不同的詮釋。每種詮釋都只代表現實的其中一個面向，因此單一說法並不能排除所有其他說法：每個狀況有幾個面向，端看人的心智可以探出幾種。如果能完全了解抽象思考的這項特質，抽象化就不會造成那麼多問題了，大家會發現自己在處理的只是某個情境的簡化版本，而不是該情境本身。但就算每個人都完全精通現代語言學的哲學那盤根錯節的知識，問題依舊不會消失，因為抽象化扮演了雙重角色。相較於抽象敘述描繪的事物，抽象敘述本身只呈現了現實的某些面向，它們本身並不真實存在。舉例而言，地心引力不會讓蘋果掉到地上，只解釋了會讓蘋果掉到地上的力量。但是，對於使用抽象化手法的人，抽象敘事基本上就是現實的一部分：抽象化會影響人的態度和行動，因此對現實有極大影響。舉例而言，發現地心引力之後，人的行為就改變了。就

人對於自己所處的情況怎麼想來說，上述兩個角色會同時上場，情況也就此變成反射性的情況。思想與現實之間並沒有明確切分，不斷變化的世界具有無限種樣貌，而抽象化創造出的無限種詮釋方法又會再強化世界的無限樣態。

抽象思考往往會對事物進行分門別類，將現實世界中的相對面向做對比。時間與空間、社會與個人、實際與理想都是這類型的二分法。顯然我現在在構築的這些模型也是如此。那些類別的真實性頂多就和催生它們的抽象化敘述一樣高而已。換言之，那些分類一開始代表對現實的簡化或扭曲，但是透過它們對人類思維的影響，也可能使真實世界中，真的出現這樣的分類與衝突。分類使現實更為複雜，也使得抽象化敘述變得更不可或缺。透過這個流程，抽象化敘述持續壯大自己。這個不斷變遷的世界之所以如此複雜，很大一部分是人類自己造成的。

既然會有這樣的複雜性，人一開始到底為什麼要採用抽象概念呢？答案是，人其實盡可能避免抽象概念。只要世界被認定是僵固而不變的，就完全不會用到抽象敘事，就算到了不得不做抽象思考的時候，也傾向把抽象敘述視為現實的一部分，而不是當成人類自身思想的產物。唯有經歷痛苦的經驗後，人類才會區分自己的思想與現實。由於抽象化是批判性思維模式不可或缺的一部分，因此人習慣性忽略因使用抽象化手

法而產生的複雜性，這件事必須被視為這種思維模式的弱點，而且人愈是不瞭解抽象化的手法，抽象敘述就愈容易使人混淆。

不過，雖然有瑕疵，抽象化依然對我們很有幫助。它們確實帶來新的問題，但人腦會再想別的方法來解決那些問題，直到思想已經精細複雜到傳統模式無法想像的程度。變動的世界不會像不變的世界一樣，擁有僵固社會才可能具備的那種確定性（certainty），但是這種思維模式會以它不完美的方式，提供許多有價值的知識。抽象化會創造無限多種觀點，只要存在夠有效的方法來選擇觀點，批判性思維模式與現實的距離應該會比傳統思維模式近得多，因為傳統思維模式只有一種詮釋方法可用。

批判性流程

這麼說來，在各種選項中做出選擇或許可以被視為是批判性思維模式的關鍵功能。那麼這項工作又是如何執行的呢？

首先，由於思維與現實之間出現分歧，所以一定有一套說法會比另一套更符合實際情況，選擇結果各有優劣，各種說法的效力也不一。現實促使人類做出選擇，也提供了一套評斷各種選項的標準。再者，既然我們對於現實的認知並不完美，自然也就

無法完全掌握那些用來評斷選項的標準，因此，人類未必每次都能做出正確選擇，而且就算做到了，可能也不是所有人都願意接受。更有甚者，正確的選擇也僅是代表現有的選項中比較好的那一個，而不是所有可能的選擇中最好的。隨時都可能出現新的想法和詮釋方式，新的想法必然也有其缺陷，一旦那些缺陷浮現，那些想法可能就得被拋棄。世界上不存在終極正解，只存在逐漸接近終極正解的可能性。因此，在不同選項中做出選擇，其實是一段連續的批判性檢驗流程，而不是機械式地套用固定規則。

我之所以要談「批判性思維模式」，就是要強調上述重點。但這種說法不應該被解讀成是在不斷變遷的世界中，每個人都會抱持思想開放。人可能還是會篤信特定觀點，但在這麼做的同時，他們至少一定會注意到還有其他選項存在。傳統思維模式全盤接受各種說法，但在一個不斷變化的社會中，沒有任何人能夠說，「這就是事物的樣貌，因此不可能有別的樣貌。」人必須提出論點來支持自己的觀點，否則除了自己以外無法說服任何人，而且無條件相信一套被其他人否定的想法很瘋狂。即使是那些相信自己掌握了終極解答的人，也必須考慮到自己可能會遇到反對的聲音，並在面對批評時為自己辯護。

批判性思維模式不只是一種態度而已，它還是目前主流。它代表著一個充滿大量

不同說法的情境，各種說法的信奉者會想辦法推廣那些想法。如果說傳統思維模式代表知識的壟斷，那麼批判性思維模式可以說是知識上的競爭。不管特定個人或學派的態度是什麼，這樣的競爭關係都會是主流。有些相互競爭的構想只是試探性的，也樂於接受批評，但也有些想法很武斷並拒絕接受反對的聲音。只有當人類完全理性的時候，才有可能看到所有的思想都體現出批判的態度，但這與我們的基本假設相衝突。

批判的態度

批判的態度可說是比武斷的態度更適合不斷變化的世界。試探性的想法未必正確，武斷的想法也未必完全錯誤。然而，如果存在相衝突的觀點，武斷的思考方法必然不會那麼有說服力：對於武斷的思維模式而言，批評帶來危險而非助力。相反地，批判的態度可以而且確實會因為批評而獲益，既有觀點會持續修正，直到沒有人能夠進一步提出有效的反對說法。經過這套嚴謹過程的洗禮，最後的結果應該會比最初的提案更有效地達成初衷。

批評基本上不會是件舒服的事情，也會讓人難以接受。如果真的被接受，唯一的原因就是它有效。因此，人的態度大抵取決於批判流程運作的效果好不好，反之亦然，

批判流程的運作也會因人的態度而異。這個循環、反射性關係就是批判性思維模式得以不斷變化的原因，不會像傳統思維模式一樣永恆靜止。

批判流程有效的關鍵是什麼？要回答這個問題，得先回想一下之前提過的接近均衡與遠不及均衡的狀況兩者間的界線。如果思想與現實之間有明確分野，人們就具有可信賴的判別標準，在偏見的影響力變得太大之前先認清並修正偏見。然而，當參與函數（participating function）積極運作，偏見與趨勢會變得難分難解。因此，批判流程的成效如何，會視主題與思考目的而定。不過即使是在那些天生並沒有明確分界的領域，那條界線依然可以透過思考來劃分。

科學方法

批判流程在自然科學領域最有效果。科學方法已經順利發展出一套眾人有默契性共識的規則與傳統。那些規則體現出無論一個人再怎麼天才與誠實，仍然沒辦法完美理解世事；理論提出後，要交給科學界來進行批判性的檢驗。而經過多人審閱以後的結果必定較個人思考的結果來得客觀。

科學家之所以採用澈底批判的態度，並不是因為他們比一般人理性或是有包容

性，而是因為相較於其他領域中的批判論述，科學界的批判比較難被忽視，換言之，與其說科學家的態度是批判流程的肇因，不如說是結果。科學上的批判之所以有效，是幾個因素綜合而成的結果。一方面，自然提供了容易取得又可靠的標準，可以用來檢視理論是否站得住腳；另一方面，又存在強大的誘因讓大家認可並遵循那些標準：自然不會隨我們的期待運作，因此我們必須先了解自然的運作模式，才能夠運用它來為我們創造利益。科學知識不只幫助我們找到真相，也幫助我們過得更好。即使沒有伽利略的研究，人們或許還是會毫無困擾地繼續相信地球是平的，但在美洲挖出的金礦銀礦使得伽利略的理論變得難以排拒。一開始並沒有人預想到這些實際的結果，事實上，如果當時科學研究完全只為實際的目標而執行，根本就不會有這些新發現。不過，實際的結果為科學方法提供了至高的佐證：正因為有現實的存在，又因為人對現實的認知不完美，所以科學才有辦法揭開現實中某些世人未曾想像過的面向。

在自然現象的範疇之外，批判流程的效果就沒有那麼顯著了。形上學、哲學、宗教領域根本沒有標準；社會科學領域中則沒有強烈遵循標準的動機。自然的運作與我們的期許無關，但社會卻可能因為與社會相關的理論而出現變化。自然科學領域的理論必須是真實的才能發揮效果，但社會科學理論就不是如此了。社會科學領域存在捷

徑，也就是人可能受理論左右。遵循科學慣例的動機沒有那麼迫切，因此人際交流的過程沒辦法那麼順利地運作。試圖改變社會的理論可能會披上科學的外衣，以便在不需要遵從科學慣例的情況下利用科學的名聲。批判流程提供的保護不多，因為各方對於研究目的的共識不如自然科學領域來得真誠。評斷理論的標準有兩個，真實性與有效性，但兩者不再吻合。

那些科學方法的大力推廣者提出的解決方法，就是加強力道，更強硬地執行自然科學發展出的規則。波普曾提出科學統一（unity of science）的主張，他認為同一套方法與標準應該同時適用於自然與社會現象的研究。如同我在《金融煉金術》中提出的論述，我認為波普判斷失據。自然與社會科學有本質上的不同：社會科學的研究主體具反射性的特質，而反射性會破壞論述與現實之間的差異，但那樣的差異正是批判流程在自然科學領域能如此有效的原因。「社會科學」的說法本身就是個錯誤的類比，對社會現象的研究應該要比擬為煉金術比較適切，因為各種現象都可以依據實驗者的意志形塑，自然物質則無法。把社會科學稱為煉金術會比支持科學統一更能維護批判流程，因為前者的譬喻方式等於是承認真相與效果的標準不一致，進而避免社會理論濫用自然科學的名聲。如此一來，研究主體的差異就可以作為研究方法差異的理據，

進而開啟目前被堵住的調查路線。社會科學因為太過盲目地模仿自然科學而蒙受極大的傷害。

民主

放棄了要保持客觀的傳統之後，社會理論該如何接受評議？過去，科學理論與政治理論之間刻意劃出差異。科學理論的目標是形容社會實際的樣子，政治理論則是試著決定社會應該是什麼樣子。當這條人為劃分的界限消失了，就釋放出充裕的空間來容納不同意見。各種觀點可以分為兩大類別：一種要提出固定一套方程式，另一種則是把社會組織的方式交由成員決定。由於我們現在並不是在處理科學理論，因此沒有辦法客觀評斷哪種方法才正確。但是可以看出後者展現出前者所沒有的批判態度。

固定社會系統（definitive social schemes）假設社會遵循的規範並非由成員所制定，而且支持者宣稱自己知道那些規範是什麼。這使得他們不受任何批判流程創造的正面貢獻影響，相反地，他們必須積極設法打壓其他觀點，因為唯有禁止批評並阻礙新的思想問世，他們才能要求所有人接受這套系統。簡言之，就是要破壞批判性思維模式，並阻止任何改變發生。如果相反地，人們可以自行決定與社會組織相關的問題，解答

就不必然會是最終解了，因為催生它們的流程也可能反轉它們。每個人都能自由表述自身觀點，而且如果批判流程有效地運作，最後成為主流的觀點可能幾乎足以代表參與者的最佳利益。這就是民主的原則。

民主制度要妥善運作，有幾項前提必須達成。那些前提可以與讓科學方法如此成功的前提相比擬。首先，必須有一套標準可以評斷相衝突的構想。其次，參與者必須普遍願意遵循那套標準。第一個前提按照憲法透過多數決的投票達成，第二個前提則是仰賴群眾將民主視為生活的方式。空有各種不同的意見並不足以創造民主制度，如果各派別採納相衝突的嚴格教條，結果就不會是民主，而是內戰。人們必須將民主視為理想體制，也必須認同重點不在於自己的觀點能否成為主流，而是能夠透過憲政手段達到決議。要達到這個結果，民主必須實際打造出比獨裁政體更好的社會組織。

這裡出現了一個循環的關係：民主要能成為理想制度的前提是它的運作有效，而如果民主要有效地運作，前提是它必須被多數人認定是理想的制度。這一層關係必須歷經反射性流程逐步演進，在這個過程中，唯有當民主體制有效，才能取得理想制度的地位，也只有當民主被普遍認定是理想體制才能有效運作。民主沒有辦法透過法律強硬執行。

民主與科學之間的相似度高得驚人。客觀且有效是科學方法的傳統，而這兩項特質也是相互依存。科學必須有所發現，才能夠打破這個惡性循環：科學上的新發現比任何其他論述都更能為科學辯護。民主也一樣要靠著正面的成就來確保它能存在。那些成就包括：經濟持續擴張、知識與精神上的刺激、是一套比其他相競爭的政體更能滿足人民志向的政治體系。

民主可以達成那些成就。民主放任所謂不完美知識的正面面向（也就是創意）自由發揮，創意的產物是什麼無從得知，而正如未知的結果是支持科學的理由，它們或許也為民主提供了最佳理據。但這並不代表它必然會帶來進步。正向貢獻只能來自參與者。參與者的思想無法預測，他們不一定會繼續為民主創造佳績。民主制度要能存續，必要條件是它被認定是理想制度，但只是這樣還不足以確保民主制度得以存在。這使得民主作為理想制度這件事變得很棘手。我們沒有辦法靠著消滅敵對的觀點來強化民主，即使所有人都認同民主是最理想的制度，也不能保證民主制度就會成功。民主能否成功就是無法保證，因為它能否存在，仍然得看參與其中的人具備多強的創意能量。不過，如果要成為主流價值，民主必須被認定是理想的制度，相信民主的人，就必須相信不完美知識的正面面向，並期許這個面向會創造理想的結果。

對確定性的要求

民主制度作為理想體制仍有其漏洞。那就是除非既有的計畫和目標被剝奪了，不然它就無法提出肯定的計畫與清晰的目標。一旦人們可以自由追求任何目標，就必須決定自己的目標是什麼。在這一點上，批判的態度就不怎麼有用。一般的假設是人都會追求物質層面的福祉極大化，這個假設某些層面上來說沒錯，但並不完全正確。人的慾望不只限於物質福祉。那些慾望可能只有在物質福祉被滿足了以後才會浮現，但是它們的優先順位往往會在狹隘的個人利益之上。其中一種這樣的慾望就是想發揮創意。當代西方社會滿足物質需求之後，過了很長一段時間還在追求物質財富，很可能就是因為這麼做滿足了創意之慾（creative urge）。在其他社會中，財富的價值位階低得多，創意之慾也找到了其他的表現方式。舉例而言，相較於西歐人，東歐人對詩與哲學的重視程度高得多。

還有另外一組慾望是批判態度明顯無力滿足的，那就是對確定性的要求。自然科學可以得出確定的結論，是因為它有客觀的評斷標準可以使用。社會科學的根基遠不及自然科學穩固，因為反射性會干擾客觀性。如果要創造一個可靠的價值體系，批判態度幾乎無用武之地。要在個人之上建立一套價值體系非常困難。一方面，個人都得

面對一個終極不確定性，也就是死亡。另一方面，個人屬於他們得處理的狀況的一部分。真正獨立的思想是種幻覺，外在的影響可能來自家人、同儕或純粹是當代精神，都比世人願意承認的強得多。然而，如果要規避不均衡造成的危險，我們就需要一組獨立的價值觀念。

傳統思維模式比批判性思維模式更能有效達到對確定性的要求，因為信仰與現實之間沒有區別。宗教或它的原始樣態（泛靈論〔animism〕）涵蓋所有的思想，並要求眾人不得質疑、全面效忠。也難怪大家如此渴望這個丟失的原始幸福天堂！獨斷的意識形態承諾能滿足那份渴望，問題是它們必須殲滅相衝突的信仰才能做到這件事，導致這類的意識形態對民主而言，幾乎如同其他可能的解讀方法之於傳統思維模式一樣危險。

批判性思維模式在其他領域的成功或許有助於降低教條式信仰的重要性。有一個眾人極為重視的領域就是生活的物質條件，那也是個人們有辦法正向提升的領域。人腦傾向於將心力專注在能夠創造成果的領域上，對於展望較差的事物則傾向忽略。這就是為什麼西方社會重視經商勝過詩詞。只要物質生活能持續進步，且人們持續享受物質生活的進步，教條的影響就可以獲得控制。

開放社會

完全競爭

一個完全變動的社會似乎很難想像。社會當然必須具備永久性的結構與確保社會穩定的機構，否則怎麼支持文明社會的複雜關係？然而，一個完全變動的社會不只是可以透過假想產生，這樣的社會在完全競爭（perfect competition）的理論中，已經受到廣泛的研究。完全競爭讓經濟單位（economic unit）出現只比現況稍微差一點的不同處境。情況只要出現一點點改變，這些經濟單位就準備好要採取行動了。同時，那些經濟單位盡可能減低對於當下關係的依賴程度。結果就是出現了一個或許完全不變的完全變動社會。

我基本上不認同完全競爭的理論，但在此我要用它來當成起點，因為完全競爭的理論與完全變動社會有關。

完全競爭理論假設世界上存在非常大量的單位（units），每一個都掌握完全知識並且能夠自由移動，每個單位都有自己的偏好尺規，並面對一個給定的機會尺規。只要很粗略地檢驗就知道那些假設完全不符合現實。我這份研究的起始點之一就是缺乏完美的知識（perfect knowledge），那一般而言也是科學方法的起點。擁有完全移動能

力（perfect mobility）會讓固定資產與特殊專才失去重要性，但兩者對於資本主義的生產形式而言都不可或缺。經濟學家長久以來之所以願意向如此讓人難以接受的假說妥協，是因為這麼做可以達到從多方面來看都令人滿意的結果。首先，經濟學可以因此成為與物理並駕齊驅的一門科學。完全競爭的靜態平衡和牛頓的熱力學多有雷同並非偶然。第二，這套理論證明了完全競爭可以讓福祉最大化的論點。

實際上，只有當新想法、新產品、新方法、新偏好讓人與資本不斷流動，才有辦法達成接近完全競爭的狀況。世上並不存在完全流動性，因為移動有相應的成本。不過人無論如何都會移動，會受到較好的機會吸引，或是因為狀況改變而必須離開現在的位置，而且只要他們開始移動，往往就是朝著較吸引人的機會移動。人並無法掌握全部的資訊，但相較於一輩子都待在同個位置上，持續移動可以讓他們注意到許多不同的選擇。他們會反對其他人取代自己的位置，但因為有非常多的機會不斷出現，他們比較不會死守著既有情況，也比較沒辦法集結實際上或可能處在同一情境中的其他人的支持。當人們更頻繁移動，他們會發展出一套特定的調適能力，使他們過去取得的專業技巧變得沒那麼重要。我們稱為「有效流動性」（effective mobility）的概念取代了不切實際的完美移動性，批判性思維模式則取代掉完美知識。結果並非經濟學上所

定義的完全競爭，而是我姑且稱為「有效競爭」（effective competition）的情況。有效競爭與完全競爭的不同之處在於價值與機會完全不固定，而是不斷變動。

如果真的能達到均衡，有效競爭的條件就不再合用。每個單位都會占據一個特定位置，其他人不會再像過去一樣那麼容易拿下那個位置，原因很簡單，就是現在占據該位置的人會抵抗並捍衛自己的地盤。因為他已經培養出特殊技能，移動會害他蒙受損失。

他會抗拒任何伺機侵犯的行為，必要時甚至寧願減薪也不要離開，如果他離開後還得和其他人爭對方的既得利益的話，就更是如此。考量到他盤踞的位置與他為了捍衛那個位置願意做的犧牲，外來者會發現很難與他競爭。因此，各單位不再充滿幾乎無限的機會，而是或多或少已有既定的配置方式。而且因為缺乏完美知識，那些人可能根本沒有意識到自己錯過了哪些機會。這與完全競爭天差地遠！

不穩定性

我的理論與傳統完全競爭分析之間的差異，值得多加著墨。我已經在《金融煉金術》中稍作解釋，但當時的論述其實還可以更強烈。當時，我並沒有堅持經濟理論的

基礎本身就存在一項瑕疵：假設需求與供給曲線獨立，但事實未必是如此。需求曲線的形狀可能因為廣告或者更糟糕的是因為價格變動而改變。這種狀況在金融市場上特別常見，追隨趨勢而出現的投機情勢無所不在。投資人購買期貨契約的原因不是因為他們想要擁有那項商品，而是因為想利用契約獲利。股票、債券、貨幣、房地產，甚至是藝術品投資都會出現類似情況，獲利前景如何並非取決於投資標的代表的物件實際價值多少，而是取決於其他人買賣的意願，而那份意願會反映在價格變動之上。

依據經濟學理論，價格按照供需決定。當供給與需求曲線本身就受到價格變動影響，價格會發生什麼變化？答案是價格根本未被決定。情況並不穩定，在不穩定的情況下，依循趨勢做出投機行為往往是最佳策略。此外，愈多人採用這項策略，這項策略的成效就愈好，因為價格走勢對價格走勢的影響力會更大。價格變動不斷自我強化，直到價格與實際價值完全脫鉤。最終這個趨勢無法持續下去，市場崩盤隨之而來。金融市場的歷史上，這樣的盛／衰時序比比皆是。這種案例屬於遠不及均衡的區間，基本面與評價的差異模糊，不穩定性主導情勢。

獨立決定的供給與需求曲線共同決定價格的主張顯然並非本於事實。更仔細檢驗就會發現，這種說法部分是自我驗證（self-validating）的幻覺，由於它普遍被接受，

因此提高了穩定性。一旦被認定是幻覺，維持金融市場穩定的工作就變得極為複雜。

不確定性可以視為是市場經濟內固有的問題。市場力量並沒有達到均衡點，而是在自由作用之下，進入了無止盡的變化流程，在這個過程中，某種力量過大會造成另一種力量過大。在某些情況下，特別是遇到信用問題時，不均衡的狀況可能不斷累積，直到觸及爆發點。

這項結論打開了潘朵拉的寶盒。古典分析純粹以自身利益為出發點，但如果追求自身利益並不會導向穩定的系統，那就衍生出一個問題：個人的自身利益是否足以確保這個體系得以存續？答案是一聲宏亮的「不」。金融市場的穩定必須仰賴某種形式的規範才能達成，而且一旦我們將穩定性設定為政策目標，其他值得追求的目標就會跟著浮現。既然市場穩定，當然就得保障競爭關係。公共政策的目標是確保穩定與競爭，天曉得還有多少與自由放任相牴觸的原則會變成政策目標。其中必然有一項是錯誤的。

十九世紀可以說是自由放任的概念被廣為接受、實際成為世界多數地區主流經濟秩序的年代。而那個時代的特色很顯然不是經濟學理論宣稱的均衡。那段期間新的生產方式問世、新型態的經濟組織不斷演進，經濟活動的疆域無一不向外拓展，帶動了

經濟高速成長。經濟控制的陳舊架構瓦解了，經濟進展快到沒有時間預作規劃，發展之創新讓人全然不知該如何控制它們。國家的運作機制完全沒有足夠的能力再承擔新的任務，也幾乎沒有能力針對膨脹的城市、持續拓展的疆域執行法律並維持秩序。

經濟成長的腳步一慢下來，國家規範的機制就會逐漸滿足需求。國家開始蒐集數據、收稅，一些比較明目張膽的特例與破壞自由競爭的行為受到修正。當新國家踏上工業化之路，已經有前車之鑑可以參考。國家有史以來第一次能夠有效控管產業發展，人民也擁有真正的選擇權來決定要施行自由放任還是計畫型的經濟。先上路的是保護主義，後來又出現其他類型的國家管制制度。

在二十世紀初以前，各國就已經站穩了設定遊戲規則的位置。當金融市場的不穩定導致銀行體系全面崩盤，並在一九三〇年代引發經濟大蕭條，國家已經準備好出手頂替。

近年，自由放任的制度強勢回歸。雷根總統喚醒了市場的魔法，柴契爾夫人鼓勵適者生存，我們再度進入快速變遷、創新與不穩定的時期。然而，自由放任體制的問題之大，與十九世紀時無異。

事實是任何一種社會體制，或者說任何人為建構的事物都有瑕疵，找出其中一種

設定的問題，並無法用來合理化與之相反的設定。這種錯誤很常見。在近期經驗中學到的重要一課，就是自身利益無法提供足夠的一套價值，讓我們用來解決時下的政策問題。我們必須召喚出更廣大的價值系統，該系統不僅關乎個人參與者的榮華富貴，更攸關體制的存亡。我在之後討論到價值的問題時，會再回過頭來說明這個觀點。

自由

完全競爭不會創造均衡點，但是確實能夠給予個人最大程度的自由，因為完全競爭可以減低個人對既有關係的依賴程度。自由通常會被視為一種或一系列的權力，像是言論自由、遷徙自由、信仰自由，這些權力由法律或憲法保障。然而，這樣的觀點太過狹隘，我傾向賦予這個詞彙更廣泛的意涵。我認為自由代表擁有選擇。如果現有的選擇比某人目前處境差得多，或是需要付出極大心力與犧牲才能轉換位置，那麼人們就還是受制於現存設定，並受到各種限制、羞辱與剝削。如果他們擁有只比現況稍差一些的選擇，就不必承擔那些壓力了。遇到壓力時只要換個地方就好。因此，自由函數中的變數是人從現在的位置脫離的能力。當選擇只比現況差一點點，自由度就會達到最大值。

這和一般人看自由的角度截然不同，但話說回來自由普遍被認為是理想而非現實。作為一種理想，一般都會認為想要自由就得有所犧牲。作為現實，自由就是可以在不需要做出犧牲的情況下，做自己想做的事。

那些相信自由是理想的人，或許會熱切地為自由奮鬥，卻未必了解自由。因為對他們而言自由是一種理想，所以他們往往會認為自由是完滿的祝福。然而，自由當然不可能完全沒有黑暗面。當犧牲順利換來自由，那些醜陋的面向就會比自由只是理想的時候更為明顯。英雄的光環散去之後，因為共同理想而生的團結力量也跟著消散。剩下的就是眾多個人，各自追求自己心目中的自身利益，但那些利益未必符合大眾利益。開放社會中的自由就會呈現這樣的樣貌，而那些曾拼命追求自由的人或許會感到有些失望。

私有財產

在此對自由做出的定義不只涵蓋人類，也涵蓋所有生產方式。土地與資本並沒有特定用途，卻有許多具有細微優劣程度差異的用途選項。從這個角度來看，土地與資本也可以是「自由的」。那就是私有財產制度的前提。

生產要素一定會與其它要素共同進行配置，因此改變其中一種配置，必定會影響其他要素。如此一來，財富永遠不可能真正屬於個人，必然會侵犯到其他人的利益。有效的競爭關係會減少要素間的依賴程度，在完全競爭理論那些不真實的假設之下，這種相互影響的關係會完全消失，使得擁有者不需要再承擔對其他參與者的責任，因此為私有財產是基本權力的說法提供了理論依據。

不難看出，私有財產的概念需要靠完全競爭理論來佐證。如果沒有完全移動性與完美的知識這兩個不符現實的假設，擁有財產就不只是一種權力，也代表對所屬社群有所義務。

有效競爭也支持私有擁有權，但支持的方式更為合理。個人所做的決定對社會的影響會擴散，而負面的影響會因為受影響的要素具備轉向其他選擇的能力減緩。相對地，財富相應的社會責任模糊且籠統，財產由私人擁有並管理也有許多好處，特別是因為另一個選擇（公共擁有權〔public ownership〕）的缺點更嚴重。但不同於古典分析，在有效競爭的理論中，私有所有權不能被視為絕對的結果，因為競爭並不完全。

社會契約

當人確實擁有自由，社會的特徵就完全由成員的決策所決定。就像在有機社會中一樣，社會成員的位置只有放在整體社會的框架下才有意義，現在這個情況下，整體社會本身沒有意義，唯有了解個人的決定，才能了解社會整體。為了強調這項相反的特質，我選擇使用「開放社會」這個詞。從比較一般的角度來看，在這類型的社會中，人可以自由進出，因此社會通常是開放的，但這只是我想表達的意涵中，附帶的一部分而已。

在文明社會裡，人們會發展出各種與人的關係（relationships），以及與事物的連結（associations）。有機社會中，這些關係都由傳統定義，在開放社會裡，則是由相關的個人所做的決策來決定，並且受到白紙黑字或口頭契約規範。契約關係取代了傳統的關係。

傳統關係中的利害關係人並無法決定這段關係的條款與條件，因此是封閉的關係。舉例而言，土地繼承早已決定，所以佃農與地主的關係也預先決定了。從另一個角度來看，這段關係也是封閉的，也就是說與這段關係有關的人，只有直接關係人，與他人無關。契約關係是一種開放關係，因為條款是由具利害關係的人協商制定，而且可以在所有人同意的情況修改。立約人可以由其他人取代，從這一點來看，這段關

係也是開放的。此外，契約通常會公諸於世，規範類似情況的契約如果出現明顯落差，會因為彼此相互競爭而修正。某些層面上來說，傳統關係與契約關係的差異，和具體與抽象思考的差異相呼應。傳統關係只與直接關係人有關，因此契約條款可以被視為具備全面性的效力。

如果一段關係由參與者決定，那麼在組成文明社會的各種機構成為會員這件事，也必須由契約規範。社會契約的概念就是依循著這個邏輯推導出來的。盧梭首度提出社會契約的概念時，並沒有理論或歷史上的效力。在盧梭的理論中，完全自主的個人可以自由決定要不要加入社會契約，但這樣的論點具誤導性。把文明社會的歷史成因歸於這樣的一紙契約，是時代誤植（anachronism）[5]。但無論如何，盧梭的概念都精準點出了開放社會的本質，如同阿格里帕的寓言定義了有機社會。

開放社會可以被視為理論模型，在這個模型中所有關係都具有契約特質。即使有些機構會強制所有人加入或限制特定人加入，也無損於這樣的解釋。只要有數個不同的、大致同等級的機構開放所有人加入，讓他可以選擇要加入哪一個，那麼個人自由

5〔譯註〕時代誤植指的是把不應該出現在同個時代的事物誤放在一起。

就獲得了保證。就算有些組織（像是國家）具有強制的力量，有些（像是社交俱樂部）會限制成員加入，上述論述依舊成立。國家不能壓迫個人，因為個人可以靠著移民脫離契約；俱樂部無法排擠個人，因為他們可以去找其他俱樂部立約。

開放社會不保證所有人都擁有相同的機會，相反地，如果資本主義的生產模式搭上私有財產制度，社會中必定會充斥著不平等，如果不處理，不平等的情勢通常會惡化而非減輕。開放社會未必無分階級；事實上，雖然不是完全不可能，但很難想像開放社會沒有劃分階級。階級的存在如何與開放社會的概念調和？答案很簡單，開放社會中的階級就只是對社會階層的概括論述而已。由於社會的流動性很高，不可能出現馬克思口中的那種階級意識。馬克思的概念只能用在封閉社會，我會在那一個段落中更完整地探討這個議題。

美麗新世界

讓我試著依循開放社會的概念做出符合邏輯的結論，並描繪完全可變的社會（perfectly changeable society）會是什麼樣子。任何事物的所有面向都會有選擇，人際關係、意見與想法、生產流程與原料、社會與經濟組織等無一例外。在這些情況下，

個人會占據至高的地位。有機社會的成員完全不具自主性，在非完全可變的社會中，既定的價值觀與關係依然會控制人類行為，但是在完全開放社會裡，任何現有的連結都不是最終結果，人與國家、家庭、朋友之間的關係，完全由他們自己決定。反過來說，這就代表社會關係不再具永久性。社會的有機結構瓦解了，回到原子（也就是個人）的狀態，無根地四處漂泊。

個人如何在眾多選擇中做決定，屬於經濟學的範疇。因此，經濟分析提供了實用的起點，唯一要做的就是從起點開始向外延伸。在一個所有行為都是選擇的世界裡，各領域的活動都具有經濟行為的特徵。這並不代表人比較重視對實體物品的擁有權，較不重視精神、藝術或道德價值，只是說明上述所有價值都可以換算成金錢價值。從這個概念向外延伸，就成為藝術、政治、社交生活、性愛、宗教等包山包海的範疇相應的市場機制的原則。並非所有有價值的事物都可以買賣，因為有些價值純粹屬於個人，因此不能交換（例如：母愛），有些則是在交易的過程中就會喪失價值（例如：名聲），還有一些是物理上做不到、或於法不容的交易（例如：天氣或政治酬庸）。即使是如此，在一個完全可變的社會中，市場機制的範疇依然可以發展到最極致。就算市場力量的運作受到法令規範，那些法令本身也會是多方討價還價的結果，而討價還價

的過程與經濟行為類似。

有些過去無法想像的選項出現了。安樂死、基因工程、洗腦全部都成為實際可行的選項。最複雜的人類功能（例如：思考）可以被解構為多個組成元素，再用人工的方式重製。所有事情在被證明不可能之前，看起來都有可能做到。

完全可變的社會最驚人的特徵或許是人際關係的減損。一段關係之所以屬於個人，是因為與特定人相關。朋友、鄰居、夫妻會變得可以與稍差（或稍好）的替代選項互換，即使沒有到可互換的程度，至少也是容易被取代的狀況。人際關係也會在競爭關係中面臨選擇。親子想來還是不會變，但是連結的影響力會降低。當更有效率的溝通方式取代了實體會面，人與人間的聯繫整體重要性可能降低。

最終結果會讓人不太愉快。有些人認為開放社會是理想的制度，但實際結果是這套制度可能遠不如他們所想的好。準確來說，不要忘了任何社會制度按邏輯推論的結果，都會顯得荒謬又讓人難以接受。不管是摩爾（Thomas More）的《烏托邦》（*Utopia*）、笛福（Daniel Defoe）筆下的虛構國度、赫胥黎（Aldous Huxley）的《美麗新世界》（*Brave New World*），或歐威爾（George Owell）的《一九八四》（*1984*），都是如此。

價值問題

開放社會具備一項提昇生活品質的益處，也是讓它足以成為理想制度的成就，就是賦予個人自由。自由最吸引人的地方是它的減去效果：沒有限制。不過，自由也有正向、也是更重要的一面，就是讓人學習為自己思考，決定自己要什麼並把夢想化為現實。人可以探索自身能力的極限，達到知識、組織、藝術、實際的成就，那些成就可能連他們自己都未曾想過有機會達成。這段經驗可能極為刺激又令人滿足。

但不好的一面就是個人所能享受的這種至高地位也會帶來壓力，那份壓力偶爾會大得令人難以承受。一個人要去哪裡找到幫助他從眼前的眾多選項中做選擇的價值？預期一位不受任何事物拘束的個人依循固定的一套價值判斷行事，本質上就存在矛盾。價值就和任何其他事物一樣是一種選擇。這份選擇可能是一個人有意識地自我探究與內省才得出的結果，但比較有可能是出於衝動，或是因為家庭背景、他人建言、廣告或其他外部影響而生的結果。當價值可變，改變價值必然會成為商業活動的重要一環。個人必須在面對極大的外部壓力之際，做出價值選擇。

只是選擇要買什麼東西並非難事。選香菸品牌可能只需要看哪一牌抽起來比較開心就夠了。（就算是這份選擇也令人懷疑就是了，畢竟廠商砸了大把鈔票在打廣告。）

然而，社會不能只奠基在快樂的原則之上。人生有苦痛、風險、危險，而人又終將一死，如果快樂是唯一標準，就沒辦法累積資本，許許多多組成社會的協會與機構也都無法存活，建構文明的種種新發現、藝術創作與技術發明也都不可能問世。

目標匱乏

當我們脫離可以立即提供滿足感的選項，就會發現開放社會有個問題，或許可以稱為「目標匱乏」(deficiency of purpose)。這個詞的意思不是說無法找到目標，只是說目標必須仰賴每個人為自己探尋，並從內心去尋找。

就是這樣的義務製造了我剛剛提到的重擔。人可能會透過加入群體或為理想奉獻來試圖為自己找到更大的目標，但自願參與無法和有機社會一樣，具備讓人安心的必然性特質。一個人必須有意識地做決定才能有所歸屬，而不是理所當然地找到歸屬，且當選擇眾多時，很難全心投身某個特定群體。就算某個人這麼做了，那個全體也不會反過來全心為他，而是永遠存在被拒絕或排除在外的風險。

理想也一樣。宗教與社會面怎麼做才理想，各種選擇會相互競爭，因此缺乏讓人全然接受的必然性。忠於某個理想就像忠於某個族群一樣，就是種選擇。那名個人依

然是分開的，他的堅持並不代表著自己的身分，只是一個有意識的選擇。對於這個行為的自我意識會分隔這名個人與他所奉行的理想。

為自己向內尋找目標這件事，使個人無所適從。在組成社會的單位中，個人是最脆弱的，個人的人生相較於多數仰賴他的機構，年限短得多。獨立來看，個人提供了一個非常不確定的基礎，奠基在那個基礎之上要建立一套價值體系，那套體系又要足以支撐會比他們活得更久的架構，而且那個架構在他們看來還得創造比他們自己的人生與福祉更高的價值。然而，像這樣的價值體系對於支撐開放社會而言是不可或缺的。

個人作為價值觀的來源有所缺陷，這樣的缺陷會以各種不同方式展現。孤獨或自卑、愧疚、虛榮可能直接連結到目標的匱乏。人往往會把這些感受視為自己的責任，而不是把個人的困難放到社會框架底下思考，這樣的情況會加深上述的心理干擾。心理分析在這點上毫無幫助：不管心理治療的價值是什麼，治療對個人的執著通常會加深它試圖解決的問題。

個人意識造成的壓力問題隨著他或她擁有的財富與權力增長而更加嚴峻。捉襟見肘的人沒有本錢停下來自問人生目標，但我稱為「不完美的知識的正面面向」（positive aspect of imperfect knowledge）可以使開放社會變得富足，因此這種不知所措的感覺八

成會完全展現出來。發展到某個點之後，可能連追求快樂這項原則都岌岌可危：人可能沒辦法從勞動成果找到足夠的滿足感來合理化自己為了達到那些成果所做的努力。或許把創造財富想成是一種創意活動，可以合理化追求財富這件事，但努力過度的訊號往往是到了享受果實的時候才會浮現。

那些無法向內找到目標的人，或許就會被推向某種教條，藉此獲得一套既定的價值觀與宇宙中一個安全的位置。一個消除目標匱乏的問題的方式就是放棄開放社會。當自由成為難以承受之重，封閉社會可能成為救贖。

教條式思維模式

我們已經說明了批判性思維模式為什麼會直接造成個人的負擔。個人得判斷是非對錯、孰真孰假。由於個人對事物的了解並不完美，因此存在許多個人無法得出最終解答的重要問題，最明顯的例子就是那些和個人與宇宙的關係、以及個人在社會中所處的位置相關的問題。不確定性使人難以忍受，而且人腦會想盡辦法脫離不確定性。

出口確實存在，就是教條式思維模式（Dogmatic Mode of Thinking）。教條式思維模式的重點就是建立一套至高無上的教條，個人深信那些教條源自於他本人以外的來

源。那個來源可能是傳統，或與其他意識形態相爭之後勝出的意識形態。無論如何，那些教條都會被宣稱是在觀點出現衝突時的最高仲裁者，符合教條的觀點就可以接受，與教條相互矛盾的觀點就被拒絕。如此一來就不需要衡量不同選擇，每個選擇都已經做好了，所有問題都有解答，令人生畏的不確定性幽靈終於消失。

教條式思維模式和傳統思維模式多有雷同。教條式思維模式假設這世上存在一個權威的資訊來源，可以提供所有知識，希望藉此保留或重塑一個主流觀點不會受到質疑或挑戰的極簡世界。但教條式思維模式正是因為缺乏那樣的極簡性，所以和傳統思維模式不同。在傳統思維模式中，所有人都接受世界不能改變的事實，但在教條式思維模式裡，不變只是假設，並不存在所有人都接受的單一觀點，而是有非常多可能的詮釋方法，只是僅有一種符合假說，其他詮釋都必須被否決。教條式思維模式的棘手之處，在於它不能承認自己做了這樣的假設，因為那麼做就會削弱它試圖建立的、不容質疑的最高權威。為了化解這個難題，可能得嚴重扭曲人的心智。不管再怎麼嘗試，教條式思維模式都沒有辦法重現傳統思維模式的那種經典極簡情況。兩者之間的關鍵差異在於：一個真正不變的社會不能有歷史。一旦有人發現過去與現在相互矛盾，戒律就失去了它必然如此（inevitable）的特性。換言之，傳統思維模式只會出現在人類

發展的最前期。也唯有當世人有辦法遺忘過去，才有可能回歸到傳統思維模式。

因此，絕對不可能從批判性思維模式直接切換到傳統思維模式。如果教條式思維模式連續一段時間都是主流，歷史可能會慢慢被抹滅，但在現在這個時刻，它並不值得作為一種實際可能發生的事情討論。人類只能在批判性思維模式和教條式思維模式之間做選擇。

批判性思維模式通常要找到一個超人（superhuman）權威，像是神或歷史，那個權威用某種方式現身於人類面前。權威對人的啟發是唯一且最終的真理來源。當知識不夠完美的人類無止盡地論證教條的應用與意涵，教條本身持續閃耀著至高無上的純粹。就算人觀察到一連串的改變，超人力量的規律依舊不受影響。即使面對許多可以推翻它的證據，這個機制依然繼續讓人幻想著世界上確實存在定義明確又恆久不變的秩序。由於教條式思維模式只要成功操作，往往就會保持社會狀況不變，因此會加強這種幻覺。然而，教條式思維模式推行得再成功，依然不會具備讓傳統思維模式能夠兩相抵平的特質：極簡狀態。

傳統思維模式完全只處理具體情況。教條式思維模式則仰賴一套能套用在所有可能情況的教條，這套思維中的原則都是抽象的，即使無法直接觀察到依然存在，或者

更常見的情況是，即使與直接觀察到的結果不同，依舊存在。抽象化帶來了傳統思維模式所不需面對的各種複雜性。傳統思維模式不但一點也不單純，甚至還可能比批判性思維模式更加複雜。這其實也是意料之內的事，如果要在不承認有做假設的情況下維持世界僵固不變的假設，其實就扭曲了現實。一個人必須經歷繁複的扭曲過程，才能表現得像是相信了這件事，而且必須為此承受極大的心理負擔及壓力。要不是歷史上已有實例，確實很難想像人腦有辦法自我欺騙到這種程度。看來人腦是一種可以靠著在其他地方創造新的矛盾來解決任何內生矛盾的工具，這種傾向在教條式思維模式底下，完全可以自由發揮，因為如同我們所見到的，在這種思維模式中，各項原則幾乎與觀察到的現象脫鉤。

由於教條式思維模式的精力全部用來化解內部矛盾，因此沒什麼空間改善可用的知識體系。它不能以直接觀察的結果作為證據，因為如果發現兩相衝突，教條的權威就會被削弱。這個模式必須限制自己只能套用教條，因此會導向關於詞彙意涵的爭論，特別是那些和原始啟示（original revelation）相關的詞彙，如：詭辯、塔木德、神學、意識形態討論，通常這些討論每解決一個問題，就會創造出好幾個新的問題。由於思維和現實的關聯極低，甚至完全沒有關聯，因此猜測臆想往往會愈發展愈扭曲也愈脫

離現實。一根針尖能乘載幾名跳舞的天使?[6]

教條的實際內容要看歷史背景,不能夠概括論述。或許有一些教條可以以傳統為基礎,但是如果要這麼做,得大幅度修正傳統才行。教條式思維模式需要一套放諸四海皆準的論述,而傳統的論述最初刻意以具體用詞表述,現在那些傳統的論點必須要經歷概括化,才能和它要用來解釋的、範疇較廣的各種事件做連結。要怎麼做到這一點?從語言的演進可以清楚看出答案。語言會不斷依據情境變化自我調整,其中一種調整方式就是把原本只有具體意涵的詞彙賦予譬喻的含意。在做譬喻時,只會採用具體意涵中的其中一個代表性面向,之後可能又再套用到其他同樣具備那種面向的具體實例上。傳教者也是利用這種方法,從《聖經》中擷取一部分的論述來當成自己的說詞。

教條也可能融合源自開放社會中的思想。每套對存在問題(problems of existence)做出全面性解釋的哲學與宗教理論,都具備成為教條的素質,只要能夠被無條件接受並全面強制施行就可以了。提出那一套全面哲學理論的人,或許並沒有想要提出某種所有人都接受、全面強制施行的教條,但個人的意圖對於思想的發展影響微乎其微,一旦某套理論成為唯一的知識來源,不管理論的初衷是什麼,它都會出現特定特質。

由於批判性思維模式比傳統思維模式來得更強而有力,因此從批判性思維模式發

展出來的意識形態，比傳統本身更有可能為教條提供論述基礎。一旦成了氣候，那些意識形態可能就會展現出傳統的樣貌。如果語言彈性大到足以讓人使用譬喻法做具體論述，那麼就可以反向操作，將抽象的概念擬人化。《舊約聖經》中的神（God）就是很好的例子，佛雷策（Frazer）在《金枝》（*Golden Bough*）一書中也提出了許多其他例子。我們或許會發現，我們口中的傳統，實際上蘊含了許多從批判性思維模式轉譯成具體說法的產物。

教條的第一要件就是要涵蓋一切。它必須提供一把尺，所有思想與行動都可以利用這把尺衡量，若無法用教條衡量所有事物，那麼就必須四處尋找其他判斷對錯的方法，這樣的探尋行為會毀掉教條式思維模式。就算教條的效力沒有受到直接的攻擊，光是套用其他準則往往就會削弱教條的地位。如果某套教條要成功發揮擔綱知識基石的功能，它就必須在所有領域都站穩至高無上的地位。不一定每次都要訴諸教條：褻

6〔譯註〕依據《神學大全》（*Summa Theologica*），兩個天使不能占據同個空間。但它並沒有定義空間或天使的大小，針尖看起來很小，但天使或許更小。因此有多少天使能在針尖上跳舞這個問題，成為中世紀哲學家阿奎納（Thomas Aquinas）等人對天使學提出質疑時，舉出的經典問題。

地、繪畫、打仗、發射火箭可以各自按自己的方式操作，但只要某一個想法或行動與教條相衝突，必須優先奉行教條。如此一來，就可以擴大人類活動受教條控制的範疇。

教條的另一個主要特質就是死板（rigidity）。傳統思維模式極度彈性，因為傳統是永恆的，所以任何改變都會立即被接受，且不只是當下被接受，而是會被認定是有史以來就一直存在的事。但教條式思維模式就不是這麼一回事了。教條提供了用來評斷思想與行動的尺，因此要永遠保持不變，即使出現再嚴重的偏離情事，也不能作為改變教條的理由。只要偏離常軌，就必須立即修正，教條本身絕對不能被打破。

我們的理解原本就不完美，在這種情況下，新的發展顯然可能與既存教條相衝突，或者是以意料之外的方式造成內部矛盾。任何改變都代表著潛在威脅。為了盡量減少危險，教條式思維模式通常會防止思想與行為出現新進展。為了達到這個目標，它不只會消滅所有自身宇宙觀未受規範的改變，也會積極打壓未受管制的思想與行為，打壓程度則取決於教條式思維模式受到多嚴重的攻擊。

與傳統思維模式相反，教條式思維模式必然會涉及某種形式的強迫。一定要用強迫的方式，才能確保教條的地位維持在實際與潛在的替代選擇之上。所有教條都很可能引發無法僅靠反覆思考而排解的問題，如果沒有某個權威負責定義教條並捍衛教條

的純粹，統一的教條式思想必然會瓦解，分裂成相互衝突的詮釋。要解決這個問題最有效的方法就是賦予某個人權威，讓他可以負責詮釋作為教條基礎的超人力量的旨意。詮釋的內容或許會隨時間改變，而且假使權威運作得夠有效率，主要教條就可以極大程度跟上現實改變的腳步。然而，任何創新都必須獲得權威的許可，否則就無法被接受，權威也必須擁有足夠的力量殲滅衝突的觀點。

在某些情況下，當權者可能不太需要發揮強制力，只要主流教條完全發揮它的功能（解釋所有的事情）大眾通常就會毫無疑問地接受。畢竟教條享有壟斷地位：儘管針對特定議題可能有多種不同觀點，但將現實視為一個整體的時候，就只存在一種觀點。人在這種觀點的庇護下成長，並學會依循此思路去思考，因此對他們而言，接受這套觀點比質疑更容易。

然而，當內部矛盾發展成更跳脫現實的辯論，或是新爆發的事件不符合既有解釋，人可能就會開始質疑教條的基礎。發生這種情況時，維持教條式思維模式的唯一方法，就是動用強制力。動用強制力必然會對思想的演進帶來巨大的影響，思想的發展再也不是依循自身路徑，而是變得與權力政治緊密相扣。特定思想與特定利益連結，某種詮釋能勝出，主要是因為支持者的政治勢力相對大，而不是因為支持該詮釋的論點比

較合理。人腦成為政治角力的戰場，或者說是教條成為派系相爭時的武器。

教條至高無上的地位因此得以延續，但延續的手段幾乎與論述的合理性毫無關聯。愈是動用強制力量來維護教條，教條就愈不可能滿足人腦的需求。等到教條的霸權終於瓦解，人們很可能會覺得自己被從恐怖的壓迫中獲得釋放。眼前展開一片新的景致，滿滿的機會催生了希望、熱情與無盡的知識活動。

從過去經驗可以看出教條式思維模式無法重現使傳統模式如此誘人的特質，反而變得扭曲複雜、僵固又具壓迫性。沒錯，這種思維模式確實消除了拖累批判性思維模式的不確定性，但代價是創造出人們一旦知道有其他選擇存在就無法忍受的情境。如同以超人權威為基礎的教條，可能可以成為一個讓人逃脫批判性思維模式缺點的出口，批判性思維模式本身可能也會成為一種救贖，拯救被教條壓迫而受折磨的人。

封閉社會

有機社會有些特質讓觀察者深受吸引，包括：具體的社會一體性、不容質疑的歸屬感、所有成員都認同自己是群體的一份子。有機社會的成員不太會把這些特質想成是優點，因為他們根本不知道自己和社會之間的關係還存在其他可能性。只有那些知

道自己所處的社會中個人與社會整體存在衝突的人，才比較可能將有機的一體性視為理想目標。換言之，當有機社會存在所需的條件不再成立，它的優點才會最受人賞識。

人類歷史上有好幾次渴望回歸純真而極樂的原始狀態，會有這種渴望一點也不奇怪。被逐出伊甸園的故事一再重演，但純真一旦丟失了就再也無法挽回——或許唯一的可能是要遺忘過去所有經驗。如果試圖用人工的方式重現有機社會的情境，最難達成的一步恰恰就是社會中的所有成員都必須認同自己所屬的社會，不會也不能提出任何質疑。要重建有機一體性就必須讓社會整體占據至高無上的地位，但結果卻和有機社會出現一項關鍵差異：個人利益並不等同於群體利益，而是變得必須服從群體利益。

個人與公共利益的差異引發一個讓人不安的問題：公共利益到底是什麼。公共利益必須被定義、詮釋，且在必要時候以強制力置於個人利益之上。這項工作交給在世的主宰者來做最為理想，因為他或她可以視情況調整政策。如果由某個機構執行這項工作，很有可能會做得笨手笨腳、沒有彈性，最終導致成效不彰。那個機構會想辦法規避改變，但長遠來看注定失敗。

不管共同利益理論上如何定義，實際上多半都是反映主政者的利益。是這些主政者宣告整體的至尊性，也是他們將社會整體的意志強加於頑強抵抗的個人。除非你認

為這些人毫無一己之私，否則從中受益的也是他們。主政者未必是將自己作為一個個體的私心延伸出去，但他們確實作為一個社會階級而從體制中獲益。按照定義，主政者就是主政的階級。由於這個階級的成員條件已有明確定義，因此個人對社會整體的服從最終會變成一個社會階級對另一個階級的服從。因此，封閉社會或許可以被形容為一個以階級剝削（class exploitation）為基礎的社會。剝削也有可能出現在開放社會中，但是因為個人的位置並不是固定的，所以開放社會中的剝削並不是針對階級。馬克思所謂的階級剝削只有可能出現在封閉社會中。馬克思提出這個概念的時候，做出了珍貴的貢獻，就像阿格里帕將社會比擬為有機體一樣重要。但他們都把自己的概念套用到錯誤的社會類型上了。

如果封閉社會公然表示自己的目標是要確保某個階級（或種族、國族）較另一個階級地位更高，那可能可以有效地達成目標。然而，如果它的目標是要重新建立有機社會那種恬靜愉快的條件，那注定會失敗。社會一體性的理想與實際出現的階級剝削之間存在落差。要填補這個落差，就必須提出一套詳盡的詮釋，但詮釋本質上就會與事實有差距。

主政者的首要目標以及成功與否的評判標準是讓所有人都接受特定的意識形態。

愈多人接受那套意識形態，群體利益與政策實際追求的利益之間衝突就愈小，反之亦然。理想情況下，專制體制可以很成功地重建有機社會的沉穩與和諧，但比較常見的狀況是，主政者多少必須動用強制力，並且得為此提出各種曲折的論述來自圓其說，導致意識形態較難服人，接著就得加大強迫力道，直到出現最糟的狀況，就是整個體制都得仰賴強迫力量才能運作，而它的意識形態與現實已經全然脫鉤。

珍妮・柯克派屈克（Jeane Kirkpatrick）劃分了威權（authoritarian）與極權（totalitarian）政體的差異。我對她的論點有所保留，因為她用這套分界來區辨美國的朋友與敵人。不過，她的說法不無道理。竭盡所能維持地位的威權政體或多或少可以公開承認自己的目的。它或許會用各種方式限制成員自由，可能會運用一些激進或殘暴的手段，但這樣的政體不需要為了保住霸權而將影響力擴及到所有面向。相對地，當一個體制宣稱自己的目標是要達成某種理想上的社會正義，那這個政體就必須掩蓋階級剝削的事實，為此，它不僅要控制成員的行動，還必須控制他們的思想，並擴大拘束的範圍。

蘇維埃體系是以普世思想為基礎打造封閉社會的絕佳實例。但封閉社會不一定要體現普世思想，也可以只限縮在一個特定群體或國家。某些層面上來說，相較於放諸

全人類皆準的教條，一個狹隘一點的定義也比較接近有機社會的精神。畢竟一個部落關心的對象就只有它的成員。現在共產主義死了，那些渴望獲得有機社會那種安全感與團結感的人更有可能轉向種族或宗教社群。如同先前解釋過的，那些反對共產主義的人通常是因為共產主義的封閉性或普世性而反對，共產主義之外的選項不是開放社會，就是某種基本教義派別。基本派信仰比較難以合乎邏輯的論述來辯證，但正因為它們較原始，在情感上的吸引力可能更大。

當我們談到基本教義就會立即想到伊斯蘭教的基本教義派，但其實在所有原鐵幕地區都可以觀察到奉行基本教義的傾向。那些基本教義派別結合了國族主義和宗教信仰。它們並沒有發展出一整套意識形態，實際上也沒有完整論述，但從模糊的過往經驗獲得啟發。開放與封閉社會這兩個概念間的拉扯，並沒有隨著共產主義倒台而終結，只是換了一種形式存在。目前與封閉社會的概念相連結的思維模式或許比較偏向傳統而非教條式思維模式。然而，如果封閉社會的概念成為主流，那麼應該很快就會出現相應的教條。伊斯蘭教的基本教義派已經建立一套完整的教條了，俄羅斯基本教義派則已經打好了基礎[7]。

7 請見Alexander Yanov, The Russian Challenge（Oxford: Basil Blackwell,1987）

歐洲解體的可能性
Open and Closed Societies

以下為索羅斯於一九九三年九月二十九日受邀至柏林亞斯本研究所（Aspen Institute of Berlin）演講之逐字稿。

歐洲共同體（European Community）是一種非常理想的組織形式。在某種層面上，它甚至堪稱是開放社會的典範，因為它具備了一種非常有趣的特質：所有的成員國都是少數。對少數的尊重是歐洲共同體的基礎，也是開放社會的基礎。但懸而未決的問題是，多數族群該握有多少權力？歐洲的整合程度要多緊密？

歐洲的演進方式會對東歐的未來發展有非常深遠的影響。被共產主義摧殘過的社會沒有辦法靠一己之力轉型為開放社會，背後必須要有一個已經發展至開放包容的歐洲作為支柱。東德接受到太多幫助，東歐的其他地區接受到的幫助則少得可憐，而我個人非常積極投身幫助這些地區。各位大概也知道，我建立了一個基金會網絡來實現

這個理想，而這點就是我在談到歐洲這個主題時帶入的偏見。

我做了一項特別的研究，主題是關於金融市場常能觀察到的「盛／衰時序」；我想它也適用於歐洲共同體的分合。自從一九八九年的革命以及兩德統一之後，歐洲一直處於動態不均衡的狀態下，這讓歐洲成為了非常有趣的案例，可以套用我的歷史理論。

我本人就是這種動態不均衡過程的參與者，因為我是一個國際投資人。我以前會稱自己為投機客，也會開玩笑說投資就是投機失敗，但是現在一片反對投機的聲浪之下，我已經不再開這種玩笑了。國際投資人對於匯率機制的崩毀確實推了一把，但如果沒有跨國資本流動，那麼根本就不可能建立共同市場。怪罪投機者只是在怪罪信使罷了。

在這裡，我會以自己的歷史理論為基礎，討論歐洲的不均衡狀態。雖然我身為參與者，但這並不影響我套用這套理論的能力。相反地，我反而因此能夠將這個理論付諸實務測試。而雖然我在看待這個主題時帶有偏見，這也不構成影響，因為我的理論其中一個部分就提到，被歷史過程參與者作為行動依據的認知必然帶有偏見。當然，在提倡理論時也是如此。

不過，我也得坦承自己這份特別的偏見（也就是想要促成歐洲成為一個團結、繁榮和開放的社會的偏見），確實會和我作為金融市場的參與者身分相互干擾。過去，只要我是個沒有名字的參與者，就不會碰到任何問題。無論我有沒有對英鎊進行投機操作，英國最終都會脫離歐洲匯率機制（European Exchange Rate Mechanism）[1]。不過，在英國脫離歐洲匯率機制後，我的聲名大噪，很難再低調無名地行事，也被奉為所謂的金融大師。我能夠影響市場的行為，要否認這點肯定是在騙人。這點帶來了機會，但也帶來了責任。由於我自身觀點中的偏見，我並不想要成為法郎退出歐洲匯率機制的罪魁禍首。為了能夠提出有建設性的解決方法，我決定不對法郎進行投機操作，但卻沒人因此感謝我。事實上，貨幣主管機關似乎討厭我的公開發言多過討厭我在金融市場的作為，所以我得說自己這個金融大師的新工作做得並不是很稱職。但是無論如何，鑒於我的偏見，我怎麼樣都得把該說的話說出來，即便這會導致我在參與市場

1〔譯註〕一九七九年，歐洲共同體為了穩定成員國之間的貨幣穩定性，而設立了此機制，將成員國之間的匯率浮動固定在一中心匯率上下二．二五%的區間內，英國起初並未加入，後來於一九九〇年加入，但加入兩年後即遭逢英鎊危機，因而退出。

時碰到麻煩。

在我評論歐洲整合的盛／衰時序時，我會特別著重於歐洲匯率機制，因為它在整合過程中扮演非常重要的角色。這套匯率機制在接近均衡的狀態時都運作得十分良好，直到兩德統一為止。兩德統一創造了動態不均衡的條件。從那時起，事件的發展就被各種錯誤和誤解牽著走。最明顯的後果就是歐洲匯率機制的瓦解，而匯率機制的瓦解也是可能導致歐洲共同體瓦解的重要因素。

我先從動態不均衡狀態取代接近均衡的狀態開始說起。這件事發生的時間點非常明確：柏林圍牆倒塌的時候。柏林圍牆的倒塌開啟了兩德統一的道路。當時的德國總理科爾抓住了歷史的那一刻，決定兩德統一必須立即、完整地配合歐洲整體局勢執行。事實上，科爾也別無選擇，因為德國憲法賦予東德人民德國公民身分，而德國又是歐洲共同體的成員國。不過，選擇主動掌控情境而非被動反應便造就了非常大的差別。科爾總理展現出了真正的領導力，他去找了當時的法國總統密特朗，並直白地提出：「我需要你的幫助，還有全歐洲的幫助，來讓東西德能夠一次完全統一。」法國的回覆簡單而言就是：「讓我們一起建立一個更強大的歐洲，讓統一後的德國能夠充分融入。」這產生了很強大的整合推力，推動了盛／衰時序的興盛時期。當時，英國反對建立一

個強而有力的中央機構，如果你回想柴契爾夫人在布魯日的演講[2]就大概能知一二了。隨之而來的是許多場非常艱難的協商，但各方都明白事情的急迫性，並各自在心裡設下了協商期限。最後的成果就是《馬斯垂克條約》，該條約以建立共同貨幣並訂定共同的外交政策為兩大目標。條約內當然還包含了一些其他條款，但重要性相對低，而且當英國表示異議時，條約允許英國退出其中幾項條款。整體而言，《馬斯垂克條約》是歐洲整合非常重要的一大進展，也是為了讓歐洲更強大而果決踏出的一步。歐洲必須要夠強大，才能應對蘇聯帝國解體創造的革命性變化。這一步踏得比民意所想的要更快也更大步，但歐洲各國領袖為了要應對革命性的變化，決定抓住這個機會。在我看來，這個決定非常正確，因為這正是領導力的內涵。

真正的麻煩出在別的地方。德國提出的附帶條件讓我很不能接受，德國要求歐洲共同體承認克羅埃西亞與斯洛維尼亞是獨立國家。這在當時極少人討論，也極少人注意，但它的後果非常嚴峻。我想特別聚焦在德國內部因兩德統一而出現的不均衡，因

2〔譯註〕柴契爾夫人於一九八八年九月於布魯日歐洲學院的演講中，表示儘管英國與歐洲共同體的未來密不可分，但英國堅定反對歐洲建立「超級政府」，干涉成員國主權。

為它是將盛／衰時序由興盛推向衰退的關鍵。

德國政府嚴重低估了統一的成本，也不願意加稅或減少其他政府支出來支應所有的成本。這導致德國政府和德國聯邦銀行（Bundesbank）在兩個層面上產生矛盾：第一層是政府違反聯邦銀行的明言建議，第二層是非常寬鬆的財政政策，也就是說，德國政府創造了巨大的預算赤字，導致貨幣政策必須極度緊縮，才能使貨幣供需回歸均衡點。由於東德貨幣可以直接以面值兌換，購買力暴漲創造了一波通貨膨脹型的興盛期，財政赤字又讓興盛期火上加油。聯邦銀行依法有責任維持德國馬克的幣值，並且也非常敏捷地採取行動，將使貨幣供需回歸均衡點調升至九·七〇％。然而，這個政策對於其他歐洲貨幣體系的成員傷害很大。換言之，以重建德國國內均衡為目標的貨幣政策，導致了歐洲貨幣體系內的不均衡。雖然不均衡的狀態花了一段時間才發展成形，但德國聯邦銀行的緊縮貨幣政策逐漸將整個歐洲推向了二戰以來最嚴重的衰退。聯邦銀行在其中扮演了雙重角色：它既要守護德國貨幣的穩定性，又是歐洲貨幣體系的主導貨幣。透過德國聯邦銀行，德國國內的不均衡轉化成了一股導致歐洲貨幣體系瓦解的力量。

德國聯邦銀行和德國政府之間其實還有第三層、更深層的矛盾。科爾總理為了要

獲得法國在兩德統一上的支持，簽署了《馬斯垂克條》。但《馬斯垂克條約》嚴重威脅了德國聯邦銀行作為歐洲貨幣政策仲裁機構的地位。德國馬克是歐洲貨幣體系的定錨貨幣（anchor currency），但在《馬斯垂克條約》下，聯邦銀行的地位將被歐洲中央銀行取代，德國聯邦銀行將與其他十二個成員國一樣握有十二票中的一票。雖然歐洲中央銀行確實是以德國為模型建立的，但被當成仿效對象和實際握有決定權完全不是同一件事。聯邦銀行從未公開反對過這種機構上的改變，但是它後來的作為有多少是為了避免這種變化，不得而知。我只能說，作為市場的參與者，我在交易時會假設德國聯邦銀行有這樣的動機。我無法向你們證明自己的假設正確，我只能說它起了作用。

舉例來說，我聽進了當時德國聯邦銀行總裁赫爾慕．施勒辛格（Helmut Schlesinger）的警告，他認為市場把歐洲貨幣單位（European Currency Unit）[3]視為不變的（fixed）一籃子貨幣並不正確。我問他對於歐洲貨幣單位在未來成為歐洲的共同貨幣有什麼看法，他說如果那個貨幣的名字是馬克會更好。我就按照他的說法行動。沒多久之後，里拉就被逼出了歐洲匯率機制。

3〔譯註〕德、法、英、義等共十二國於一九七九年三月開始使用的共同貨幣。

我不想要細談局勢如何一步步發展至此，因為我想把重點放在建立更宏觀的歷史觀點上。從這個觀點出發，有幾個值得注意的特點：《馬斯垂克條約》在丹麥並沒有通過公投，在法國只是勉強通過，在英國國會也差點不通過。歐洲匯率機制在各方面都已經分崩離析，並且是分成好幾個階段、逐漸崩解的。這幾個階段當中，影響最深遠的最後一擊，是八月時匯率波動區間的放寬，因為它鬆開了歐洲共同體內最強韌的關係：德國與法國之間的連結。長期來看，影響更巨大的是，歐洲當時已經處在嚴重經濟衰退中，而且沒有立即復甦的希望。失業情況十分嚴重而且不斷惡化，再加上採用的貨幣政策對於當時的經濟循環階段而言太過緊縮，情況更是雪上加霜。依據這些觀察，我認為歐洲的整合大勢已去，而且已經逆轉。

大勢開始逆轉的確切時刻可以說是丹麥公投失敗的時候。公投失敗原本可以興起一波對於《馬斯垂克條約》的支持聲浪，如此一來，歐洲整合的趨勢就不會被逆轉了。然而，它卻導致了歐洲匯率機制的瓦解。歐洲已經進入瓦解進程。而既然這是一個盛／衰時序，歐洲會瓦解到什麼程度，很難斷言，但可能會遠遠超過當前人們願意或能夠想像的程度，因為盛／衰時序無論是朝哪個方向發展，都具備自我強化的特性。

我可以提出至少五個相互自我強化的元素。第一個、也是最重要的就是經濟衰退。

法國的失業率是十一．七％，比利時的是十四．一％，西班牙的是二十二．五％。這樣的失業率絕對是讓人無法接受，也導致了社會和政治上的騷亂，騷亂又很輕易地就被引導為反對歐洲的勢力。第二點是匯率兌換機制的逐步瓦解。這件事非常危險，因為中長期來看，沒有穩定的匯率，共同市場很難存活下去。

在十多年接近均衡的狀態下，歐洲匯率機制都運作得很好。但兩德統一卻揭露了這個機制的一個基本缺陷，也就是德國聯邦銀行扮演的雙重角色：德國國內貨幣穩定性的守護者以及歐洲貨幣體系的定錨貨幣。如果這兩個角色不相互衝突，那就不會發生任何問題。但後來兩個角色間出現衝突，德國聯邦銀行選擇犧牲國際責任，以德國國內為重。舉例而言，在七月二十九日星期四，德國聯邦銀行拒絕為了紓解法郎面臨的壓力而降低貼現率。這件事可以合理解釋為德國聯邦銀行別無選擇：因為德國憲法要求德國聯邦銀行將維護德國貨幣的價值視為第一要務。但這也代表歐洲匯率機制和德國憲法之間存在無可調和的衝突。

這個事件揭露了歐洲匯率機制的另一個基本缺陷，那就是定錨貨幣承擔的責任和承壓貨幣承擔的責任並不對等。弱勢貨幣承擔了所有的責任。我還記得，《布雷頓森林協定》（Bretton Woods agreement）簽訂時，約翰．梅納德．凱因斯（John Maynard

Kaynes）[4]就曾強調，強勢貨幣和弱勢貨幣必須要承擔對等責任。他的這番論點是基於他在兩戰期間的經驗。現在的情況和那段期間愈來愈相似，而且就現在的情況而言，有時候彷彿凱因斯從來沒存在過一樣。

這就帶到第三個元素了，也就是錯誤的經濟和貨幣政策。在這件事上，與其說責任在德國聯邦銀行身上，不如說是反對德國聯邦銀行的人該承擔責任，例如德國政府，或是英國和法國等德國政府政策下的受害者。德國政府當然必須要為創造了國內不均衡的情況負責。英國則是在一九九〇年十月八日犯下了一個致命的錯誤，在兩德統一後加入歐洲匯率機制。英國的這項決策其實是基於一九八五年發展出的一套論點，但這套論點在當時被柴契爾夫人嚴正反對。雖然她在勢力轉弱後還是讓步了，但到了那時候，一九八五年的論點已經不再適用了。因此，英國可以說是犯了兩次錯誤，一次在一九八五年，一次在一九九〇年。

對英國打擊最大的是德國聯邦銀行實行的高利率政策，因為在英國加入歐洲匯率機制時，英國的經濟已經陷入衰退了。被踢出歐洲匯率機制讓英國終於獲得迫切需要的解脫，英國人其實應該要感到開心，但他們當時已經昏頭轉向到無法反應了。雖然英國最後還是做了正確的決定，調降利率，但他們沒能主動出擊，以至於要重建信心

更加困難，經濟真的開始回春後，政府也更難重新掌控薪資水平。

一般人認為，法國會記取英國的教訓，但事實證明法國人比英國人更固執。他們為了捍衛強勢法郎政策（franc fort policy）[5]所做的努力值得同情，因為法國人當初是克服了重重困難才終於建立起強勢法郎政策，而且就快要能夠收割成果了，競爭力終於要和德國並駕齊驅了，但對法郎一波波的攻擊卻將這個獎賞從法國人手中奪走。其實法國人在意識到強勢法郎政策失去作用後，就應該要改變做法，以適應新的情況。但相反地，儘管法國後來發現這個在歐洲匯率機制上路以後他們不得不採行的制度，對他們造成了嚴重的傷害，法國卻自願繼續守著這個制度。我想我能夠理解他們這麼做的理由：他們一心想要重建貨幣儲備量以及償還法蘭西銀行（Banque de France）[6]為了釘住馬克而對德國聯邦銀行欠下的債務。但他們完全搞錯事情的輕重緩急。法國

4〔譯註〕英國經濟學家，主張政府應透過財政與貨幣政策來避免經濟蕭條與衰退。

5〔譯註〕法國於一九八七年制定的強硬貨幣緊縮政策，將法郎幣值釘住德國馬克，以避免法郎過度貶值，無法持續留在歐洲匯率機制中。

6〔譯註〕相當於法國的中央銀行。

當時處於嚴重的衰退，需要降息。那就是八月危機[7]的導火線。想透過維持高利率將法郎匯率釘住馬克註定是自我摧毀的做法。唯一能夠撐起強勢法郎的就是強盛的經濟。

德國聯邦銀行在追求自身目標一事上，行動非常一致且成功，尤其在保全機構自身的利益上做得更是傑出。在兩德統一後，德國聯邦銀行意識到自己陷入了非常困難的處境：貨幣存量激增、預算赤字嚴重、機構存亡受到威脅，但它仍然成功克服了一切。背後的代價（全歐洲陷入衰退、歐洲匯率機制的瓦解）究竟值不值得，那又是另一回事。在那之前的幾個月，我還堅信德國聯邦銀行選擇了錯誤的貨幣政策，即使是為了德國國內的狀況也一樣。因為當時的德國經濟陷入衰退，而貨幣政策理應要與景氣循環逆向操作。德國聯邦銀行維持了它的中期貨幣目標，但我以為M3只適合作為接近均衡狀態下的貨幣政策，在現在極度不均衡的狀態下早已沒有用了。我也認為德國聯邦銀行這波緊縮的貨幣政策維持得太久了。

然而，這一切都只在歐洲匯率機制放寬浮動區間之前才成立。從那時起，德國馬克走強，德國長期債券價格上漲，更重要的是德國經濟也開始出現轉向強健的徵兆。我得承認自己當時可能錯了，德國聯邦銀行在追求國內的政策目標時很可能做對了。但就算真是如此，那也只是再次加強了我的論點，也就是德國聯邦銀行在德國國內的

責任，與作為歐洲貨幣體系定錨貨幣的角色之間有所衝突。過去兩個月的發展清楚顯示出德國的需求和其餘歐洲地區的需求非常不同。德國需要維持長期債券的低利率，因為德國的借款都是長期借款，而歐洲其他國家則需要降低短期借款的利率，因為歐洲需要重建銀行體系的流動性，需要降低短期利率來刺激經濟活動。最後，德國如願以償，但其他歐洲國家沒能如願。

從我可能對德國馬克判斷錯誤一事，可以帶到第四個元素。會犯錯的不只是主管機關，市場參與者也會犯錯。市場其實經常犯錯。更準確地說，市場不該假設推行共同貨幣之路會是一條康莊大道。國際投資人（尤其是國際債券基金的經理人）因此開始對最高殖利率的標的出手，忽略匯率風險。赫爾慕．施勒辛格的警告是正確的，歐洲貨幣單位並不是由不變的一籃子貨幣組成。大量資金湧入義大利、西班牙和葡萄牙等弱勢貨幣國家。這個趨勢最初不斷自我強化，但最終卻轉為自我消滅。首先，這樣的資金流動造成匯率變得太過僵化，後來又造成高度不穩定性。市場的錯誤判斷加重

7〔譯註〕歐洲貨幣體系於一九九三年八月決定將匯率浮動區間放寬至正負十五%，此浮動區間相當大，效果近乎等同歐洲匯率機制的瓦解。

了主管機關判斷錯誤的後果，導致局勢發展為動態不均衡。

最後，第五個造成不均衡的因素關乎態度。去年發生的一些事件對幾個國家造成了幾次衝擊，醞釀了一股責難和仇恨的氛圍。法國其實有理由向英國、西班牙和義大利靠攏，但去年發生的事件加深了他們之間的隔閡。德法同盟依然是法國的政策基石，在當地也可以強烈感受到忠於德法同盟的氛圍，但法國正面臨極大的壓力，若經濟持續惡化，這股壓力料將會進一步加劇。

我對於德國的情況沒有那麼熟悉，但我可以預見一波世代變革即將到來。這個世代的德國人還背負著他們父輩的罪孽感，因此決心要做稱職的歐洲公民。一九九〇年，艾貢．巴爾（Egon Bahr）[8]在柏林的一場會議中，真誠地表示歐洲的外交政策就是德國唯一的外交政策時，我非常讚嘆。但現在的情況與當時實在判若鴻溝！新世代的德國人民理所當然會拒絕繼承父輩的罪孽感，並在追求國家利益時更加大膽。在這樣的情況下，我們應該要意識到德國已經將馬克的強勢地位視為國家身分的一個象徵了。

英國向來不信任德國。我過去總向英國人說，德國人做歐洲公民做得比英國人要更稱職，但現在英國人可以拿德國承認克羅埃西亞與斯洛維尼亞以及德國聯邦銀行的作為來反駁，證明他們有先見之明。

還有第六項因素要考慮，也就是東歐的不穩定狀態，前南斯拉夫國家尤其值得注意。我認為這項因素帶來的其實是一股反作用力。不穩定性帶來的威脅以及難民潮讓歐洲有十足的理由攜手合作，建立「歐洲堡壘」（Fortress Europe）。同時，歐洲共同體內欠缺團結感又會加深東歐的政治動盪和經濟衰退。歐洲共同體最後的樣貌將和我在東歐支持的那些人所冀望的開放社會相差甚遠。

這一切都讓人非常煩躁和鬱悶。我發現自己更像是個悲慘和毀滅的預言家，而非一個大師。但也容我提醒各位，盛／衰時序中沒有固定不變的事物，事物進展的方向隨時都可能逆轉。實際上，方向逆轉是盛／衰時序中非常重要的一部分。我想表達的是，現在事物正朝著錯誤的方向進展，除非我們意識到有非常根本性的東西出了錯，然後大刀闊斧地採取行動修正，否則進展的方向不會改變。

歐洲貨幣體系現有的架構無疑存在非常根本性的錯誤。首先，德國聯邦銀行的國內責任和它的定錨貨幣角色無法相容。德國聯邦銀行確實可以說是利用了它作為定錨貨幣的地位來解決德國國內的問題。第二，強勢貨幣與弱勢貨幣承擔的責任並不對等。

8〔譯註〕時任德國國會議員。

最重要的是，國際投資人承擔的風險和報酬也不對等，換言之，他們其實是投機者。這些結構上的缺陷從一開始就存在，但是等到局勢演變為去年的狀態才浮上檯面。這些問題一旦顯現，就不可能回到過去的狀態了。要解決歐洲匯率機制缺陷最好的方式就是完全不要有匯率機制。但自由浮動的匯率會摧毀共同市場，因此，歐洲需要共同貨幣。這就代表歐洲必須要執行《馬斯垂克條約》的內容。協商條約時，眾人想像共同貨幣的問世將會是一條循序漸進、接近均衡狀態的道路。但這條循序漸進的道路上卻出現了意料之外的障礙。堅持走這條循序漸進的路的話，會走向相反的方向，因為趨勢已經發生逆轉，我們已經進入瓦解進程。因此，我們必須找到一條不同的道路。如果循序漸進的路沒辦法帶我們到達目的地，那麼一步到位總比永遠到不了位要好。

據傳在八月一日的緊急會議上，葡萄牙的一位官員提出了加快施行共同貨幣的建議，而據傳一名德國與會者回應：「你一定是在開玩笑吧！」若我的這一系列論述正確，現在是時候認真考慮這個建議了。這聽起來可能有點天真狂妄，而它也確實是天真狂妄。除非我能畫出實施共同貨幣的一條路，否則不會有人認真看待我的觀點。由於我們處在動態不均衡下，這條路必然也是一條不均衡的路。當前，法國貨幣主管機關的優先要務是要重建外匯存底，因此，他們努力維持法郎的強勢地位。但他們錯了。

真正的優先要務是要刺激法國經濟，而且德國聯邦銀行應該展延法國的債務到期日，或許延長兩年左右，讓法國的利率能夠馬上降下來。當我說要調降利率，我指的是要降到三%。而此次降息要和歐洲貨幣體系內除德國和荷蘭以外的國家相互配合。德國馬克無疑會升值。馬克被高估會對德國的經濟帶來負面影響，加速德國利率下行。德國經濟轉弱同時，歐洲其餘地區的經濟會開始成長，如此一來，匯率的走向就會逆轉，最後可能停在接近匯率浮動區間放寬前的狀態。最大的差異會體現在經濟活動上。一開始，德國的經濟會被犧牲，換得其他歐洲國家的經濟復甦，但過一段時間後，德國也會加入復甦的行列。到那時候，動態不均衡就已經獲得修正，而共同貨幣的建立進程又能夠在接近均衡的狀態下推進。這整個過程走完不用兩年。在那之後，歐洲就不需要重新設立狹窄的匯率浮動區間，可以直接推行共同貨幣。但是這條路不可能沒有曲折。歐洲現在身處惡性循環中，必須將這個惡性循環扭轉為良性循環。義大利其實已經或多或少做到了，歐洲其他地方也可以做到。

我還沒有提到外交政策、北約的未來以及東歐的命運，但我想我已經談了太多個議題了。不管如何，那些議題都和貨幣政策緊密相關。歐洲的貨幣政策錯了，但是有修正的可能。

對沖基金與動態對沖
Hedge Funds and Danamic Hedging

本文編修自索羅斯一九九四年四月十三日至美國眾議院銀行、金融與城市事務委員會（Committee on Banking, Finance, and Urban Affairs）聽證會作證的逐字稿。

很高興有這次機會在此向貴委員會作證，我認為貴會確實應該對金融市場的穩定性感到擔憂，因為金融市場有可能變得不穩定，並且需要持續地用心監督才能避免陷入嚴重混亂。近期的價格波動度（特別是利率工具市場的價格）顯示我們的確應該進一步探究市場運作模式。

市場的另一種觀點

我必須開宗明義地說，我基本上不同意目前的主流思想。時下的主流理論是金融市場通常會達到均衡，並且整體而言會正確地將未來價值折現。我採用的是另一套

理論，按照我的理論，金融市場不可能正確將未來價值折現，因為市場不只進行折現，也參與了未來值的形塑過程。在某些情況下，金融市場可以影響所謂的基本面（fundamentals），也就是它們理論上要反映的數值。這種時候市場就會進入動態均衡的狀況，市場的行為也會和效率市場理論認定的常態截然不同。像這樣的盛／衰時序不常發生，一旦發生就會大掀波瀾，背後原因正是因為它們會影響經濟基本面。由於時間有限，我無法在此詳述我的理論。我在《金融煉金術》一書中有詳細說明。今天我只想指出一個理論重點，就是盛／衰時序只有在市場受到追逐趨勢的行為主導時才有辦法發展。這裡講的「逐勢行為」（trend-following behavior）指的是民眾以自我強化的方式，追高殺低。向單邊傾斜的逐勢行為並非引發市場大崩盤的唯一條件，但是是必要條件。因此，您們要問的關鍵問題應該是：哪些事情會引發逐勢行為？對沖基金（hedge funds）或許是其中一項因素，您們會檢視它們也是合情合理，然而至少就我的對沖基金來說，您們找錯對象了。至少有另外兩項因素是我認為相關性更高也更值得仔細審視的，一個是機構型投資人（institutional investors）——特別是共同基金（mutual funds）——普遍扮演的角色，另一個則是衍生性工具（derivative instruments）的角色。

機構型投資人

機構型投資人的問題在於他們的績效表現好不好，通常沒有絕對標準，而是看與同儕的相對表現。這種情況使得機構型投資人自然而然就會順勢而為。共同基金又因為募資沒有截止日，使這種傾向更為強烈。當資金不斷湧入，共同基金會傾向維持低於平常水位的現金餘額，因為他們預期之後還會有資金流入。當資金不斷撤退，他們就得提高現金水位來確保投資人有辦法順利贖回。這不是什麼新鮮事，但共同基金已大幅成長，成長幅度甚至超越對沖基金，而且共同基金的投資人當中，許多人都是過去未曾投資股市的新手。

衍生性金融商品

衍生性金融商品（derivatives）的問題是發行方通常會運用Delta對沖（delta hedging）、或稱動態對沖（dynamic hedging）來規避虧損。操作動態對沖意味著在市場動態不利於發行方時，發行方會被迫跟市場朝同個方向移動，致使價格波動幅度進一步加劇。只要價格持續變化就不會造成嚴重危害，頂多是引發較大幅的震盪而已，而波動度大會提高對衍生性金融商品的需求。然而，如果同方向的動態對沖訂單過多，

價格波動就有可能變得不連續，此時就會令人擔心金融市場將陷入混亂。那些需要進行動態對沖卻無法成交的人可能必須承受驚人的虧損。

那就是一九八七年股災時的情況。當時的問題源頭是投資組合保險使用過量。投資組合保險其實就只是一種動態對沖的方法。那次股災後，主管單位就新設了「熔斷機制」（circuit breakers）。熔斷機制上路後，就無法操作投資組合保險了，但其他仰賴動態對沖的金融工具如雨後春筍般問世。那些衍生性金融商品在利率市場遠比在股票市場發揮更大的影響力，而近幾週局勢最為混亂的正是利率市場。

動態對沖的效果之一就是將風險從顧客轉嫁給造市者，當造市者同一時間全部都想操作同方向的Delta對沖，那就沒有對作的對象，市場就此崩盤。

衍生性金融商品的爆炸性成長還會帶來其他的危險。那些風險五花八門，有些很艱深，就連最資深的投資人可能也無法正確理解相關風險。這些衍生性金融商品中，有些感覺是特別設計來讓機構型投資人可以賭一把的，如果沒有那些商品，機構型投資人可能不會被允許如此冒險。舉例而言，有一些債券基金投資了合成債券（synthetic bond），那些合成債券的風險是限定範圍內、正常風險的十到二十倍。還有些衍生性金融商品的報酬率極高，其實是因為它們有可能讓投資人血本無歸。就是像這類的金

融工具迫使一檔專門投資「有毒廢棄物」(toxic waste)、總管理資金六億美元的基金宣告破產。有毒廢棄物指的是貸款抵押債券(Collateralized Mortgage Obligations)的殘值。那檔基金的破產，引爆了一九九四年四月四日美國債券市場的大拋售。

這些衍生性金融商品的發行方多半是商業銀行或投資銀行。崩盤的時候，主管機關通常會被迫介入以保全體制。正因為如此，主管單位既有權力也有義務要監督並規範衍生性金融商品。

一般而言，對沖基金不會發行或承銷衍生性金融商品，通常是扮演買家的角色。因此，相較於那些站在金融中介機構衍生性櫃台前的動態對沖人士，對沖基金對體制的威脅較小。請不要將動態對沖與對沖基金混為一談，除了名字裡都有「對沖」以外，兩者完全不同。

什麼是對沖基金？

我今天來不是為了全面捍衛對沖基金。這年頭，對沖基金這個詞已經被濫用，涵蓋的投資活動範疇極廣。(各種)對沖基金唯一的共同點就是基金經理人的薪資按績效表現決定，而不是取總管理資產的固定比率。

我們這一個類型的對沖基金投資的證券非常多樣，並透過對沖、槓桿、在多個市場交易來分散風險。我們的行為比較像是老練的散戶，而不是幫其他人管錢的機構。經理人的報酬是看絕對績效表現而定，這種計酬方式是一帖良藥，能夠緩解機構型投資人的逐勢行為。

然而，對沖基金的收費結構並不完美，通常都會出現上行與下行的不對稱性。經理人可以分紅，但不須分攤虧損。虧損一般會結轉，因此當經理人陷入虧損，就會有財務上的動機要多承擔一些風險以回到正的收費區間，而不是削減支出，即使後者才是正確做法。這項特質是一九六〇年代末期，對沖基金衰敗的原因，我也是在那時候投入這個產業。

量子基金

我很驕傲地說，量子基金（也就是與我有關的基金）並沒有上述這項缺陷，因為基金經理人對自己所管理的基金具有重大所有權利益，那是關鍵。我們的所有權是直接且強而有力的誘因，讓經理人會想好好管錢。索羅斯基金管理（Soros Fund Management）在我們超過二十五年的經營歷史上，沒有任何一次在被追繳保證金時，

拿不出錢來的。我們非常謹慎地使用選擇權與其他較奇特的衍生性金融商品。我們在投資時，通常是逆勢而非順勢操作，我們試圖及早抓緊新趨勢，到後期則設法抓住趨勢翻轉的時機。我們並不是為了服務大眾而這麼做，這只是我們賺錢的風格。

因此，我要反駁那些說我們的行動對市場有害或是造成市場不穩定的直接指控與影射。但還是有一個令人憂心的點：我們確實會借錢來投資，如果在被追繳保證金的時候交不出錢來，可能會添亂。以我們的狀況來看，這種風險微乎其微，但我不能代表所有對沖基金。

就我們在索羅斯基金管理的經驗，銀行和證券公司在為我們投資及監控我們的行為上，非常謹慎。我們每天都會計算投資組合的市值，並定期與銀行溝通，因此它們可以輕易監控信用風險。我相信對它們而言，這是一門合理又有賺頭的生意，我也相信我們的投資活動相較於它們其他的業務，監理上單純得多。

監督與規範

無論如何，這都是立法單位必須監督並在必要時進行規範的領域。如果要立新法規，那就必須公平適用於所有市場參與者。將對沖基金獨立出來，並不正確。

此外，如果要談規範，也請注意無心造成的結果！舉例而言，看起來或許應該針對貨幣或債券交易設定保證金規範，但這麼做的結果，可能會促使市場參與者轉而使用選擇權或其他衍生性金融商品，那些投資工具可能更容易造成市場不穩定。衍生性金融商品會被開發出來，其中一個驅動力就是規避法規的慾望。

我想區分一下監督（supervision）與規範（regulation）這兩件事。我支持監督最大化、規範最小化。我也要區分蒐集資訊與資訊揭露。我認為主管機關需要的資訊遠比一般大眾多得多，事實上，我們依法必須揭露的資訊不時就會引發無端的價格波動。

讓我做個小結。要衡量新投資工具與其他新發展造成的新風險，現在是個絕佳時機。金融市場近期歷經了嚴重修正，修正幅度之大使得現在這個時間點進行調查，不太會造成我們應該避免的那種市場混亂。

我要特別強調一點，就是我並不認為市場有立即崩盤或熔斷的危險。我們只刺穿了資產價格泡泡的一小部分而已。因此，市場現況比去年年底來得更健全，我認為投資人此際不應該過分恐慌。

這就是我今天要做的總說明。您們之前提出的問題，我已經以紙本回覆，如果現在有任何特定問題，我也樂於在此回答。謝謝主席，也謝謝各位委員提供我這個機會

與您們分享我的看法。

問答

問：我們是全世界唯一有特權以本國貨幣償還債務的國家，如果美元被取代，我們就得用其他國家的貨幣來償還巨額債務。您認為我們需要擔心這件事情嗎？

答：我認為在一般狀況下或從理論上來看，您的擔憂有其道理，但我並不認為有任何立即或實際的危險。在我看來，債務與通膨快速攀升的期間已經過去了，希望短期內不會重演。

問：前幾大銀行管理的資產中，交易帳戶裡的資產在過去四年成長率超過五〇〇％，事實上，這些資產金額遠大於對沖基金管理的資產總額。對沖基金和銀行交易帳戶會在哪些方面相互競爭？

答：我們基本上是銀行客戶，而非競爭者。但他們確實有獨家交易帳戶，做的事情也和我們多少有雷同之處。這麼說吧！我認為這一塊確實值得擔憂，也需要嚴密監督。

問：您對財政部門有什麼建議嗎？他們應該放任匯率市場自由波動，或是試著捍衛固定價格？

答：我不太想給任何建議。我的建議與多數金融專家的觀點不同。我認為浮動匯率制度無法長久維持。另一方面，固定匯率體系又很容易崩壞。歐洲貨幣體系大概有十年運作得非常好，後來就因為東西德統一後、發展出動態不均衡的狀況而瓦解。我認為歐盟的存亡取決於他們能否維持統一的貨幣體制，但要促成這樣的體制困難重重。

問：公司、對沖基金、投資銀行使用的金融工具中，有很多設計目的都是為了控制某種風險，但系統性風險會增加還是減少？如果市場小一點、精密設計的產品少一點，對我們而言會不會更好？或者說，我們是不是打造了一個類賭博的體制？

答：對沖工具把風險從個人轉移到整個體系。這種工具被使用得愈頻繁，就有愈多風險會轉移到體系上。對沖工具之所以會受到頻繁使用的原因，是因為設計者和交易員不想要承擔匯損風險。因此，有一個危險性是到某個時間點，可能就會出現不連續的變動。在貨幣領域，不會把它稱為崩盤（crash），而是過度調整（overshoot），也就是匯率出現極大的價值波動。

由於匯率風險已經從個人轉嫁到整個體系，負責管理這個體系的人必須出面穩住市場。當每個人都只想到自己，就有可能摧毀整個體系。這就是我今天最想傳達的重點。有這樣的危險性存在。

問：您為此做了什麼努力？政府手中的資源遠不及民間人士。

答：我認為負責管理貨幣體系的人需要協調經濟政策，以確保匯率波動不會太大，這樣才不會出現失衡（imbalances）的情況。

問：對沖基金會改變市場價格嗎？

答：我確定不會，因為索羅斯基金管理就占了對沖基金產業的十五％左右，而我們應該比一般對沖基金更積極操作匯率。我很確定我們每天平均的交易額不超過五億美元。是，五億美元以絕對值來看非常大，但匯市每天交易量至少一兆美元起跳，這樣看來我們只占了總交易量的大概〇．四％。我想這樣您應該就能清楚了解情況。

問：您說銀行可以相當輕易地監控他們對對沖基金的貸款、它們握有充分資訊、每天

依市值計算等等，您的投資人都很資深，願意承擔市場風險，而且應該可以在風險爆發時承擔血本無歸的結果。這麼說來，跟公共政策又有什麼關係呢？

答：在資訊揭露這方面，我們和其他人面對的法令規範完全相同。因此舉例而言，我們的投資組合就和其他大型機構的投資組合一樣必須公開，我們有義務公開。如果我們對某間公司的持股超過一定比例，也必須公開。在市場上，我們其實和其他任何機構受到完全一樣的規範。我們沒有受到規範的一塊是與股東的關係。換言之，美國證券交易委員會並不會保障股東不受管理層的不當行為所害。然而，身為我所管理的基金的大股東，我認為我們的股東受到的保障比任何法規所給的保障更多，也就是我拿他們的錢投資哪些標的，就拿自己的錢投資相同的標的。像這樣的合作關係，就不需要政府來保障股東權利。

問：您在證詞中提到，您完全支持揭露更多資訊並加強監理。

答：我認為主管機關應該要能進行評估，例如：評估對沖基金在近期市場衰退中所扮演的角色。他們應該能取得某些資訊，我們也百分之百準備好配合。然而，如果我們被迫幾乎即時揭露持有標的，恐怕對市場不利。對我們而言，操作會變得非常困難，

而且我認為雖然投資人理應更明事理，此舉還是很可能造成他們不必要地追隨市場趨勢。因此，我認為要求揭露更多資訊並不是件好事，但如果主管單位認為他們手中的資訊不足，只要開口，我們都非常樂意提供。

問：您警告我們在立法時要注意無心釀成的後果，可以請您舉個例子說明什麼情況下我們會因此受害嗎？

答：其中一個明顯的例子是針對債券與匯率交易設立保證金的規範。股市投資有繳納保證金的要求，但上述兩塊市場目前還沒有相關規定。股市投資人必須以現金支付至少五成的金額，但固定收益市場，或者說是債券市場並沒有這樣的規定。然而，債券的價格也可能波動，因此或許在債券市場也應該要設定最低保證金的要求，或許可以設在五％或十％。但如果您們設定的保證金比率過高，那麼投資人可能就不會買債券，而是改買債券選擇權，藉此規避保證金的規範。

問：衍生性金融商品對全球與國內市場的影響，是不是正出現顯著改變？

答：是的，非常多新的、更奇特的金融工具問世了。衍生性金融商品這塊出現了非常

驚人的形勢轉變，是值得調查的領域。舉個例，若看一下近期出現的、拆分利息與本金的衍生性金融商品，便會發現非常有趣，但我不是很確定它們是否真有存在的必要。

問：**境外金融不斷成長，您認為這是否代表法規應該做調整？**

答：我認為任何法規現在都必須要國際化。目前已經上路的主要法規是國際清算銀行提出的最低資本額規範，那是一紙國際合約。我認為現在要處理的問題是，怎麼把最低資本額規範套用到衍生性金融商品上，而且在我看來這件事必須在國際論壇上討論。

問：**銀行產業現在夠小心謹慎嗎？**

答：每次出現繁榮景況都有熱過頭的危險性，但我目前沒有看到任何超貸的狀況。事實上，我認為銀行之前受創後，到現在還在復甦階段。大體而言，您不能指控銀行超貸，困難點一直是如何讓他們願意借錢出去。

問：**幾大對沖基金的借款對象是誰？**

答：主要是金融中心銀行（money center banks），投資銀行也是一大融資來源。

問：現在投資銀行借出去的錢有比一般銀行多嗎？

答：他們現在大量放款，但我依然覺得銀行才是主要的放款機構。

問：共同基金贖回的狀況是造成金融市場不穩定的原因嗎？

答：我在證詞中有提到這一點，但沒有多做說明。確實和共同基金有關。由於定存利率很長一段時間維持低點，因此有大量現金流入共同基金，那也確實吹出了一點金融泡沫。我認為那個泡沫已經破裂，市場也已經修正。

問：您可以說明一下貴基金的運作嗎？

答：我們投資許多不同的市場。我們有操作股票投資組合，也買賣債券、一些固定收益工具，而且我們的交易遍及全球。因此，我們也承擔了巨大的匯率風險。我們使用衍生性金融工具的程度遠低於一般外界所想，最主要的原因是我們並不真正理解那些工具如何運作。既然我們是用借來的錢投資，就不太需要透過選擇權操作槓桿。

亞當斯密 09

索羅斯談索羅斯

走在趨勢之前的傳奇投資大師

SOROS ON SOROS: STAYING AHEAD OF THE CURVE

作　　者　喬治・索羅斯（George Soros）
譯　　者　李立心、陳品秀
特約編輯　賴譽夫
封面設計　萬勝安
責任編輯　簡伯儒
執行主編　簡欣彥
行　　銷　許凱棣

出版　堡壘文化有限公司
發行　遠足文化事業股份有限公司（讀書共和國出版集團）
地址　231 新北市新店區民權路 108-3 號 8 樓
電話　02-22181417　傳真　02-22188057
Email　service@bookrep.com.tw
郵撥帳號　19504465 遠足文化事業股份有限公司
客服專線　0800-221-029
網址　http://www.bookrep.com.tw
法律顧問　華洋法律事務所　蘇文生律師
印製　韋懋實業有限公司
排版　L&W Workshop
初版一刷　2021 年 4 月
初版 4.8 刷　2024 年 8 月

ISBN　978-986-06022-3-4
定　　價　600 元

國家圖書館預行編目資料

索羅斯談索羅斯：走在趨勢之前的傳奇投資大師
喬治・索羅斯（George Soros）著；李立心 譯　一初版.一 新北市：遠足文化事業股份有限公司（堡壘文化），2021 年 4 月
464 面；15×21 公分（亞當斯密 09）
譯自：Soros on Soros: Staying Ahead of the Curve
ISBN　978-986-06022-3-4（平裝）
1. 索羅斯（Soros, George）2. 投資 3. 傳記 4. 美國
785.28　　110003293